Mentes impiedosas

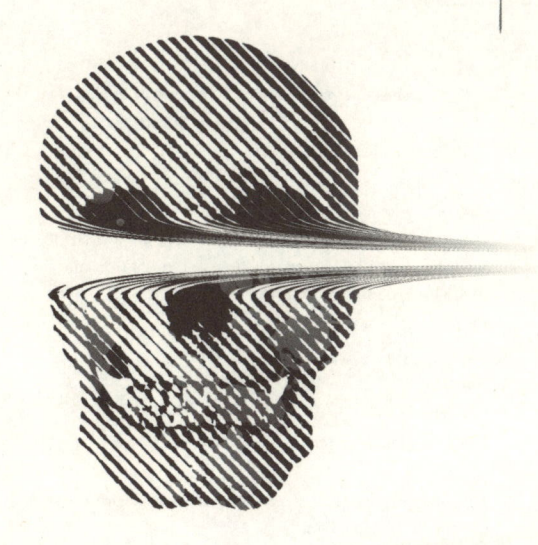

Diretor editorial
Luis Matos

Gerente editorial
Marcia Batista

Assistentes editoriais
Letícia Nakamura e Raquel F. Abranches

Tradução
Daniela Tolezano

Preparação
Alessandra Miranda

Revisão
Alline Salles e Guilherme Summa

Arte
Renato Klisman

Dados Internacionais de Catalogação na Publicação (CIP)
Angélica Ilacqua CRB-8/7057

N229m
    Nathan, Taj
    Mentes impiedosas : o que leva alguém a se tornar um serial killer ou atacar pessoas a quem diz amar? / Taj Nathan ; tradução de Daniela Tolezano.
    –– São Paulo : Universo dos Livros, 2022.
    304 p.

    Bibliografia
    ISBN 978-65-5609-183-9
    Título original: *Dangerous Minds*

    1. Psiquiatria forense 2. Violência - Aspectos psicológicos 3. Psicologia criminal
    I. Título II. Tolezano, Daniela

22-0897   CDD 616.858

Universo dos Livros Editora Ltda.
Avenida Ordem e Progresso, 157 — 8º andar — Conj. 803
CEP 01141-030 — Barra Funda — São Paulo/SP
Telefone/Fax: (11) 3392-3336
www.universodoslivros.com.br
e-mail: editor@universodoslivros.com.br
Siga-nos no Twitter: @univdoslivros

TAJ NATHAN

ESPECIALISTA INTERNACIONAL EM PSIQUIATRIA FORENSE

Mentes impiedosas

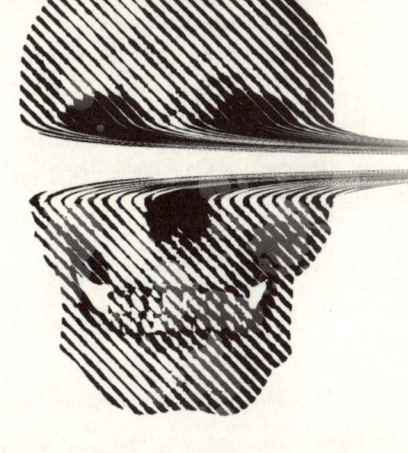

O que leva alguém a se tornar um serial killer ou atacar pessoas a quem diz amar?

São Paulo
2022

Grupo Editorial
UNIVERSO DOS LIVROS

Para Saffron, Sadie, Keir e Lindsay.

Sumário

INÍCIO

Não havia motivo para Edward Drummond crer que aquele dia de janeiro fosse diferente de qualquer outro dia de trabalho em Whitehall. Tendo concluído suas tarefas do serviço público e visitado o banco, voltou para Downing Street, onde, como secretário particular do primeiro-ministro, tinha um apartamento. Estava passando por uma cafeteria em Charing Cross quando, sem nenhum aviso, sentiu uma pancada nas costas e, segundo uma testemunha, seu paletó começou a pegar fogo.

O ruído agudo chamou a atenção de um policial atento, que correu pela rua enquanto o homem se preparava para atirar no sr. Drummond mais uma vez. Mas, mesmo com o auxílio de transeuntes, o policial lutou para desarmar o atirador, que resistiu violentamente e conseguiu disparar um segundo tiro, só que desta vez sem ferir ninguém. Por fim, subjugado, o atirador, um homem chamado Daniel M'Naghten, foi preso e mantido sob custódia da polícia para interrogatório.

O prognóstico inicial de Drummond parecia promissor. Abalado por causa do ferimento à bala, ele cambaleou de volta ao banco e, após cuidados médicos, foi capaz de voltar para a própria casa. A bala foi posteriormente extraída com sucesso, sendo relatado à imprensa que seus cirurgiões, o sr. Guthrie e o sr. Bransby Cooper, "têm todos os motivos para acreditar que o sr. Drummond está muito bem". No entanto, alguns dias depois, a condição de Drummond piorou e, cinco dias após o ataque, ele morreu de septicemia. O crime de M'Naghten se tornou um crime capital.

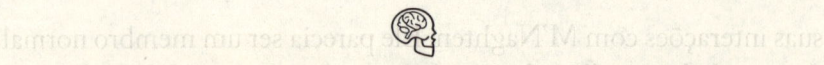

Depois de atirar, M'Naghten foi levado para a delegacia de polícia na Gardener's Lane, onde foi acusado de tentativa de homicídio. Mas, apesar de sua resistência à polícia no local, M'Naghten foi surpreendentemente cooperativo ao ser interrogado. No entanto, não foi apenas essa disposição em admitir o ataque que surpreendeu a polícia; à medida que o interrogatório prosseguia, tornou-se aparente nas respostas de M'Naghten que o alvo pretendido era o primeiro-ministro, Sir Robert Peel.

Daniel M'Naghten era um artesão escocês que, após uma breve e malsucedida carreira de ator, montou a própria oficina de carpintaria em Glasgow, em 1835. Trabalhador e frugal, M'Naghten comandou sua oficina por cinco anos e conseguiu economizar uma considerável quantia de dinheiro, tendo aprendido francês sozinho e frequentado aulas de Anatomia e Filosofia nas horas vagas. Mas, apesar do sucesso financeiro, seu comportamento ao longo dos anos anteriores ao ataque indicava tendências incomuns. M'Naghten, conforme explicou à Polícia Metropolitana, estava aterrorizado já há anos pela elite governante. Ele era conhecido por ser excêntrico e evasivo, e essa não era a primeira vez que ele tinha feito tais afirmações. Na sua terra natal, Escócia, ele reclamou ao comissário de polícia de Glasgow e a um parlamentar que estava sendo seguido por espiões conservadores. A senhoria de M'Naghten em Glasgow observou uma mudança notável em seus modos. Ela achou que "seus olhos tinham uma aparência estranha" e passou a sentir medo dele. Ele gemia e murmurava durante o sono, queixando-se de que demônios o perseguiam. Uma vez, ela encontrou pistolas em seu quarto, que, segundo ele explicou, serviam para atirar em pássaros.

Durante o julgamento pelo assassinato de Drummond, o júri soube que o ataque foi o desfecho de uma fábula conspiratória impressionante. O julgamento de M'Naghten começou em 3 de março de 1843 diante de um tribunal lotado. A promotoria chamou uma série de testemunhas, entre elas, um professor de Anatomia, para dizer que não haviam observado sinais de transtornos mentais em suas interações com M'Naghten. Ele parecia ser um membro normal da sociedade aos olhos das pessoas que o conheciam. Mas, usando o testemunho de oito especialistas médicos, a defesa convenceu o júri do contrário. Para esses renomados médicos e cirurgiões, era óbvio que M'Naghten aceitara sem questionar uma ficção inventada por sua mente psicótica. Suas declarações se mostraram convincentes. Na ausência de evidências médicas contrárias, os jurados foram orientados a chegar a um veredicto e, sem nem se retirarem, o primeiro jurado anunciou em 4 de março que consideravam o prisioneiro inocente por motivos de insanidade.

O público ficou horrorizado, convencido de que criminosos e loucos violentos seriam incentivados a cometer atos terríveis por causa da resposta leniente às ações homicidas de um homem lúcido. Para a imprensa, o veredicto foi um ultraje que manchou a reputação das categorias jurídica e médica. Tratava-se de um crime cuidadosamente planejado e totalmente confessado; ainda assim, M'Naghten estava sendo considerado inocente.

A rainha Vitória, lembrando-se do atentado contra sua vida três anos antes por um homem também considerado louco pelos tribunais, foi induzida a intervir e, em uma correspondência a Sir Robert Peel, pediu ao Parlamento uma definição mais rigorosa de insanidade. Em resposta, um sistema de justiça criminal aturdido lançou as bases de uma abordagem duradoura para a compreensão das origens mentais do comportamento criminoso. Embora os detalhes de seu crime tenham sido em grande parte esquecidos por psiquiatras e advogados, o nome M'Naghten, desde então, tornou-se parte da história do direito: a regra de M'Naghten dispõe que a defesa da insanidade deve basear-se em provas claras de que o acusado agia sob tal ausência de razão devido a uma doença mental que o impedia de compreender a natureza e a qualidade do ato praticado. A regra colocou a razão e a doença no ponto central da avaliação da mente de um criminoso por parte da lei.

Longe de "escapar" de seu crime, M'Naghten passou os 21 anos seguintes confinado no hospital de Bethlehem e, logo após a inauguração, no Hospício de Broadmoor, até sua morte em 1865.

A natureza humana é repleta de contrariedades. Meu pai era psiquiatra, por isso, compartilhando o interesse pela profissão médica, mas desejando uma especialização que fosse mais tangível, estava determinado a me tornar cirurgião. Com uma tendência imprudente a sofrer lesões no campo de rúgbi da escola, minha frequência regular no hospital local como paciente estimulou o interesse pela cirurgia ortopédica. O modelo médico convencional depende do processo de diagnóstico para identificar a patologia (ou doença) subjacente, que é então tratada revertendo-a ou removendo-a. Em termos mais simples, identifique o que está quebrado e conserte. Se um tumor for descoberto pelo médico de um paciente, um cirurgião vai removê-lo. Achei a simplicidade mecânica do trabalho de um cirurgião muito atraente. Como um adolescente do contra, achava que a psiquiatria não tinha a certeza da "medicina real".

Agora, tendo exercido psiquiatria forense por 21 anos e atuado como testemunha especialista em várias centenas de casos, vejo que essa qualidade que me levou a princípio a resistir à psiquiatria foi exatamente o que mais tarde me conduziu a ela. Quanto mais examino as manifestações criminosas da mente humana, mais vejo as limitações do diagnóstico médico. Para mim, reduzir os tipos de consciência a rótulos de diagnóstico generalizados obscurece em vez de revelar os padrões fascinantes criados por um redemoinho constante de pensamentos em interação, percepções, sentimentos e impulsos.

Embora as últimas décadas tenham mostrado um aumento notável em nosso conhecimento e na compreensão da saúde mental, os médicos que estudam a mente não são um fenômeno novo. Na Grécia antiga, a escola fundada por Hipócrates, o pai da medicina e suposto autor do juramento que recitei ao completar minha educação médica, apresentou um relato da loucura baseado em substâncias corporais, em contraste com as explicações sobrenaturais difundidas no século IV a.C. Mesmo assim, o estabelecimento formal da psiquiatria como uma profissão distinta é bem mais recente.

O termo "psiquiatria", apresentado no começo do século xix, combina as palavras gregas para alma ou mente (*psyche*) e cura (*iatros*). A "cura da mente" foi medicalizada em escala industrial nos anos 1800, com a construção de enormes instituições para encarcerar os loucos. Uma dessas instituições no sul da Inglaterra se tornou o lar de Daniel M'Naghten: o Hospício de Broadmoor foi especialmente projetado para o encarceramento de "lunáticos criminosos". Foi o primeiro e, por muitas décadas, o único hospital psiquiátrico forense da Inglaterra. Enquanto isso, o extenso programa de construção de instituições psiquiátricas comuns estava em andamento em toda a Europa e nos Estados Unidos. Essas grandes estruturas escondidas "nos cantos" de longas vias de acesso eram lugares temidos por muitas pessoas até o fim do século xx. Eram cenários de filmes de terror e para onde crianças rebeldes eram ameaçadas de serem enviadas.

Eu sei; eu cresci em um. Em 1972, quando meu pai foi nomeado psiquiatra em uma instituição na zona rural do norte do País de Gales, minha família e eu nos mudamos para a acomodação dos médicos em seu extenso terreno. Pegando uma travessa daquela área rural, passávamos pelos portões de entrada, seguindo por uma estrada larga, ladeada por uma quadra de tênis de um lado e por um campo de *bowls*, um jogo similar à bocha, do outro, até a fachada de pedra calcária de três andares que se estendia a cada lado da torre do relógio central. A ampla escadaria de pedra que subíamos levava ao saguão de entrada do que era originalmente conhecido como Hospício para Lunáticos dos Condados do Norte de Gales, inaugurado em 1848. Mesmo depois de nos mudarmos para a casa de nossa família em Denbigh, uma cidade conhecida por muitos em todo o norte de Gales pela presença de sua instituição psiquiátrica, eu costumava acompanhar meu pai quando ele ia trabalhar no fim de semana. Não tinha noção dos problemas inerentes à resposta institucional ao sofrimento mental; em vez disso, essas visitas eram uma oportunidade para apreciar o respeito e o carinho que a equipe do hospital e os pacientes pareciam ter por meu pai.

A princípio, a intenção dele também não era ter uma carreira em psiquiatria. Em 1962, ele deixou Kochi, no sul da Índia, sozinho em um navio com 300 dólares americanos que, para evitar o confisco pela alfândega indiana, foram escondidos entre duas páginas coladas do *Savill's System of Clinical Medicine*. Sem um pingo de amargura, ele me disse que, após sua chegada, tinha lido as placas que diziam que, devido à cor de sua pele, ele não conseguiria se candidatar a uma acomodação decente em Londres, e logo ficou claro que esse também era o principal motivo pelo qual fora rejeitado repetidas vezes para diversos cargos em sua especialidade favorita: a pediatria. Precisando de um emprego, ele aceitou a oferta de uma vaga menos popular, para médico júnior em psiquiatria, então a adotou plenamente como sua carreira, o que o levou à nomeação ao cargo de psiquiatra em Denbigh. Durante minhas viagens de fim de semana ao hospital, recordo-me de sempre ver pacientes caminhando pelos corredores intermináveis ou pelo amplo terreno. Para mim, naquela época, o comportamento excêntrico e o semblante taciturno deles eram parte de seu transtorno psiquiátrico. Agora sei que a aparência deles poderia ter sido explicada da mesma forma plausível devido aos efeitos estuporantes de medicamentos psiquiátricos comumente usados. Na época, eu não sabia nada sobre as condições de muitas outras pessoas que estavam encarceradas nas alas vitorianas.

Vinte anos depois de sair daquela instituição psiquiátrica, fui para outra, desta vez um edifício gótico ameaçador, que tinha sido inaugurado em 1888 como uma instituição para lunáticos pobres nos arredores de Leeds. Minha decisão de me candidatar a uma vaga lá, como psiquiatra júnior, foi de última hora, feita apenas umas poucas semanas antes de me formar como médico. Até então, tinha planejado me mudar para Londres, onde já tinha aceitado um cargo em um pronto-socorro. Mas então, pouco antes de me comprometer com um tipo completamente diferente de carreira médica, por impulso, sucumbi à atração da psiquiatria e me mudei para o bloco de acomodação do hospital High Royds em West Yorkshire.

O sistema atual de classificação diagnóstica de doenças mentais remonta às tentativas de organizar e simplificar os confusos termos psiquiátricos que eram prevalentes na época do julgamento de M'Naghten. Uma dicotomia geral influente de insanidade foi introduzida pelo empirista psiquiátrico alemão Emil Kraepelin na década de 1890, que dividiu a insanidade em duas classes: insanidade maníaco-depressiva episódica (depois atualizada para transtorno bipolar) e uma doença psicótica degenerativa que ele chamou de *dementia praecox* ou "loucura precoce", um rótulo que cairia em desuso, sendo substituído por esquizofrenia. Com repetidas subdivisões pelos 120 anos seguintes, há agora mais de quinhentos diagnósticos na versão atual do controverso *Diagnostic and Statistical Manual of Mental Disorders* [*Manual Diagnóstico e Estatístico de Transtornos Mentais*]. Apesar desses ajustes, debates meticulosos sobre o diagnóstico de um paciente continuam a ser um assunto regular em conferências de casos psiquiátricos.

No início de meu treinamento, observei uma discussão calorosa entre dois psiquiatras sênior sobre se um paciente, cujo caso havia acabado de lhes ser descrito por um médico júnior nervoso, estava sofrendo de um ou outro tipo de psicose esquizofrênica. Mesmo como um novato em psiquiatria escutando esses debates, eu tinha um certo nível de ceticismo sobre o quanto a identificação do diagnóstico específico me ajudaria a ter um bom entendimento do que meus pacientes estavam me dizendo. Fui levado a pensar sobre a origem de suas experiências e não achava que fazer um diagnóstico era muito útil para desenvolver esses pensamentos. Enquanto eu me preparava para meus exames profissionais durante meu treinamento, tive que aprender as listas de causas para cada um dos principais diagnósticos psiquiátricos. Memorizei esses fatores, sob os títulos gerais de "genéticos", "outros biológicos" e "ambientais", que foram encontrados em estudos de grupos de pacientes como tendo uma associação mais provável do que casual com o diagnóstico em questão. Esse tipo de pesquisa constatou de modo consistente, por exemplo, que complicações no parto ou gripe materna durante a gravidez eram alguns dos muitos fatores causais possíveis para a esquizofrenia. Em decorrência, era (e ainda é) algo que rotineiramente perguntávamos em nossa avaliação psiquiátrica – se houve qualquer problema obstétrico ou de parto. Mas não fiquei satisfeito com a explicação dos problemas do paciente em formato de uma lista de fatores causais.

Mais adiante em meu treinamento, comecei a me especializar em psiquiatria forense, um ramo da medicina que lida com a avaliação e o tratamento de criminosos em prisões e hospitais penais, muitos dos quais exibem um comportamento violento. A psiquiatria forense lida com a interface entre a medicina e o direito, então comecei a ter que articular minha opinião em uma arena que era muito mais desafiadora e combativa do que as conferências de casos médicos. Os tribunais penais não são apenas antagonizadores por decreto; as questões são bem mais desafiadoras, uma vez que os advogados, muitas vezes, não aceitam os pressupostos básicos que a psiquiatria considera óbvios. Minha opinião de que um homicídio é o resultado da doença diagnosticável do assassino não é suficiente para os advogados dele apresentarem uma defesa de insanidade em uma acusação de um crime desse tipo; o júri precisa saber de maneira mais específica como a doença afetou a mente do réu para levá-lo a matar. Paradoxalmente, preparar-me para as questões legais significava começar a pensar sobre a mente do paciente mais do que meu treinamento psiquiátrico havia me preparado. O júri pode estar disposto a levar em consideração minhas evidências sobre o papel de uma má criação ou de um trauma de nascimento sobre as ações do réu no momento crucial (ou seja, no momento em que se diz que o crime ocorreu), mas eles também precisariam ouvir como esses fatores em particular são relevantes para as ações violentas que foram tomadas por essa pessoa – por que seus processos mentais o levaram a cometer aquele crime específico.

Da mesma maneira, quando comecei a trabalhar em outros tipos de processos jurídicos, as limitações de uma explicação baseada em um diagnóstico ou uma lista de fatores causais tornaram-se claras. Seria de pouca ajuda para os tribunais de família chegarem a uma decisão sobre o cuidado seguro de uma criança se eu apresentasse apenas os nomes dos sintomas e o rótulo de diagnóstico associado. De acordo com minha avaliação, preciso adquirir uma compreensão da experiência subjetiva daquela pessoa – seus pensamentos, sentimentos, emoções, crenças, impulsos, anseios, percepções – para que eu possa tentar explicar não apenas por que ela se comportou daquela maneira, mas também as circunstâncias que podem aumentar as chances de se comportar dessa maneira novamente e, o mais importante, as circunstâncias em que isso seria menos provável.

Durante cerca de uma década, ministrei uma aula introdutória a alunos de Medicina da Universidade de Liverpool sobre os fundamentos do exame psiquiátrico. Como essa era a área em que eu trabalhava e como sabia que chamaria a atenção deles, eu ilustrava minha aula com casos de psiquiatria forense: histórias de pacientes que tinham cometido atos graves de violência. Antes de começar a falar, enfatizava que aqueles casos não eram típicos de pacientes com transtornos de saúde mental. Não queria que os alunos deixassem a sala de aula sustentando a suposição comum de que problemas de saúde mental podem ser equiparados a perigo. Da mesma forma, devo enfatizar que as pessoas cujas histórias conto aqui, em virtude de seu encaminhamento a mim, não são exemplos comuns – a maioria das pessoas que requerem tratamento psiquiátrico não é perigosa nem representa ameaça à sociedade.

Os casos que descrevo neste livro, tirados de meu trabalho como psiquiatra no tratamento e como testemunha especialista nos tribunais, foram parte de minha jornada no desenvolvimento de uma compreensão explicativa da mente de meus pacientes e seu comportamento perigoso. Em todos os estudos de caso, exceto um, ofereço uma análise dos autores dos crimes e, embora meu foco seja neles, não devemos esquecer que suas ações causaram danos a pessoas reais. Há uma vítima, ou vítimas.

1

SEB

TODA MANHÃ NA PRISÃO, OS GUARDAS CHAMAM O NOME DOS PRISIONEIROS que marcaram compromissos para mais tarde. Aqueles que esperam visitas de advogados ou familiares vão até a área de visitação, e aqueles com compromissos médicos se preparam para ir à ala de serviços de saúde. Mas o prisioneiro que eu estava para visitar não sairia do prédio onde estava detido; sua avaliação só prosseguiria se eu fosse até ele.

Mesmo antes de Seb chegar à prisão cinco semanas antes, a equipe tinha recebido uma notificação de que ele estaria sujeito a um monitoramento rigoroso. Tal era a preocupação sobre seu bem--estar mental que, enquanto ainda estava sob custódia da polícia, uma avaliação psiquiátrica forense fora do horário regular tinha sido solicitada. Seb havia obedecido aos policiais que o prenderam, mas tinha dado a impressão de que não estava preocupado com o que havia acontecido – parecia não se importar nem um pouco com o fato de estar sendo preso. O mais bizarro era que havia lampejos de uma aparente autossatisfação. Um enfermeiro e o médico de plantão da unidade forense local foram até a delegacia, mas Seb se recusou a sair da cela para falar com eles. Acompanhados por policiais, os médicos foram até sua cela para falar com ele diretamente, mas, o que quer que tenham falado, Seb manteve a mesma conduta de que não tinha nada a dizer a eles. Resistiu até às tentativas de uma conversa casual. Assim, os profissionais, com o médico de plantão, concordaram que Seb não necessitava de internação em um hospital. De qualquer modo, essa reticência, aliada às particularidades do crime que Seb havia cometido, deixou os avaliadores relutantes em descartar por completo a existência de problemas psiquiátricos. Seb tinha sido preso sob suspeita de ter assassinado sua mãe.

Na manhã seguinte, o médico que havia avaliado Seb na delegacia de polícia ligou para a equipe de saúde mental da prisão para recomendar que, na chegada, ele fosse levado à ala de saúde para monitoramento adicional. Após suas observações, os guardas e enfermeiros também sentiram que Seb não parecia bem, embora tivessem dificuldade em apontar com precisão o motivo de acharem isso. Ele mantinha distância de todo mundo. Quando falava, usava o menor número de palavras possível para chegar ao ponto, que era um pedido específico – como toalhas limpas –, ou geralmente para recusar ofertas de ajuda ou apoio da equipe. Ele não queria sair da cela para refeições ou para relaxar na sala de recreação. Parecia comer e dormir bem e, embora evitasse contato, se eles falavam com ele, não parecia irritável nem houve qualquer tipo de agressão. E foi assim até a segunda noite.

Logo depois do fim de seu longo turno, uma das enfermeiras foi ver como Seb estava. Ela o encontrou apoiado na pia olhando para o pequeno espelho na parede. À primeira vista, não parecia nada de anormal. Durante o interrogatório posterior, a enfermeira lembrou que era um pouco estranho que ele não reagisse de forma alguma à sua presença, mas na hora ela achou que havia uma explicação trivial; ele parecia perdido em seus próprios pensamentos. Com apenas um pé em sua cela, a enfermeira tentou atrair a atenção de Seb chamando-o pelo nome. Em seguida, tudo ficou um pouco confuso. Ele deve ter pulado em sua direção e, quando ela tentou sair da cela, ele a agarrou pelo pescoço com o antebraço, puxando-a para trás. A equipe ouviu os gritos dela e o som de seu alarme, que ela havia ativado pressionando o botão vermelho do rádio que estava em seu cinto. Felizmente, a enfermaria era bem próxima da cela de Seb, mas eles ficaram surpresos com a força que ele empenhou na resistência às tentativas deles de soltar seu braço do pescoço da colega. Um guarda que chegou à cena admitiu que não viu outra opção além de atingir Seb na cabeça, o que explicava o hematoma facial que apareceu nas horas seguintes. Com a ajuda de guardas que tinham corrido de outras alas em resposta ao alarme, eles foram capazes de libertar a enfermeira e prender Seb de volta na cela.

As unidades de segregação são usadas para abrigar prisioneiros que são particularmente desordeiros ou perigosos. Impõem restrições mais rígidas em condições de maior segurança. É uma versão mais moderna da cela de punição, bastante encontrada no porão de prisões vitorianas. Os prisioneiros abreviavam "unidade de segregação" de maneira coloquial para "seg" ou se referiam a ela como "bloco", que sempre supus ser derivado de "bloco de punição". Pelas regras atuais, a transferência de um prisioneiro recalcitrante para a unidade de segregação pode ser autorizada para manter a boa ordem e disciplina da prisão. Depois do que foi considerado um incidente de tentativa de tomada de refém na ala de saúde, Seb foi avaliado como muito perigoso para permanecer lá, então, quando o visitei para sua avaliação, fui à "seg".

Uma médica júnior me acompanharia nessa avaliação. Eu sabia que depois das inspeções de segurança iniciais, teríamos que esperar no saguão da prisão por nossa escolta, e usei este tempo não apenas para informar a residente sobre o caso de Seb, mas também para prepará-la para sua primeira visita a uma unidade de segregação de uma prisão. Como visitante regular, sabia que a atmosfera na unidade era bastante imprevisível; às vezes, podia ser assustadoramente silencioso, mas por várias vezes eu tinha chegado na "seg" em meio a uma cacofonia de gritos, berros, uivos e barulhos estrondosos que eram ainda mais enervantes devido às fontes do ruído não estarem à vista. A única oportunidade para os habitantes das sombrias celas individuais interagirem cara a cara com os colegas era durante o breve tempo concedido para exercícios, em módulos individuais gradeados do lado de fora, que ocupavam metade do comprimento do prédio. Fora isso, a comunicação era feita, principalmente, por gritos indiscriminados no espaço central da unidade. Às vezes, eram chamados para dar as boas-vindas a um recém-chegado que estava em seu grupo ou para ameaçar quem não estava. O foco da atenção deles poderia ser também os guardas, para implorar por algo ou anunciar suas intenções agressivas.

Visitantes à unidade comumente geravam uma animação renovada. Costumava me perguntar como os prisioneiros que já me conheciam podiam saber quando eu vinha para a ala, apesar das portas e portinholas estarem firmemente fechadas. Eles gritavam "dr. Nathan, venha aqui um minuto, preciso falar com você" logo após eu passar pela porta deles. Percebi depois que podiam espiar pela estreita fenda entre a pesada porta de ferro e o batente. Quando outros prisioneiros ouviam sobre a presença de um médico, eles começavam a gritar que estavam doentes e precisavam me ver com urgência. É provável que alguns precisassem de assistência médica. A maioria sofria com o isolamento extremo e ansiava por qualquer tipo de interação. Os chamados costumavam diminuir quando eu passava pela unidade, ou se transformavam em outros tipos de apelos e ameaças, como se a existência de outras pessoas também os lembrasse de seus desejos e queixas. Conforme passávamos pela "seg" naquele dia, avisei a médica júnior de que ela poderia ser alvo de ataques misóginos.

Como sempre, nossa chegada agitou os ocupantes da unidade de segregação. Minha residente caminhava ao meu lado conforme seguíamos em direção a dois guardas que conversavam a uma mesa de trabalho a cerca de dois terços do caminho pela ampla plataforma central. Notei que ela conteve um estremecimento com o estrondo inesperado e o grito agudo de "vá se foder" quando passamos pela porta de uma cela. Os guardas, que eu conhecia de muitas visitas àquela unidade, já sabiam que eu tinha vindo para visitar Seb e me ajudaram a encontrar um pequeno escritório onde poderíamos falar sem sermos ouvidos pelos outros prisioneiros.

Assim que nós quatro nos espremos nesta sala raramente usada, os guardas me disseram que o que os surpreendeu mais do que qualquer outra coisa foi que Seb não mostrou nenhum desejo de deixar a unidade de segregação. Ainda não era uma opção realista, mas, quando houve uma discussão informal sobre o progresso que ele precisaria fazer para se mudar, Seb disse que não deveria ser movido. O guarda que estava lá quando ele fez este comentário sentiu, por meio da segurança em seu tom de voz, uma ameaça velada.

Seb estava no que os guardas chamavam de "saída com três guardas". Os prisioneiros da unidade de segregação só podem sair da cela um de cada vez, mas aqueles que são considerados especialmente imprevisíveis, como Seb, necessitam de pelo menos três guardas à disposição antes que a porta da cela possa ser aberta. De fato, a tentativa de Seb de fazer alguém como refém impôs essa precaução. Confuso sobre desde quando essa precaução estava em vigor, perguntei o motivo. O guarda sênior explicou que, depois de facilitar os requisitos de supervisão para permitir que Seb saísse de sua cela, dentro de 24 horas, houve motivos para reintroduzi-los, embora não por causa de uma agressão real ou mesmo de uma ameaça. Um guarda abriu a porta da cela para permitir que Seb tivesse acesso ao chuveiro e, quando Seb cruzou o espaçoso saguão entre sua cela e o banheiro, ele parou no meio do caminho e encarou o guarda com um olhar fixo. O guarda ordenou com firmeza que Seb continuasse se movendo. Ele o fez, mas, quando esse momento de conduta estranha e inexplicável foi visto à luz do incidente na ala de saúde, eles tomaram a abordagem preventiva de reinstaurar o sistema de saída com três guardas. Avaliar o risco era ainda mais complicado uma vez que as enfermeiras e o médico, que continuavam se encontrando com Seb na unidade de segregação, não haviam conseguido fazer com que ele falasse sobre o primeiro incidente.

Eu estava acostumado a usar a sala de adjudicação para avaliações. Sua finalidade era ser o espaço para avaliações formais do comportamento transgressivo recente dos prisioneiros, mas, enquanto não estivesse em uso, era um local relativamente seguro para minhas avaliações dos prisioneiros da segregação. O prisioneiro podia sentar em um único assento que estava preso por uma peça de aço a uma mesa firme que, por sua vez, estava presa de forma segura ao chão, e era grande o suficiente para impedir que um prisioneiro nervoso tentasse partir para cima de um guarda – ou para cima de mim – que estivesse sentado nas cadeiras soltas do outro lado da mesa ou o gerente sentado na ponta. Havia uma porta de cada lado da mesma parede, que possibilitava ao prisioneiro e ao gerente entrarem e saírem da sala sem chegarem perto um do outro. Perguntei o que os guardas achavam de eu iniciar uma conversa com Seb em sua cela e, então, se ele parecesse capaz de se concentrar com calma, movê-lo para a sala de adjudicação, que era mais propícia para uma avaliação clínica. Os guardas concordaram com o plano desde que a cortina da janela principal da sala permanecesse aberta, para que pudessem observar de fora.

No fim, não precisamos implementar o plano. Olhando por trás do guarda enquanto ele inspecionava Seb através da portinhola, eu vi a forma de um corpo na cama. Não houve resposta ao pedido para ele se sentar; Seb cobriu-se inteiramente com o cobertor e permaneceu imóvel. Quando o guarda abriu a porta e anunciou por que estávamos ali, ainda não houve sinal de resposta. Através de uma troca de olhares e acenos de cabeça, todos nós entendemos que tentaríamos a próxima opção, que havíamos combinado de antemão. Os dois guardas à minha frente se afastaram para permitir que eu ficasse na soleira da cela com o líder dos guardas logo à minha frente. Se necessário, eles estariam prontos para me puxar e à minha colega para fora da cela e bater a porta. Constrangido de falar com um cobertor na frente de uma audiência de três guardas e uma médica-residente, apresentei-me a Seb e disse que eu estava lá para ver se havia algo mais que poderia ser feito para ajudar. No silêncio enquanto aguardava uma resposta, examinei sua cela buscando qualquer coisa que fosse significativa. Durante as avaliações de prisioneiros na unidade de segregação, eu costumava encontrar as celas em desordem. O piso podia estar encharcado depois de o ocupante ter bloqueado o vaso sanitário em um ato de dissensão. Mensagens podiam estar rabiscadas em pedaços de papel ou outras superfícies. Algumas vezes, fezes eram passadas nas paredes no que era chamado, compreensivelmente, de "protesto sujo". Não havia nenhum sinal de nada disso na cela de Seb. Os pouquíssimos pertences estavam organizados no piso contra a parede mais ao fundo.

Como uma última tentativa de chamar sua atenção, o líder dos guardas disse a Seb que logo não haveria outra chance de falar com um médico. Não surtiu efeito. Mantendo meu olhar em Seb, com cuidado, caminhei de costas para fora da cela. Os guardas tentaram mais uma vez obter uma resposta, perguntando se ele queria alguma coisa enquanto eles estavam lá. Seb permaneceu imóvel.

O advogado de Seb solicitou uma opinião sobre se o estado mental de seu cliente no momento do crime equivalia a insanidade, de acordo com as regras de M'Naghten. No dia seguinte à minha avaliação malsucedida de Seb, liguei para seu advogado para explicar que o silêncio de Seb frustraria minha tentativa de entender seu estado de espírito no momento do assassinato. Embora todos os sinais evidenciassem uma "doença da mente", não fui capaz de determinar se isso o levou a não saber o que fazia quando atacou sua mãe. O advogado e eu concordamos que havia outra questão que precisava ser resolvida antes que pudéssemos pedir que o tribunal considerasse uma possível defesa de insanidade.

Em março de 1831, o juiz James Park estava presidindo um tribunal montado periodicamente em York, o Julgamento de Primavera de York. A sala do tribunal estava lotada devido ao interesse gerado pelo caso de Esther Dyson, uma jovem de vinte e poucos anos. Ela tinha sido "acusada pelo assassinato premeditado de seu filho bastardo, decapitando-o". Ela parecia impassível durante a leitura da acusação e, quando o oficial perguntou se ela era culpada ou inocente, ela não respondeu.

Desde o estabelecimento do tribunal de júri na Inglaterra do século XII, um réu indiferente era um desafio potencial à legitimidade do tribunal. Uma interação ritualística tinha que ser completada antes que o réu pudesse ser julgado. Ele ou ela seria primeiro solicitado a anunciar se era culpado ou inocente do suposto crime. Uma resposta de "inocente" desencadeava uma segunda pergunta: "Culpado, como serás julgado?". Se respondesse dizendo que concordava em ser julgado por Deus e por seu país, o julgamento podia começar. Esse ritual de abertura dependia da participação do réu. Em teoria, uma condenação poderia ser evitada ao ficar em silêncio. Os motivos para a indiferença variavam de evitar o confisco de propriedade que de outra forma passaria a seus herdeiros a poupar a família e a reputação de alguém da vergonha de uma condenação. O Estatuto de Westminster em 1275 permitia ao tribunal tomar medidas para fazer com que um réu que se mantivesse em silêncio pensasse duas vezes. Esses "criminosos que recusam um julgamento legítimo" podiam ser detidos em uma prisão rígida – prisão *forte et dure* (firme e forte, na tradução literal) – até que mudassem de ideia. Para desencorajar ainda mais os réus de permanecerem em silêncio, um elemento de tortura era adicionado à punição, resultando na mudança de terminologia para *peine forte et dure* (pena firme e forte, na tradução literal). Uma pressão adicional era literalmente aplicada. Deitado nu e de costas em uma cela escura, o prisioneiro tinha cordas amarradas aos braços e pernas, que eram puxados de modo que ficassem esticados pelo chão. Em seguida, ferros ou pedras pesadas eram colocados sobre seu corpo. A pressão sob pesos cada vez maiores combinada às restrições de comida e água levavam o prisioneiro silencioso a reconsiderar sua posição ou perecer. Embora a prisão, a dor e a privação possam abalar a convicção de um réu determinado a permanecer em silêncio, não poderiam curar o mutismo de alguém que nunca foi capaz de falar.

Felizmente para Esther Dyson, a prática de *peine forte et dure* tinha sido abolida cerca de sessenta anos antes de seu julgamento em York. Mas entrar com um pleito antes que um julgamento fosse iniciado continuava a ser uma parte necessária do ritual. O juiz James Park ordenou que um júri fosse formado para julgar se ela permanecia muda "por malícia ou pela provação de Deus". Colocando de outra forma, ela estava calada por teimosia ou era genuinamente incapaz de falar? Uma testemunha, o sr. James Henderson, supervisor da usina de algodão onde Dyson havia trabalhado nos últimos onze anos, testemunhou perante o tribunal que durante esse período ela parecia não ter a capacidade de ouvir ou falar. Pelo que ele sabia, ela nascera surda e muda. Sabendo dessa evidência, o júri a considerou muda por provação de Deus. O sr. Henderson foi então convocado ao tribunal para ser o intérprete de Dyson por meio de sinais. Ela se declarou inocente. Seu intérprete começou a lhe explicar que era seu direito desafiar um jurado ao qual ela se opunha, um direito que os réus em julgamentos hoje em dia ainda detêm. O processo parou mais uma vez quando o sr. Henderson notificou o tribunal da considerável dificuldade que ele tinha em fazer Dyson entender seus direitos. O tribunal ouviu que, embora ela fosse inteligente o suficiente para entender os eventos do dia a dia, não poderia ser levada a entender os elementos mais técnicos, embora fundamentais, de um julgamento criminal.

O teste que aplico ao avaliar a aptidão de um réu para entrar com pleito em acusações criminais tem sua origem no próximo curso de ação que o juiz Park escolheu. Ele ordenou que um novo júri fosse formado para verificar se Dyson estava sã. Os membros do júri foram instruídos de que não deveriam determinar se ela estava "agindo sob loucura". A questão que deveriam resolver era se "ela tem neste momento razão suficiente para entender a natureza deste processo, para que seja capaz de conduzir sua defesa". Com essa definição, Dyson foi considerada insana pelo júri. Ela, então, entrava no escopo da Lei de Criminosos Lunáticos de 1800, que estipulava que um réu considerado insano devia ser mantido sob uma custódia rígida. Ciente das evidências que ouviu de que Dyson era receptiva a educação, o juiz aconselhou que ela recebesse a ajuda recomendada para melhorar seu entendimento em caso de reinstalação do processo. Ao que parece, ela não recebeu essa ajuda, ou, se a recebeu, o assunto não foi devolvido ao tribunal, porque Dyson foi enviada para o Hospício para Lunáticos Pobres de West Riding e permaneceu lá até sua morte, 38 anos depois.

Em 1836, cinco anos depois do início da detenção indefinida de Dyson, um tal de sr. Pritchard apareceu no Julgamento de Shropshire sob a acusação de bestialidade. Assim como Esther Dyson, ele não podia ouvir nem falar. O juiz, barão Alderson, baseou-se na decisão do caso de Dyson e usou aquela abordagem para desenvolver uma série de perguntas específicas para determinar sua aptidão para o pleito. O caso R. *vs.* Pritchard se tornou e continua a ser proeminente. Em vez de mutismo, os motivos comuns pelos quais sou chamado por advogados para responder a essas perguntas envolvem a compreensão prejudicada do réu devido a doença mental aguda, deficiência de aprendizado ou demência.

Seb não era totalmente mudo, mas havia um bom motivo para duvidar de sua habilidade de fazer uma defesa adequada contra sua acusação de homicídio. Minha impressão era de que não estava sendo obstrutivo de forma deliberada. Embora o teste atual ainda se baseie na decisão de R. *vs*. Pritchard, o procedimento mudou desde 1830. Os testemunhos de dois médicos devem ser apresentados ao tribunal e a decisão final cabe ao juiz, e não ao júri. Enviei meu relatório aos advogados declarando que ele era, na minha opinião, inapto para pleitear. A audiência sobre a aptidão para pleito foi agendada para seis semanas, possibilitando que houvesse tempo para buscar uma segunda opinião médica. Até lá, eu tinha outras prioridades.

Até que Seb concordasse em falar, eu não seria capaz de entender sua mente. Mesmo assim, não fiquei contente que ele ficasse na prisão. Havia evidência suficiente, pensei, para solicitar uma avaliação e tratamento hospitalar. Após contato com um hospital de custódia devidamente seguro e recomendações por escrito ao Ministério da Justiça, foi emitido um mandado de transferência.

Quando nos encontramos de novo, seis semanas depois, Seb tinha sido transferido para o hospital. Ao contrário de Esther Dyson, Seb não seria detido por tempo indefinido, e eu acreditava – com base no que pude saber por sua história – que ele sofresse de uma doença que responderia a tratamento.

No hospital de custódia, fui apresentado mais uma vez a Seb por uma enfermeira da ala que o acompanhou até a sala de interrogatório. Antes mesmo de ter uma chance de verificar se ele estava mais comunicativo, pude ver uma mudança em sua aparência. Muitos, mas não necessariamente todos, dos meus pacientes que passam por experiências psicóticas inquietantes parecem se beneficiar bastante de medicamentos antipsicóticos. Infelizmente, a maioria também sofre com efeitos indesejados dos medicamentos de um jeito ou de outro. Os antipsicóticos que costumavam ser usados quando ingressei na psiquiatria há quase trinta anos eram propensos a induzir movimentos involuntários que poderiam gerar uma atenção indesejável e estigmatizadora para o paciente. Felizmente, esses efeitos colaterais neurológicos são muito menos prováveis com antipsicóticos mais modernos, embora tenha-se descoberto que os comprimidos mais novos causam alterações metabólicas. Uma manifestação evidente é o ganho de peso. Pela aparência mais corpulenta de Seb, suspeitei de que tivesse começado a tomar antipsicóticos.

Seb confirmou que era esse o caso; estava tomando antipsicóticos e, embora tivesse dificuldade em satisfazer seu apetite, havia uma melhoria evidente. Embora de forma alguma falante, Seb era agora um participante disposto em nossa discussão. Ele me disse que vários meses antes de sua prisão começou a se sentir dominado por ondas de um mal-estar desconcertante, que evoluiu para uma sensação implacável de mau presságio e pavor. As coisas à sua volta não pareciam bem. As pessoas tinham uma aura surreal em volta delas. Ele questionou se eram mesmo quem ele pensava. E então os pensamentos de Seb se cristalizaram. Ele percebeu que estava cercado de impostores. A mulher que se disfarçava de sua mãe se parecia e se comportava como ela em todos os aspectos, mas ele não conseguia se livrar da convicção de que era uma mentirosa e de que essa impostora estava envolvida no sequestro de sua mãe verdadeira. A usurpadora, que havia habilmente adotado todas as características de sua mãe, repudiava com veemência suas alegações. Ele me explicou que interpretou os protestos dela como um sinal de seu desespero em manter a fraude. Seu tom tornou-se mais sério à medida que falava sobre o crime, mas ele não se emocionou abertamente. (Era como se a memória dele ainda não estivesse preenchida por completo de emoção – enquanto suas palavras reconheciam a responsabilidade de ter realizado o crime, seu tom era de um espectador objetivo.) As opções de Seb pareciam diminuir a cada dia. Ele não podia deixar aquela situação sem contestá-la, mas revelar à impostora que ele sabia a verdade poderia colocar em perigo sua verdadeira mãe. Ele lutou consigo mesmo antes da noite final, quando esfaqueou a mulher que ele acreditava não ser sua mãe enquanto ela dormia.

Seb interpretou o fato de a mãe verdadeira não reaparecer como um sinal de que a conspiração era mais profunda do que ele pensava antes. Decidiu que o melhor curso de ação era evitar falar com qualquer pessoa sobre o que sabia. No geral, ele podia suprimir os sinais de sua crescente frustração, mas às vezes isso se tornava insuportável, como depois dos primeiros dias na ala de saúde, quando ele agarrou a enfermeira.

A maneira como Seb falou comigo mostrou que ele era capaz de se afastar de sua existência anterior, obcecada por conspiração, e questionar a veracidade de suas crenças. Perguntei a ele quando sua perspectiva mudou. Ele disse que adquirira novas percepções várias semanas após sua admissão, mais ou menos na mesma época em que começou a tomar a medicação.

Houve um acordo sobre o diagnóstico de Seb. A presença de delírios na ausência de outros sintomas psicóticos, como vozes ou visões, levou a um diagnóstico de transtorno delirante, que se enquadra na mesma categoria da esquizofrenia. Havia também um termo para o tipo específico de experiência que ele teve: síndrome de Capgras, uma referência a Joseph Capgras, que descreveu o caso de uma mulher de meia-idade de Paris que, em junho de 1918, visitou o comissário de polícia local para pedir que dois policiais a acompanhassem e testemunhassem a evidência de um crime difundido. Ela disse que crianças estavam sendo confinadas de forma ilegal em Paris, inclusive no porão de sua casa. A polícia a conduziu a um hospital, de onde foi levada para ser internada em uma instituição psiquiátrica em Sainte-Anne. Depois de cerca de um ano, foi transferida a outra instituição, a Maison Blanche. Lá, ela chamou a atenção de Capgras, um psiquiatra interessado nos temas de substituições e desaparecimentos que percorriam suas crenças delirantes. Ela acreditava que tinha sido vítima de um sequestro e que ela e outras pessoas tinham sósias idênticos. Acreditava também que o "teatro encenado por esses sósias é inacreditável". Com um colega, o psiquiatra publicou um relatório sobre esse caso, que eles chamaram de *illusion des sosies,* ou ilusão dos sósias.

Meu treinamento médico me ensinou que, tendo encontrado um termo para a doença de um paciente e outro para seus sintomas, eu havia alcançado compreensão suficiente, e a avaliação estava concluída. Mas esses termos apenas descrevem, não explicam. Para entender os mecanismos subjacentes que explicam por que Seb tem sintomas, devemos ouvir com atenção o que ele diz em detalhes. Se aceitarmos que a natureza única das experiências mentais de uma pessoa é o produto das atividades de sua mente (o que é incontroverso), prestar uma atenção cuidadosa ao que ela está dizendo pode lançar luz sobre a forma como sua mente gera essas experiências. Portanto, em vez de perguntar a meus pacientes apenas o suficiente para saber se uma falsa crença que eles possuem é uma ilusão, estou interessado em encorajá-los a me dizer, da forma mais precisa que puderem, como a crença surgiu e por que continuam a defendê-la.

Saber um pouco mais sobre como o cérebro funciona também pode nos ajudar a interpretar as palavras de Seb. Ele afirmou que a mulher que matou parecia ter a mesma forma de sua mãe, mas uma identidade diferente. Reconheceu que não conseguia detectar nenhuma diferença na aparência entre a impostora e a mãe, mas, mesmo assim, tinha certeza de que não era ela. Como isso é possível? Sabemos, por tomografias cerebrais em humanos e outros primatas, que o reconhecimento de outras pessoas depende muito de imagens faciais e envolve uma série de diferentes caminhos cerebrais. Essencial para o reconhecimento facial é uma rede neural que processa a representação física do rosto: neurônios individuais respondem a diferentes características – como a distância entre os olhos ou o formato da boca –, e esses neurônios trabalham em conjunto para reconhecer determinado rosto. No entanto, uma interrupção nesta rede pode interferir na capacidade de uma pessoa em reconhecer o rosto de alguém familiar, uma condição conhecida como prosopagnosia, que significa literalmente "ignorância sobre o rosto".

O problema de Seb não era prosopagnosia. Ele conseguia reconhecer a forma do rosto da mãe. Era a identidade dela que ele questionava. Eu estava interessado em sua descrição de como suas experiências começaram a dar errado. Antes que as crenças paranoicas se instalassem, sua percepção do mundo era acompanhada por uma sensação geral de dúvida. Ele enfatizava sentimentos de irrealidade, não tinha certeza de nada. Isso me sugeria que os problemas de Seb começaram com uma interferência não específica na significância emocional de suas percepções. Para ser mais direto, Seb não conseguia entender um significado claro, mas havia uma insinuação de perigo.

Ele falou sobre um salto desse sentimento inicial de ambiguidade e ameaça nebulosa para a chegada da certeza. Uma ideia surgiu e o ajudou a resolver sua confusão sobre a realidade do mundo ao redor (incluindo a identidade de sua mãe) e, para ele, era consistente com seus sentimentos conspiratórios. Mas, embora essa ideia – de que a mãe tivesse sido substituída por uma impostora – correspondesse à sua realidade, estava fora de ordem em relação a todos os outros. Assim, em vez de rejeitar a ideia, Seb interpretou as ações dos outros de uma forma que a apoiasse. A crença de que a substituição da mãe era parte de um enredo maior deu significado às suas experiências, então ele selecionou evidências consistentes com esse significado. Em reação à perda do senso de familiaridade que antes acompanhava a imagem visual de sua mãe, Seb aceitou uma narrativa coerente, porém falsa.

Os estudos neurobiológicos que identificaram as redes neurais usadas para reconhecer os outros e para avaliar nossas crenças sem dúvida melhoraram nossa compreensão sobre as origens das distorções psicóticas do tipo vivenciado por Seb. Não é completamente estranho supor que em algum momento, no futuro, teremos poder de imagem cerebral suficiente para produzir um retrato elétrico e químico que corresponda aos pensamentos, sentimentos e comportamento de um indivíduo. Mas os defensores desse futuro ignoram a limitação fundamental da neurobiologia como uma explicação do comportamento humano. A disciplina neurobiológica pode complementar nossa compreensão da descrição subjetiva do paciente sobre eventos psíquicos preocupantes, mas usar apenas a linguagem dos caminhos químicos e neurais do cérebro não nos dá um entendimento sobre o que é preocupante ou psíquico. Temos que reter a perspectiva subjetiva para compreender de fato a experiência e o comportamento humanos. Para explicar a violência, devemos contextualizar a fisiologia com abstrações psicológicas, como impulsos, anseios e motivos.

A narrativa que Seb criou era obviamente delirante, mas o que acontece quando a narrativa que sustenta um ato violento é mais difícil de se julgar?

> Atribuímos os problemas sociais e psicológicos da sociedade moderna ao fato de que essa sociedade exige que as pessoas vivam em condições radicalmente diferentes daquelas em que a raça humana evoluiu, e se comportem de maneiras que entram em conflito com os padrões de comportamento que a raça humana desenvolveu vivendo nas condições anteriores.

Estas palavras foram escritas por Theodore "Ted" Kaczynski, um ex-professor de Matemática que, por mais de dezessete anos, também foi o autor de uma extensa campanha de violência homicida indiscriminada. Impulsionado pela hostilidade em relação à tecnologia moderna e à destruição do meio ambiente natural, Kaczynski postou e entregou pessoalmente dispositivos incendiários pelos Estados Unidos que causaram a morte de três pessoas e feriram outras vinte e quatro.

Conhecido pela polícia e pela imprensa como "Unabomber", devido ao foco específico em universidades e companhias aéreas, Kaczynski era uma figura complicada. Ele foi criado em uma família em que a inteligência era bastante valorizada, e sua mente brilhante era notável desde cedo. Obter 170 em um teste de QI na quinta série o levou a pular um ano. No Ensino Médio, ele avançou mais um ano. Mais tarde, Kaczynski expressou seu ressentimento diante da sensação de isolamento causada por estar com colegas mais velhos que não o aceitavam. No entanto, ele continuava a brilhar nos estudos. Com apenas dezesseis anos, tornou-se um aluno de graduação na Universidade de Harvard e, em seguida, fez mestrado e doutorado em Matemática na Universidade de Michigan. Ingressou no Departamento de Matemática da UC Berkeley em 1967, mas então, sem explicação, demitiu-se de modo repentino após dois anos. Frustrado com o mundo em rápida mudança, Kaczynski abandonou a vida acadêmica e mudou-se para Montana, onde começou a construir uma cabana na floresta. Ele vivia lá como um eremita, completamente isolado do mundo moderno.

Foi nessa cabana na floresta que, entre 1978 e 1995, Ted Kaczynski fabricou à mão e de lá enviou dezesseis bombas cada vez mais sofisticadas. Por fim, tendo evitado a detecção policial por quase duas décadas, escreveu à imprensa oferecendo-se para interromper suas ações revolucionárias se seu manifesto, *A sociedade industrial e seu futuro*, fosse publicado. O manifesto de 35 mil palavras foi publicado no *Washington Post* e no *New York Times* em setembro de 1995. O irmão de Ted, David Kaczynski, que já suspeitava que seu irmão fosse o Unabomber, notou similaridades de conteúdo e estilo entre o manifesto e as cartas escritas pelo irmão mais velho nos anos 1970, e foi ao FBI. Na primavera de 1996, Theodore Kaczynski foi preso em sua cabana em Montana.

Durante o julgamento que se seguiu, a avaliação de um psiquiatra nomeado pelo tribunal foi de que Kaczynski provavelmente sofria de uma doença mental. Interpretar como delirante a afirmação de Kaczynski de que a tecnologia ameaçava a sobrevivência da humanidade satisfazia um dos critérios fundamentais para o diagnóstico de esquizofrenia. Se as abordagens diagnósticas atuais estivessem em uso nos anos 1800, Daniel M'Naghten sem dúvida teria recebido o mesmo diagnóstico. Mas as preocupações de M'Naghten tinham uma qualidade bem diferente das de Kaczynski. As crenças de M'Naghten de que estava sendo sempre seguido e perseguido por malfeitores disfarçados eram objetivamente falsas, mas, embora fosse bizarro e perigoso em partes, *A sociedade industrial e seu futuro* continha sentimentos e ideias bem articulados compartilhados por grandes setores da sociedade. A tese central do manifesto de Kaczynski não poderia ser rejeitada de imediato. Após sua publicação, o professor James Q. Wilson, da Universidade da Califórnia, escreveu no *New York Times* que o manifesto era "um artigo cuidadosamente fundamentado e habilmente escrito" e que, "se é o trabalho de um louco, então os textos de muitos filósofos políticos – Jean-Jacques Rousseau, Tom Paine, Karl Marx – são apenas um pouco mais sensatos". É tão somente sua disposição de agir de acordo com essas crenças – e de causar danos aos cidadãos – que separa Kaczynski de Rousseau, Paine e Marx?

A maioria dos pacientes com diagnóstico de esquizofrenia não é violenta. Ao narrar casos psiquiátricos forenses, há o risco de reforçar o clichê da mídia sobre o esquizofrênico violento. Minha visão, ao contrário, é de que tais estereótipos são destruídos ao se examinar de forma compreensiva os casos da vida real, ao mesmo tempo que se enfatiza sua raridade. O diagnóstico de esquizofrenia depende, em parte, da identificação de experiências psicóticas, como crenças delirantes ou vozes alucinantes. Muitas pessoas ficam surpresas ao saber que essas experiências não são incomuns na população geral. Um diagnóstico clínico também requer que as experiências incomuns sejam acompanhadas por altos níveis de angústia e disfunção. Alguns indivíduos que sofrem dessa maneira podem ter períodos em que seu comportamento pareça bizarro a um observador.

O que tem ficado cada vez mais claro para mim na minha experiência é que o diagnóstico não é uma forma especialmente informativa de entender o comportamento. Estive envolvido em muitos julgamentos em que a questão central era se os critérios para um diagnóstico específico tinham sido atendidos. Em um julgamento de um assassinato no qual testemunhei, a vítima tinha 49 ferimentos por faca e foi encontrada com "longos cortes" no peito e abdômen, sal esfregado nas feridas e fluido de limpeza nos olhos. Eu fui um dos três psiquiatras forenses chamados para avaliar o réu, que tinha um histórico de psicose. O juiz concluiu que o prisioneiro tinha imitado uma cena de um filme de terror australiano pelo qual ele era fascinado. Mas, depois que nosso testemunho foi ouvido no tribunal, a cobertura da mídia se concentrou na diversidade de opiniões profissionais sobre como interpretar o estado mental psicótico do assassino. Era uma reminiscência das divergências de diagnóstico que eu costumava ver entre meus mentores no início da carreira.

Eu não contestaria que o discurso do diagnóstico psiquiátrico e de doença mental pode servir a um propósito. Representar Kaczynski como alguém com doença mental não apenas se oporia à narrativa do monstro maligno e estimularia um desejo de compreensão em vez de condenação, mas também poderia ser a base para uma defesa legal, que impediria a imposição da pena de morte. Mas o debate sobre se Kaczynski sofria de uma doença mental grave expõe a falácia da divisão categórica entre a normalidade e a doença mental. Compreendo como os psiquiatras instruídos pela defesa podiam concordar com a visão de que Kaczynski mostrava características associadas à esquizofrenia. Mesmo antes de seu bizarro sistema de crenças e divagações fulminantes se tornar conhecido pelo mundo, as pessoas que moravam nas proximidades de sua cabana o viam como uma curiosidade caótica. A gravidade de sua patologia poderia ser acentuada pelo alinhamento de muitas histórias de comportamento estranho de quando ele era mais jovem. Mas a visão alternativa é que Kaczynski corria o risco de ser diagnosticado com esquizofrenia apenas por causa de sua excentricidade e inconformidade. A Associação Americana de Psiquiatria afirma que as crenças não podem ser designadas como delirantes, a menos que sejam tão extremas a ponto de desafiar a credibilidade. Tendo feito inferências incorretas sobre sua realidade externa, M'Naghten chegou a uma conclusão obviamente falsa e que por isso poderia ser considerada delirante. Kaczynski, entretanto, passou a rejeitar a sociedade por meio de uma análise ponderada sobre a direção que ela estava tomando.

Mas ajuda nossa compreensão sobre a causa de seu comportamento criminoso saber se Ted Kaczynski ou Daniel M'Naghten sofriam de esquizofrenia ou não? Para encorajar os residentes em psiquiatria que trabalham comigo a pensar sobre os problemas que envolvem um diagnóstico de esquizofrenia, e a maioria dos diagnósticos de doenças mentais, faço duas perguntas simples. Primeiro peço que definam esquizofrenia em uma frase. Eles respondem com firmeza falando sobre os sintomas psicóticos, como alucinações e delírios. Em seguida, peço a esses médicos, que concluíram seu treinamento há pouco tempo, que usem uma frase para definir uma doença física como asma. Eles respondem usando frases como doença inflamatória das vias aéreas que resulta em broncoespasmo. Os médicos, perplexos com minha linha de questionamento, podem incluir sintomas (chiado e dificuldade de respiração) em sua resposta, mas não se baseiam apenas nos sintomas para definir uma doença; eles sabem que um sintoma específico pode ser causado por diferentes processos de doença no organismo. Um paciente que reclama de chiado e dificuldade em respirar sugere uma condição asmática e leva o médico a investigar mais a fundo para diagnosticar. Se o diagnóstico de asma é confirmado, o médico sabe a localização e a natureza da doença (ou patologia), ou seja, um processo inflamatório crônico nas vias aéreas. Destaco a meus residentes que os diagnósticos de doenças mentais não nos levam a uma patologia que explique os sintomas e o comportamento. Mesmo psiquiatras experientes costumam se esquecer disso em sua prática diária. Refletir sobre se o diagnóstico é de esquizofrenia ou não, algo que gastamos muito tempo fazendo em clínicas e tribunais, leva-nos a um beco sem saída em termos de explicação.

No caso de Ted Kaczynski, o assunto nunca foi resolvido. No meio do processo, o julgamento foi interrompido de forma abrupta quando, diante da perspectiva de um julgamento humilhante em que sua equipe jurídica retrataria sua filosofia como os delírios de um louco (ele alegou que seus advogados lançaram a defesa de saúde mental contra sua vontade), Kaczynski mudou seu pleito para culpado de homicídio. Não havia mais a necessidade de demonstrar que o Unabomber não tinha responsabilidade por suas ações devido a uma doença psiquiátrica.

Delinear esses ímpetos é fundamental para deduzir a origem da violência. Ted Kaczynski foi motivado por sua crença de que as forças da tecnologia precisavam ser interrompidas; estudar a natureza de suas crenças é mais importante do que decidir se as rotulamos ou não de sintomas delirantes de esquizofrenia. No cerne da maioria dos motivos para a violência estão as suposições sobre as intenções dos outros. As ideias de Daniel M'Naghten sobre ser seguido e perseguido deram-lhe motivo para agir; Seb acreditava que um coletivo sinistro tinha a intenção de manter sua mãe escondida contra sua vontade.

Entender a motivação com certeza é importante, mas é apenas parte da história. Crenças contraculturais, como as de *A sociedade industrial e seu futuro* de Kaczynski, não são incomuns e muito raramente levam à violência. Para entender a outra metade da história, precisamos pensar sobre por que sentimentos hostis levam com tanta raridade a ações homicidas. Para a maioria de nós, até mesmo uma breve percepção das consequências de nossa agressão imaginada aciona automaticamente sentimentos negativos que nos impedem de prosseguir com um ato violento. E, como somos programados para evitar sentimentos negativos, estamos inclinados a suprimir ou resistir aos pensamentos que os causam. Se você imaginasse ser o autor de um ataque violento contra a pessoa que você ama ou de quem mais gosta no mundo, é provável que sinta uma repulsa imediata pelo pensamento – imaginando o horror na reação dela, a dor que sentiria, os sentimentos de choque, traição, confusão. O simples fato de imaginar tal ato de violência já é desconfortável. Então, adotar a perspectiva emocional da vítima é, para a maioria das pessoas, suficiente para conter um impulso violento. Isso se dá porque, quando imaginamos um ato violento sob a perspectiva da vítima, estamos demonstrando um tipo de empatia – estamos imaginando a mente do outro.

A empatia é uma habilidade humana fundamental e, quando se trata de violência, bastante inibidora. Esses processos são tão cruciais que não só exigem um esforço consciente: eles atuam nos bastidores, constantemente inibindo uma série de impulsos contraproducentes. A violência é uma consequência de uma interação entre as forças emocionais que estimulam os impulsos agressivos e os processos mentais de contrapeso que resistem à ação agressiva. Impossibilitado de explorar a subjetividade de M'Naghten e Kaczynski com os próprios, posso apenas especular sobre o caso deles. No entanto, se eu tivesse a oportunidade de avaliar Daniel M'Naghten, teria testado minha hipótese de que, assim como as interpretações errôneas paranoicas das ações dos outros, M'Naghten foi consumido por um medo hipervigilante esmagador. (Isso por certo era evidente na história de Seb.) Por questões de sobrevivência, o medo muda o equilíbrio de nossa preocupação conosco e com os outros para apenas nós mesmos. Como consequência, a influência das previsões inibidoras em relação ao sofrimento da vítima é reduzida. Estou apenas especulando, mas poderia ser o caso de que M'Naghten estivesse tão apavorado quanto a sua sobrevivência que o assassinato de um representante de seus perseguidores pareceu-lhe a única forma de se proteger – de modo subjetivo, isso pode ter sido um ato de autodefesa. Se fosse possível interrogar Ted Kaczynski, eu exploraria até que ponto ele já estava emocionalmente desconectado dos outros, mesmo antes de se afastar fisicamente, mudando-se para a cabana; talvez ele não possuísse fortes capacidades inibidoras influenciadas pelo meio social.

A melhora da função mental de Seb significava que ele era capaz de passar no teste de aptidão para o pleito. Apesar de o tribunal aceitar o papel central desempenhado pelo estado mental perturbado de Seb em suas ações, ele não atingiu o nível muito alto estabelecido pelas regras para definir a insanidade legal introduzida após o julgamento de M'Naghten. (Muitos me perguntaram se mesmo o próprio M'Naghten teria atingido esse nível.) A defesa alternativa e mais recente de semi-imputabilidade, disponível apenas em acusações de homicídio, avançou em nome de Seb e não foi contestada pela acusação. Isso resultou em uma condenação por homicídio culposo em vez de homicídio doloso, o que permitiu ao tribunal aceitar a recomendação para que Seb fosse condenado a um hospital em vez de uma prisão.

2

DREW

EM UMA VISITA RÁPIDA AO ESCRITÓRIO, ESPERAVA NÃO TER NENHUM RE-
cado. Eu tinha um relatório atrasado para terminar.

Quando me preparava para sair, minha secretária me chamou:
a enfermeira responsável pela ala de internação precisava falar comigo. O relatório teria que esperar. Era sobre Drew, explicou minha
secretária. "Você não ouviu a algazarra?"

De acordo com o que a enfermeira me contou, Drew estava em
isolamento. Quase como uma caixa segura, a sala de isolamento era
algo comum em muitas alas de saúde mental. Não tem instalações
ou acessórios; nada que um paciente possa usar para se machucar.
É o local de último recurso para um paciente que, de outra forma, seria
considerado incontrolável. As superfícies vazias que cercam o espaço
confinado são interrompidas apenas por uma luz, quase nivelada com
o teto, e um colchão reforçado com um lençol resistente a rasgos no
chão. Do meu escritório, conseguia sentir, e também ouvir, os chutes
fortes de Drew protestando através das paredes e do telefone. Breves
pausas nas batidas rítmicas eram preenchidas com gritos e, embora
as palavras fossem difíceis de entender individualmente, não tinha
dúvidas sobre o sentimento.

Você poderia pensar que tais sinais de uma raiva tão descontrolada poderiam induzir a atenção apenas à fonte da ameaça potencial
– um estado de preparação psicológica e fisiológica para atacar. Mas
nós na ala psiquiátrica estamos acostumados a isso. Esse cenário não
era incomum; Drew não era o primeiro paciente a demonstrar esse
tipo de comportamento, e a experiência tinha nos ensinado que a

porta era capaz de aguentar a um ataque desse tipo. Ao relatar o que acabara de acontecer, a enfermeira responsável, Tina, quase não mostrava traços de nervosismo – na verdade, na linguagem de um psiquiatra, eu diria que ela transmitia uma desconexão emocional em relação aos eventos. Prestando mais atenção, pude sentir sinais sutis da recente explosão instintiva de adrenalina que havia permitido uma reação focada e dinâmica ao incidente momentos antes. Sua fala estava ligeiramente acelerada e sem fôlego; havia um leve tremor. Talvez não tão calma, então. Sem comentar, pausávamos no meio das frases em nossa conversa, abafada pelos gritos de Drew. Manter uma distância emocional de muitas das coisas que vivenciamos em psiquiatria forense nos protege e permite que lidemos de maneira objetiva com o que enfrentamos. Não podemos ser guiados apenas por nossas emoções. Porém, há um risco: precisamos nos proteger para não nos tornarmos insensíveis.

Drew tinha destruído a televisão. Isso tinha exigido certo esforço, pensei – ela estava em uma caixa reforçada com uma cobertura de acrílico, fixada à parede. Olhando pela ala, era possível ver outras medidas semelhantes de segurança. Os sofás eram muito pesados para serem levantados e arremessados, muito reforçados para evitar serem quebrados e revestidos de um material resistente a fogo ou rasgos. As portas e janelas eram reforçadas, havia uma câmara com portas herméticas para entrar e sair do edifício e uma cerca de determinada altura ao redor. Esses eram os elementos físicos de um hospital definido como "de segurança média". Era mais que apenas a estrutura tangível. Os funcionários supervisionavam uma série de procedimentos de segurança – a segurança procedural –, garantindo que itens proibidos não chegassem à ala, fazendo inspeções por todo o perímetro para detectar possíveis pontos fracos e contando os talheres que entravam e saíam. O terceiro tipo de segurança depende da familiaridade com o paciente – não apenas uma questão de saber o diagnóstico e o histórico dele, mas nos mantermos atualizados sobre o que se passa em sua cabeça, como ele está lidando com as pessoas à sua volta, que notícias pode estar para receber, qualquer coisa que pudesse provocar uma reação. Isso é segurança relacional. O hospital de segurança média que foi minha base por mais de quinze anos foi um dos primeiros no renascimento moderno da construção de instituições psiquiátricas. Até a década de 1970, os únicos hospitais de custódia na Inglaterra eram os três "especiais". O primeiro, e que foi a casa de Daniel M'Naghten até sua morte em 1865, foi o Broadmoor. Esperava-se que a excessiva demanda por vagas em Broadmoor fosse aliviada com a abertura de uma segunda instituição psiquiátrica penal na zona rural de Nottinghamshire (Rampton), em 1912. Porém, a pressão não diminuiu e um terceiro hospital especial foi aberto nas cercanias de Liverpool em 1933, que se tornou o Ashworth.

No processo de isolar um pequeno grupo de pacientes da sociedade, o afastamento cultural dessas instituições isolava a equipe que trabalhava nelas. A discrepância sempre presente entre os hospitais especiais parecidos com prisões e as instituições psiquiátricas do condado aumentou ainda mais com a liberalização dos regimes nos serviços de saúde mental não forenses. Assolados por revelações de maus-tratos e má gestão de pacientes, sua morte foi muitas vezes falsamente anunciada. A necessidade de hospitais de custódia mais acessíveis foi reconhecida na década de 1960. Seguindo um padrão conhecido em psiquiatria forense, a mudança não aconteceu até que um caso trágico expusesse o problema ao público.

Por mais improvável que pareça, o ímpeto para o desenvolvimento do tipo de hospital de custódia onde trabalhei teve sua origem em uma doença misteriosa que atingiu a força de trabalho de uma pequena empresa de ótica e fotografia no sul da Inglaterra. Em 1971, o vírus de Bovingdon, como a doença ficou conhecida, causava enjoo, queda de cabelo e torpor. Após a morte dolorosa de um segundo funcionário, algo precisava ser feito. Uma reunião foi organizada no refeitório pelo médico da empresa. O dr. Anderson explicou que eles tinham eliminado duas possíveis causas – exposição a radiação e envenenamento por metais pesados –; provavelmente, a doença era viral. Para surpresa e irritação do dr. Anderson, havia uma voz divergente na audiência. Um funcionário de 24 anos, Graham Young, que estava na empresa por poucos meses, desafiou o médico. Ele disse que a queda de cabelo era um sintoma significativo – um sinal que revelava envenenamento. Em uma reunião posterior com o dr. Anderson, o interesse de Graham Young em toxicologia lhe permitiu confirmar sua tese com confiança. Ele não previu que compartilhar seu conhecimento atrairia suspeitas. O dono da empresa, John Hadland, falou com seu advogado, que lhe assegurou que ele poderia notificar a polícia. As ações de John Hadland foram justificadas quando uma busca no quarto de Graham Young em Hemel Hempstead encontrou os móveis repletos de frascos de substâncias desconhecidas, as paredes cobertas com imagens nazistas e, sob a cama, o diário de um envenenador. Um inquérito de rotina no início da investigação revelou uma descoberta ainda mais surpreendente.

A inspeção policial mostrou que, três anos antes de completar um século da morte de Daniel M'Naghten, Graham Young se tornou um dos residentes mais jovens de Broadmoor. O jovem tinha começado a trabalhar na empresa de Hadland alguns meses antes, após oito anos em um hospital psiquiátrico. Uma exibição arrogante de seu conhecimento sobre toxicologia também foi sua ruína no primeiro crime, quando o jovem era um estudante.

O professor de química de Young na escola, sr. Hughes, sentiu-se desconfortável com o interesse específico de seu aluno de catorze anos por venenos e decidiu investigar. Quando, em uma noite, ele examinou a mesa de Graham Young, esperava encontrar poções, mas o que descobriu foram poemas e desenhos macabros. O que era ainda mais perturbador era que o amigo de Young sofria de uma doença recorrente e inexplicável. A escola decidiu investigar mais a fundo, e, apelando para a vaidade de Young, foi feito um arranjo para que se encontrasse com um psiquiatra disfarçado. Young compartilhou seus segredos, e a conversa foi denunciada à polícia.

A família de Young sempre teve suspeitas sobre a morte da madrasta dele e a doença violenta sofrida por seu pai, irmã e tia. Em retrospecto, Young havia mostrado os primeiros sinais de excentricidade: já no Ensino Fundamental, ele se interessava por produtos químicos e explosivos e desenvolveu uma fascinação pelos nazistas – embora Hitler competisse pela adoração como herói de Young com o Envenenador de Rugeley, do século XIX, o dr. William Palmer.

Tendo testado os efeitos de venenos em animais, aos treze anos, Young começou a fazer experiências em humanos, comprando produtos químicos de estabelecimentos locais e colocando-os na comida e bebida de membros da família e de seu único amigo na escola.

Em 1962, aos catorze anos, Young foi condenado por administração maliciosa de uma coisa nociva para infligir lesões corporais graves. O dr. Donald Blair, um médico psiquiatra, examinou Young na prisão de Ashford. Durante uma audiência no tribunal Old Bailey, em Londres, Blair compartilhou seu prognóstico pessimista com o júri. "Não tenho dúvidas de que este jovem é, no momento, um perigo muito sério para outras pessoas. Sua intensa obsessão e interesse quase exclusivo por drogas e seu efeito envenenador provavelmente não mudará, e ele poderia muito bem repetir a administração fria, calma e calculista desses venenos a qualquer momento."

O juiz Melford Stevenson sentenciou Young a um hospital e ordenou que ele fosse internado em Broadmoor. No início de sua internação no hospital, Young não disfarçou suas paixões mórbidas. Fazia imitações de Hitler, tocava Wagner sem parar e passou a usar um pingente de suástica que havia feito à mão na oficina do hospital. Semanas após a chegada de Young ao hospital, descobriram em uma necrópsia que um prisioneiro havia ingerido cianeto, embora nunca tenha sido possível determinar se Young fora o responsável. As suspeitas de uma tendência contínua em infligir danos por veneno foram levantadas quando se descobriu que uma xícara de café e uma chaleira continham substâncias de limpeza. Houve então um período de melhora de comportamento, embora o que foi interpretado na época como uma melhora suficiente para movê-lo para uma ala de liberdade condicional possa ser visto, à luz dos eventos subsequentes, como um esforço de Young em ocultar seus interesses.

Após oito anos em Broadmoor, Young recebeu duas vezes licença para ir à casa de sua irmã e, depois, em 4 de fevereiro de 1971, ele foi libertado. Naquelas primeiras semanas, ele começou a treinar como lojista. Observou-se que ele tinha uma atitude simpática com um colega também em treinamento, que mais tarde desenvolveu dores abdominais agudas, seguidas de vômitos violentos e perda de controle das pernas. No dia em que ele enviou sua candidatura para trabalhar na Hadlands em Bovingdon, assinou o registro de venenos de uma loja de produtos químicos para a compra de tálio. Após sua prisão pela suspeita dos envenenamentos na Hadlands, foi mandado para a prisão de Brixton e, em 29 de junho de 1972, foi considerado culpado nas duas acusações de homicídio, nas duas de tentativas de homicídio e em duas por administração de veneno. Desta vez, foi sentenciado à prisão perpétua.

Os psiquiatras forenses de hoje se recusariam a pensar em um paciente que se mudasse de um hospital especial direto para a comunidade. Percebemos que o comportamento em um hospital psiquiátrico seguro e altamente supervisionado nos diz muito pouco sobre como alguém será ao viver sozinho, com contato ocasional a cada poucas semanas com um representante das autoridades. Durante o período de detenção de Graham Young em Broadmoor, não houve outros serviços forenses. A investigação pública sobre as falhas que possibilitaram a Young matar de novo recomendou a construção de um novo tipo de hospital de custódia. O plano era ter um para cada região de saúde, o que explica o nome original – Regional Secure Unit [Unidade de Segurança Regional] –, em geral abreviado como RSU. O primeiro foi aberto em 1980 no nordeste da Inglaterra. Desde então, medidas de segurança foram padronizadas nessas unidades. Agora conhecidas como unidades de segurança média, elas estão em uma hierarquia de segurança abaixo dos hospitais de "alta segurança" (expressão que substituiu "especiais") e acima das unidades de baixa segurança. Embora o número total de pacientes detidos em hospitais psiquiátricos de segurança seja difícil de estabelecer, uma estimativa recente era de cerca de 8 mil na Inglaterra e no País de Gales.

Mais tarde soube que, depois de quebrar a caixa e a televisão, Drew cravou um caco da tela quebrada em seu antebraço enquanto os enfermeiros da ala o cercavam. Eles conseguiram segurar seus braços e evitar que ele se ferisse mais ainda. Colegas tiraram outros pacientes da área próxima. Para a maioria dos pacientes, isto não estava sendo feito pra protegê-los; para outros, era para assegurar que eles não aproveitassem este momento de distração. Então, Drew soltou o pedaço de vidro e dois enfermeiros seguraram cada braço. Em vez de acalmar a situação, isso pareceu enfurecê-lo. Seu corpo se contorcia com violência, e ele balançava a cabeça de maneira agressiva para os lados. Estava prestes a se soltar das mãos dos enfermeiros. Três outros enfermeiros entraram prontamente em ação para imobilizar sua cabeça inquieta e as pernas agitadas. O que a princípio parecia uma confusão se transformou em um movimento sincronizado quando Drew foi colocado no chão. Uma vez que o prenderam com segurança, os enfermeiros afrouxaram a pressão enquanto tentavam acalmá-lo, mas isso não surtiu o efeito desejado. Ele tensionava os membros na tentativa de se desvencilhar dos enfermeiros. Ele escolheu um dos enfermeiros pelo nome – um do qual tinha estado particularmente próximo – e disparou os horrores inimagináveis que pretendia infligir a ele e sua família. Conforme sua força diminuiu, a equipe relaxou de novo e tentou fazê-lo falar sobre como eles poderiam encerrar o conflito com segurança. Isso pareceu aumentar sua indignação.

A equipe não tinha certeza de que soltá-lo seria seguro. Paradoxalmente, transferi-lo para a sala de isolamento lhe daria mais liberdade, pois não teria cinco enfermeiros prendendo-o. Quando uma decisão foi tomada, eles saíram da sala em uma operação planejada com cuidado, para evitar que alguém ficasse ferido.

Embora na maioria das circunstâncias atacar alguém seja inaceitável, podemos ver como algumas pessoas em certas situações podem recorrer à violência. É uma forma, embora mal adaptada, de atingir determinado objetivo. Pode ser um meio de dissipar uma intensa emoção de ira, dominar outra pessoa, repelir uma ameaça percebida ou adquirir os pertences de outra pessoa. A violência autodirigida, por outro lado, é muito mais intrigante. Que propósito um ataque selvagem ao próprio corpo pode atingir? Mas, embora a motivação possa não ser óbvia de imediato, a automutilação e o comportamento suicida estão entre os motivos mais comuns para as pessoas irem ao pronto-socorro do hospital.

Questionei Tina sobre por que Drew poderia ter quebrado a televisão. Nós dois sabíamos que ele havia mutilado seu corpo muitas vezes antes, mas por que de novo agora? Tina disse que Drew pedira lorazepam, mas lhe fora negado. Lorazepam é um dos tipos de medicamentos mais onipresentes nas prescrições de pacientes internados, mas não trata nenhuma doença psiquiátrica. Deve ser tomado conforme necessário, ou *pro re nata* ("conforme a circunstância"), que é abreviado no dialeto da enfermaria tanto por pacientes quanto por funcionários como "PRN". Agindo nos mesmos receptores cerebrais que o álcool, o lorazepam induz uma sensação de calma. Como o álcool, ele pode deprimir a mente e também pode desinibir. Também como o álcool, pode viciar.

Drew disse que estava ansioso, mas, quando lhe negaram o medicamento, ele "perdeu a cabeça", disse Tina (o tom dela não disfarçou sua frustração). "Ele o tomou agora", ela acrescentou (e isto, eu podia perceber, foi dito para um público mais amplo). Como vários de seus colegas, Tina tinha me perguntado sobre o que estávamos conseguindo ao manter Drew no hospital. Talvez o estivéssemos fazendo piorar, ela sugeriu. De fato, três meses antes, eu havia superado tais objeções para justificar com sucesso a transferência de Drew da prisão para o nosso hospital. "É apenas comportamental", disse Tina. Sua resposta a Drew e a pacientes como ele não é incomum, e é inteiramente compreensível.

Para entender o que acontece à nossa volta, não temos que coletar todas as evidências e depois analisá-las. Somos adeptos a criar explicações. Em vez de experimentar o mundo como uma sequência de eventos desconexos, as causas possíveis surgem em nossa mente de forma automática. Pensar nessas explicações passageiras é quase sempre desnecessário. Elas costumam flutuar por aí sem contradizer nossas previsões. Uma razão para prestar mais atenção é quando isso é esperado de nós em virtude de nosso papel. Como profissionais de saúde mental, devemos ser capazes de explicar o comportamento e usar essas explicações para fazer previsões e direcionar o tratamento.

Interpretar dados complexos é crucial para o que fazemos, mas não é algo que aprendemos. Nós "aprendemos" no trabalho.

Fui do meu escritório até a ala para discutir a situação cara a cara com os enfermeiros. Assim como com outros médicos, a maior parte do elemento administrativo de meu trabalho – atualizar anotações dos pacientes etc. – é feita no meu escritório, que é no hospital, mas separado da ala de internação. A porta principal da ala se abria para um amplo corredor que conduzia a uma área de estar de onde dois outros corredores levavam aos quartos individuais dos pacientes. O escritório dos enfermeiros foi colocado no centro, para permitir que a equipe tivesse linhas de visão claras por toda a área comum dos pacientes. Também permite que os pacientes observem a equipe sem obstrução, o que significa que a chegada de seu médico seria uma oportunidade de exigir clareza em face de promessas vagas e frustrantes. "Por que não posso ir para a sala de jantar para as refeições?" "Você me dará uma licença?" ("Licença" é o termo usado para descrever o tempo permitido fora da área de segurança.) "Por que preciso ficar aqui?"

Reunindo a equipe na sala silenciosa dos pacientes (que foi, a pedido, desocupada por Jordan, um recém-chegado da prisão que, profundamente imerso em uma introspecção atormentada, deixou a sala com rapidez), eu precisava ter uma imagem clara do que tinha acontecido para que pudesse fazer uma avaliação médica. A justificativa para deter um paciente, neste caso Drew, na sala de isolamento era apropriada? (Como acontece com a maioria das tarefas rotineiras do hospital, o propósito original se perde e o preenchimento de formulários se torna o objetivo.) Tina repetiu a história que ela tinha contado ao telefone e então extraí uma explicação mais completa. *Por que achávamos que ele estava pedindo medicamentos?* Ele está sempre pedindo medicamentos, foi a resposta imediata. *Mas por que agora?* Ele estava entediado. Estava aborrecido durante toda a manhã. É mais fácil dar o medicamento a ele, mas estamos tentando encorajá-lo a usar outros métodos para se acalmar. Com os colegas assentindo em apoio, Tina expôs de novo sua preocupação de que Drew não estivesse se beneficiando da internação no hospital. "O que estamos fazendo por ele? Ele não está motivado a usar as estratégias para lidar com seu caso. É hora de mandá-lo de volta?" Para a prisão, ela quis dizer.

Como médico, não sou capaz de estar na ala para testemunhar os eventos que às vezes moldam minhas decisões clínicas, então dependo muito de meus colegas enfermeiros para relatar tais incidentes e passar suas percepções sobre as motivações dos pacientes. A intuição deles sobre o estado mental de um paciente é, portanto, inestimável e bem precisa quase sempre. Nesta ocasião, entretanto, não concordei com a avaliação que Tina fez da situação; não senti que sua versão da história estivesse correta.

Contar histórias é uma característica crucial dos humanos. Os primeiros humanos não eram particularmente fortes ou rápidos se comparados com muitos de seus concorrentes animais. Ainda assim, eles se tornaram a espécie dominante, e foram capazes de fazê-lo graças a uma capacidade excepcional de adquirir habilidades e conhecimentos. Junto com as faculdades cognitivas avançadas para a resolução de problemas, a capacidade de linguagem dos humanos nos permite compartilhar informações cruciais com notável rapidez e eficiência – sejam informações sobre nosso próprio grupo social, ou grupos concorrentes, ou a topografia, flora e fauna da paisagem ao redor. Os humanos podem transmitir informações sem precisar necessariamente de experiência direta. Como consequência, foi necessário menos tempo para adquirir informações de sobrevivência e a narração se tornou um método predominante de compartilhar conhecimento. As histórias são mais do que um catálogo de fatos ou eventos; elas também têm uma função explicativa. Algumas servem para explicar o presente e o passado; outras nos ajudam a prever o futuro. Devido aos benefícios de sobrevivência, uma arquitetura mental que incentiva a estrutura de narrativa evoluiu, então não é nenhuma surpresa que a disposição para contar histórias e o desejo de ouvi-las sejam características humanas tão universais.

A história do incidente envolvendo Drew começou com gatilhos para sua agressão. Então, o incidente aconteceu e o desfecho foi seu confinamento isolado. As suposições sobre as mentes dos outros são decisivas aos humanos. Neste caso, estávamos nos concentrando exclusivamente na mente de Drew: ele estava entediado, estava sempre desesperado por uma dose (a dose não é diferente só porque o medicamento é prescrito em vez de comprado na rua), não conseguia ouvir um "não". Está acostumado a ameaçar e intimidar para conseguir o que quer. Sabe que, se se cortar, não teremos escolha além de dar a ele o medicamento para se acalmar. Aí, quando fazemos isso, reforçamos seu comportamento; fazemos com que ele piore. Essa história levava a um resultado: o retorno de Drew à prisão.

Cada movimento de Drew na ala estava sendo observado de perto, e não eram apenas velhas observações, mas feitas por profissionais de saúde mental. Também correspondia ao que sabíamos sobre sua vida de forma mais geral. Ele era um usuário de drogas cujo desespero por elas refletia-se em seu registro criminal. A maioria dos crimes de Drew envolvia o que não lhe pertencia: furto em lojas e roubos. Ele estava, em seu jargão, "ralando" para pagar por seus hábitos. Um olhar mais atento ao seu registro também sustentava a impressão de certa disposição para agredir a fim de conseguir o que queria. Alguns dos crimes foram classificados pelo termo "qualificado", que denotava o uso de agressão durante o ato. De maneira mais contundente, a história ressoava com algumas das coisas que Drew dissera há pouco. Enquanto estava sendo retido, ele gritou que iria "pegar a porra do PRN de qualquer maneira".

Histórias com variações desse tema são contadas em todos os serviços de saúde mental para explicar violência autodirigida. Os psiquiatras, assim como os enfermeiros, baseiam suas histórias no que veem. Eu costumava fazer isso. Como um médico júnior em meu primeiro ano de treinamento psiquiátrico, lembro-me de ser chamado para cuidar de um ferimento autoinfligido de uma paciente. Interrompendo uma lista cheia de tarefas para me preparar para o turno na ala no dia seguinte, examinei com diligência o ferimento e, depois de finalizar o curativo, aproveitei a oportunidade para usar minhas novas habilidades psiquiátricas. Perguntei à paciente sobre sua motivação. Ela me contou sobre seu desejo imenso de morrer. Eu, de maneira um pouco arrogante, ensinei à paciente a aparente contradição entre essa afirmação e minha avaliação das feridas, enfatizando que eram superficiais, e não indicativas de pensamentos suicidas. Eu havia construído sem esforço uma história que se baseava em uma análise dos dados observáveis. Embora estivesse em treinamento na psiquiatria, continuei a adotar a postura de um clínico; olhei para as evidências de maneira objetiva e construí minha própria narrativa. Não consigo lembrar com exatidão quais eram meus sentimentos – provavelmente não teria tido muita ideia na época –, mas agora, com 25 anos de experiência, me pergunto se minha intervenção não foi em parte movida pelo ressentimento de ter minha agenda interrompida. Ou talvez precisasse desviar a atenção de minha percepção de como eu estava mal preparado para entender o que havia ocorrido. De qualquer maneira, naquele momento, não percebi o efeito potencial de minha invalidação cínica sobre a revelação pessoal do paciente.

Como médicos, os psiquiatras podem investir nesse gênero de histórias com uma credibilidade extra, adicionando uma trama secundária de diagnóstico: Drew tinha sido diagnosticado com transtorno de personalidade borderline – expressão usada para descrever um transtorno do humor que afeta o modo como uma pessoa interage com os outros, com características que incluem comportamento suicida recorrente, alterações de humor descontroladas, volatilidade de relacionamento e capacidade diminuída de inibir impulsos. Esse diagnóstico pode ser usado para explicar a automutilação de Drew; segundo a história, era por causa do transtorno de personalidade borderline que ele não conseguia controlar seu impulso de usar drogas. Em combinação com outro marcador principal de diagnóstico (alterações de humor), sua impulsividade também contribuiu para a tendência de reagir com exagero. Como característica central do transtorno de personalidade borderline, espera-se a automutilação em momentos de crise.

Vale parar por um momento para considerar como chegamos aos critérios de diagnóstico dos manuais. Examinando a história da psiquiatria, podemos esperar ver que, com o tempo, houve um processo de aprimoramento dos diagnósticos para corresponder melhor às patologias subjacentes. Mas o desenvolvimento do conceito "borderline" ilustra um padrão bem diferente – que é comum em psiquiatria.

Nos Estados Unidos da década de 1930, os transtornos mentais eram vistos como receptivos à análise (psiconeuróticos) ou não (psicóticos). Adolph Stern, emigrante húngaro que esteve ao lado de Freud, escreveu sobre sua experiência com um grupo médio, ou "borderline", em que os indivíduos exibiam sintomas de psicose sob estresse, embora sendo capazes de voltar a um estado relativamente funcional quando o estresse passava. A ideia não foi bem adotada. "Borderline" foi tirado de uma relativa obscuridade três décadas mais tarde por Otto Kernberg, um psicoterapeuta nascido na Áustria que escapou da Alemanha nazista e depois se estabeleceu nos Estados Unidos. Kernberg cooptou o rótulo para descrever um conjunto particular de mecanismos de defesa que tornariam o paciente adequado para o tipo de psicoterapia que ele havia concebido. Na década de 1970, a psiquiatria estava começando a se cansar da psicanálise. Classificações baseadas em noções nebulosas como mecanismos de defesa não eram muito confiáveis. Listas de sintomas foram vistas como a resposta. Uma lista de "borderline" foi criada, estudada, e mudanças na lista original resultaram nos critérios atuais de diagnóstico. A origem de um diagnóstico psiquiátrico costuma seguir esse caminho. Mudanças no uso do termo diagnóstico e modificações na lista de sintomas não são ancoradas a um transtorno ou patologia subjacente identificável. Não há algo tangível em comum em todos os casos que cause os sintomas da lista.

Incluir um diagnóstico de transtorno de personalidade borderline faz uma história que explique o comportamento parecer mais confiável. Mas, na realidade, há um truque. A volatilidade emocional, a automutilação, a impulsividade e a intensidade do relacionamento são as características que observamos em Drew e que usamos para fazer o diagnóstico. Com isso, usamos, sem ninguém (incluindo psiquiatras) perceber, o diagnóstico para explicar as características. O transtorno de personalidade borderline é definido por – e a causa de – automutilação e volatilidade emocional.

Reconhecendo que o mesmo sintoma pode ser causado por doenças diferentes, os médicos não definem a doença pelos sintomas. Seria como dizer que uma dor no peito e falta de ar são tanto sintomas como a causa de um ataque cardíaco. As doenças são definidas por patologia, aquilo que causa os sintomas. Estes nos dão uma pista, mas não são determinantes. A causa subjacente de um ataque cardíaco é uma oclusão repentina de um vaso sanguíneo que leva à morte de uma porção do músculo do coração. Essa patologia comumente causa sintomas que podem variar entre as pessoas. A dor no peito e a falta de ar fazem a médica suspeitar de um ataque cardíaco, então ela verifica a patologia de um ataque cardíaco com investigações, como um eletrocardiograma e exames de sangue. Da mesma maneira, na psiquiatria, sintomas como instabilidade emocional e automutilação nos fazem suspeitar de transtorno de personalidade borderline. Assim como a médica, também buscamos confirmar nossas suspeitas ao realizar exames, mas a diferença é que nossos testes não identificam a causa; eles envolvem meramente voltar a olhar para os sintomas. Somos seduzidos a pensar que estes são testes diagnósticos de acordo com o livro formal de regras de pontuação ou com a impressionante lista de referências que atestam sua validade, mas eles só são válidos na medida em que são comparados a outras listas de verificação de sintomas.

Em outro cargo, como psiquiatra visitante em uma prisão local, estava vendo Drew antes que ele viesse ao hospital, encontrando-o a cada três ou quatro semanas. Os enfermeiros da prisão há algum tempo argumentavam que o nível de automutilação e agressão de Drew era maior do que poderia ser administrado em uma prisão. Essa foi a mesma mensagem principal da história contada por Tina em nome da equipe da enfermaria do hospital: Drew estaria melhor em outro lugar, não aqui. Quando Drew ia à minha clínica na prisão, nós dois éramos levados a pensar sobre outra realidade; ela poderia ter acontecido com os efeitos de outro tipo de medicamento, se ao menos eu estivesse preparado para alterar a prescrição dele, Drew argumentava. Eu resistia; claro que os efeitos do medicamento seriam apenas cosméticos. Eu poderia conter seus pensamentos e emoções com fármacos e, portanto, seu comportamento, mas a medicação não os mudaria. Tinha ouvido falar sobre uma unidade especializada no tipo de problema dele que estava para ser aberta em outra prisão. Preencher nossos encontros com conversa sobre esses outros lugares significava evitar a tarefa necessária, porém muito mais difícil. Sem o desenvolvimento de algum tipo de compreensão compartilhada de suas ações destrutivas, a mudança em seu comportamento (e nossa resposta) era improvável. Sabia que seria difícil para Drew pensar sobre sua própria mente e a mente dos outros; essa era uma das grandes causas de seus problemas, e a clínica movimentada não nos permitia muito tempo para progressão. Concordamos que ele precisava de um ambiente que fosse mais terapêutico do que uma prisão.

Sabia que hospitais psiquiátricos, entre eles, o nosso, não eram necessariamente terapêuticos da forma necessária. Nossa ala de internações passava de uma crise agressiva para outra e, nos momentos de calmaria, o ambiente ficava tenso com a expectativa do próximo incidente. Era realista esperar que a equipe da ala, quando não estivesse se esforçando com os pacientes, se esforçasse em relação à explicação complexa e contraintuitiva para o comportamento deles? Cheguei até a considerar a possibilidade de que a internação hospitalar pudesse piorar os problemas de Drew. Embora muitos de nossos tratamentos possam induzir complicações indesejáveis, no geral, eles são benéficos. No entanto, algumas pesquisas mostram que a internação hospitalar para pessoas suscetíveis a crises suicidas pode aumentar o risco de suicídio, porém esse tipo de evidência é pouco para diluir a força do sentimento para fazer algo, qualquer coisa, aliás, em casos como o de Drew. Indo contra meu julgamento racional, cedi à pressão para internar Drew.

Como havia prometido a Tina, combinei de falar com Drew antes de sair da ala. Para abrir a porta para que pudéssemos conversar cara a cara, ele teria que se sentar contra a parede do fundo com as pernas cruzadas e as mãos nas coxas. Ele riu e praguejou contra a sugestão. A alternativa era falar pela portinhola aberta, mas ele nos mostrou que isso não adiantava, jogando um copo de plástico na portinhola enquanto Tina a destravava. Combinamos que naquele momento não deveríamos pressioná-lo mais para falar conosco.

Desde meus primeiros dias trabalhando em hospitais de custódia, desenvolvi uma forte admiração pelos enfermeiros da ala. Os médicos, e me incluo entre eles, passavam para uma rápida reunião e iam embora. Os enfermeiros ficavam lá por horas e horas. A tensão em algumas alas fervilhava por sob a superfície. Com frequência, ela se dissipava sem incidentes, mas de vez em quando transbordava, e os pacientes se tornavam agressivos. O fato de não saber o que estava para acontecer, ou quando, era o que pesava emocionalmente na equipe de enfermagem. Mas, apesar dessa incerteza fazendo pressão, quase todos os enfermeiros com quem trabalhei eram capazes de manter uma postura profissional e compassiva.

No entanto, o suposto motivo para o comportamento de Drew moldou a resposta dos meus colegas a ele. A agressividade, que parecia obviamente irracional, não abalou a preocupação das enfermeiras com o agressor. Se o paciente parecesse absorto em seu próprio mundo simulado pela psicose, a equipe teria mantido uma atitude simpática, apesar da agressividade. As discussões sobre como lidar com a agressividade se concentrariam em como entender o comportamento e como ajudar o paciente. Ao contrário, porém, a conduta violenta para a qual se presumia ter uma explicação racional provocou uma resposta diferente.

Durante o restante do dia, Drew se tornou mais receptivo às tentativas de falar com ele. As conversas começaram pela portinhola e, em seguida, com a porta aberta. Depois de uma tentativa bem-sucedida de disciplina na ala, todos concordamos que Drew não precisava mais voltar para a sala de isolamento. Todos seguiram em frente e o incidente com a TV foi visto como outro exemplo de Drew não querer se ajudar.

Na semana seguinte, combinei de buscar Drew na ala. Ele tinha concordado em me encontrar em um lugar neutro, um espaço que não estivesse tão marcado pelas experiências recentes: uma sala de reunião qualquer. O comportamento de Drew exalava um desinteresse confiante; ele tinha experiência em ser interrogado. Desde sua juventude, aprendera como enfrentar um interrogatório assertivo da polícia. A menos que estivesse em abstinência dos narcóticos, ele adorava a oportunidade de confrontar os interrogadores. Seu oficial de justiça era apenas uma figura de autoridade que exercia poder sobre seu futuro, e eu estava na mesma categoria. Por meio de uma amarga experiência, ele tinha erguido defesas. Drew estava preparado para evitar qualquer tropeço e atento para não ser levado a fazer uma revelação que se voltaria contra ele e que o mantivesse preso por mais tempo.

Por sua vez, eu sabia que uma abordagem amigável poderia levantar mais suas suspeitas. Tinha que ter paciência. Da maneira mais deliberadamente vaga possível, perguntei como ele estava. Para alguns, isso seria o suficiente para criar um jorro de palavras. Dado o que eu representava para Drew, não fiquei surpreso que minha vaga pergunta inicial tenha sido recebida com uma resposta também evasiva. "Ok", ele respondeu em um tom seco. Por que desistiria de seu mundo privado? O que eu faria com essa informação?

Havia também um problema mais técnico. Para responder a esse tipo de pergunta aberta, Drew teria que olhar para dentro de si e interpretar o que via. A dificuldade em fazer isso era parte do problema. Testei esse palpite com outras perguntas genéricas. Havia algum problema na ala? Ele tinha algum problema que quisesse discutir? Diante de um "não" e um encolher de ombros, essas perguntas também caíram por terra. Uma abordagem mais direcionada se fazia necessária. Quando pedi a ele que me contasse o que tinha acontecido, senti que ele estaria mais disposto, e era provável que fosse mais capaz de explorar uma gama de eventos concretos. Suspeitava de que o funcionamento de sua própria mente era muito ambíguo para que compreendesse prontamente. Sabendo de sua história de vida, também especulei que o que ele às vezes via era muito assustador.

Ele arregaçou a manga. Em vez de várias cicatrizes lineares de corte superficial, o antebraço de Drew era um legado confuso de repetidas e profundas incisões mutiladoras. Ele apontou para uma linha que se estendia por cerca de metade do comprimento do antebraço – seu ferimento no incidente com a TV. As marcas vermelho-escuras a faziam se destacar como um ferimento mais recente, que ele parecia ficar cutucando.

"Fale sobre o que aconteceu mais cedo naquele dia", pedi, mantendo o interesse nos acontecimentos.

"Foi um dia de merda, tudo estava errado."

"Por que esse dia em particular foi tão ruim?"

"Não sei, eu só acordo assim."

"Tinha alguma coisa a ver com o tribunal?"

Dois dias após o incidente, ele deveria ter sua detenção revisada por um tribunal, o que quer dizer transformar uma de nossas salas de reunião em um tribunal durante a tarde. Um painel independente examina os motivos da detenção do paciente e, como representante da "autoridade de detenção", devo apresentar a justificativa para ela.

"Não tinha nada a ver com o tribunal", ele assegurou, "não sei o que foi".

Eu tinha em minha mente o relato dos acontecimentos feito pelos observadores. Da perspectiva da enfermeira no escritório, ele teria visto que ela estava ocupada, dando medicação, e não podia falar com ele. Ao fazer um gesto com a mão aberta pedindo cinco minutos, ela deixou claro que estaria com ele assim que pudesse, mas – os enfermeiros presumiram – isso foi interpretado como um "não", e Drew não gostava de ouvir não. "A menos que larguemos tudo, é assim que ele reage." Eu queria checar se a explicação batia com o que se passava na mente de Drew.

"Eu não tava nem aí quanto a falar com meu advogado. Eu só queria falar com alguém."

"Por quê?"

"Estava me sentindo um lixo, já te falei."

Voltei nossa atenção para os acontecimentos. "O que aconteceu?"

"Bati na janela. Não sabia o que eu ia falar." Mostrando para mim sua expressão suplicante, ele imitou colocar um comprimido na boca.

Durante a hora e meia seguinte, tentei arrancar mais detalhes dele. Muito de vez em quando ele descrevia seus sentimentos e intenções de forma sucinta, embora, na maior parte, suas descrições inacabadas necessitassem de perguntas complementares para serem compreendidas.

Por fim, fui capaz de ter uma ideia da mentalidade que acompanhou as ações de Drew naquele dia. Desde que acordou, ele se sentiu alterado. Aquela sensação não era algo que pudesse expressar com facilidade. Não podia indicar uma razão ou um gatilho em particular. Essa sensação se intensificou durante a manhã. O incentivo da equipe de enfermagem para que ele saísse para o café da manhã foi recebido com um desprezo carrancudo. Sem eu perguntar, ele me disse que os enfermeiros não tinham feito nada para merecer aquilo. A presença deles em sua porta foi uma oportunidade para liberar alguns dos sentimentos crescentes, e ele achava que eles haviam tido motivo para gritar com ele, que eles não tinham aumentado sua angústia. Junto com a tensão que vinha aumentando, havia um vazio emocional insuportável. Ele sabia que havia pessoas à sua volta que deveriam ajudá-lo; podia ouvi-las do lado de fora de seu quarto. Em sua mente, elas tinham corpos que assumiam a forma de pessoas que ele conhecia, mas essas imagens eram sem sentimento. Ele contou que parecia estar em uma ilha deserta. Pensou na possibilidade de que sair do quarto e ver os outros em carne e osso traria emoção a seus corpos. Conteve-se porque sabia que naquele estado era mais provável que perdesse o controle, mas não conseguiu resistir por muito tempo.

Enquanto caminhava para a enfermaria, Drew não tinha ideia do que diria ou faria. Ele se sentia fora de seu corpo, como se fosse um espectador olhando para si mesmo. Dois pacientes e um enfermeiro estavam sentados nos sofás e outro paciente estava de pé na área da cozinha. Quando eles o chamaram, o espaço ao redor pareceu se fechar. Fingindo ter um propósito, passou por eles em direção à enfermaria. Ainda não tinha certeza do que faria. A tensão aumentou ainda mais. Pela janela, ele fez um gesto para pedir medicação. A enfermeira no escritório ergueu o braço com a palma virada em sua direção e falou algo. Ele não sabia o que nada daquilo significava além de ter que se virar para trás. Era como se todos o estivessem olhando. Ele tinha que escapar. Sabia que seu quarto não era a proteção de sua mente.

O enfermeiro no sofá gritou: "E aí, cara?". A partir daí, há uma lacuna em sua memória.

Os céticos podem considerar a alegação de amnésia de Drew como uma manobra, uma maneira conveniente de evitar assumir a responsabilidade pelas próprias ações destrutivas, mas isso não se relacionava com sua disposição em aceitar que ele era o responsável, ou sua aparente frustração por não ter as próprias lembranças daquele incidente. Ele podia ver algumas imagens imóveis, como fotos, de seu impasse e da briga com os enfermeiros, mas entre esses flashes momentâneos não havia nada.

Drew voltou a si e viu que estava na sala de isolamento. A pressão em sua cabeça parecia ter aliviado. Ele agora tinha emoções tangíveis. Mesmo que não gostasse da raiva que sentia, preferia senti-la ao vazio anterior. Sua mente parecia estar de volta ao corpo, e ele estava mais conectado ao espaço físico ao redor. Saber que a sala de isolamento conteria sua violência permitiu-lhe expressar sua raiva sem comedimento. Sentia-se bem em chutar a porta o mais forte que podia e gritar obscenidades. Sentia-se em segurança. Nas horas seguintes, a raiva diminuiu e ele ficou mais complacente.

Quando lemos um romance, criamos um mundo imaginário que é separado do mundo real à nossa volta. Alguém passando pela janela pode trazer nosso olhar mental do lugar que criamos em nossa mente de volta aos eventos em nosso entorno imediato. Então, distraídos da leitura, podemos decidir largar o livro para ir preparar uma bebida quente e, como isto é algo rotineiro que podemos fazer sem a necessidade de planejar ou monitorar nossas ações, nossos pensamentos podem vagar. Podemos nos lembrar de uma conversa anterior com alguém, efetivamente entrando no passado, ou podemos planejar uma discussão que teremos mais tarde naquele dia, direcionando o foco para um futuro antecipado. Quando voltarmos ao romance, não teremos nenhum problema em retornar ao mundo da ficção. Nossa mente pode alternar entre a paisagem induzida pelo romance, nosso ambiente imediato e nosso eu que viaja no tempo com a mesma facilidade com que trocamos os canais na televisão.

De maneira subjetiva, esses são os diferentes estados de percepção. Quando estamos imersos na realidade do livro, nossa percepção consciente está muito desprendida do entorno e dos pensamentos sobre nosso eu. O fato de sermos capazes de preparar a bebida quente enquanto cogitamos sobre assuntos não relacionados mostra a capacidade de separar funções diferentes ao mesmo tempo. A dissociação de funções pode até se estender a tarefas complexas: ao dirigir, podemos ficar absorvidos em pensamentos que nada têm a ver com nossas ações de controle do carro ou de navegação em nossa rota. Diante de um risco inesperado, somos capazes de nos trazer de volta ao ambiente imediato e tomar medidas para evitar o perigo.

A separação dos aspectos de percepção e função tem vantagens óbvias. Como seria não ter o controle da alternância entre esses diferentes estados de existência? Uma consequência disso seria ter o senso de separação do ambiente e de nosso eu, do tipo que ocorre com a leitura de um livro cativante, mas sem que haja um livro ou qualquer outra distração mental. Ou, ao voltar de nossos pensamentos distraídos para focar nossa atenção no que estamos fazendo, descobrir que não podemos. Como resultado, não teríamos um senso de propriedade dos movimentos do corpo. Eles pareceriam automatizados.

No relato de Drew sobre o período que antecedeu o incidente com a TV, havia descrições de dissociação, a separação patológica descontrolada de sentimentos e pensamentos uns dos outros e da realidade externa. Ele não conseguia se conectar com as próprias emoções. Seus conceitos sobre os outros não eram sustentados por sentimentos – pareciam ser avatares sem alma. Ele era incapaz de prever como se sentiria de um minuto para outro. Uma nuvem de desespero poderia baixar de modo inesperado sobre ele. Às vezes, era em resposta ao olhar passageiro ou comentário de alguém. Em outras, ele não conseguia encontrar nenhum motivo. Não era capaz de indicar por que se sentia tão tenso naquela manhã. Quando estava particularmente tenso, começava a se dissociar. A desorientação insuportável da normalidade que resultava disso atiçava a tensão ainda mais, fazendo a dissociação piorar, e assim por diante. Ele chegou a um ponto em que se dissociou da própria memória.

Quando recordei com Drew toda uma série de episódios desse tipo, concordamos que os desfechos tinham uma coisa em comum: havia um ato fisicamente drástico que exigia que outros agissem. Também pudemos ver que esta era a conjuntura em que a mente dele se reconectava ao corpo, ao ambiente e às pessoas nele. O ato era às vezes uma agressão dirigida externamente. Com mais frequência, era voltado para o próprio corpo. Fora do hospital, ter uma overdose às vezes produzia o mesmo efeito. Em geral, ele se cortava. Quando fazia isso, Drew explicou que havia uma sensação parecida com dor, mas não doía; enquanto observava o sangue escorrer do ferimento, sua mente voltava a entrar em seu corpo. Nos momentos em que a mente saía do controle, expressar seus sentimentos verbalmente não teria efeito. Cortar o braço tornava tudo real, e, quando a equipe o agarrou, a fisicalidade de sua interação com eles deu a seus corpos e sua presença um significado para ele.

Explorar a mente de Drew havia revelado uma explicação muito diferente para suas ações daquela que havia sido presumida de imediato. Como o paciente psicótico que recebe instruções de vozes enfurecidas, Drew lutava contra forças frenéticas que estavam fora de seu controle. De maneira superficial, suas ações pareciam uma tentativa clara de manipular a equipe para que respondessem prontamente às suas demandas. Ir mais fundo no diagnóstico e em suas experiências revelou que ele estava à mercê da dissociação desenfreada de sua mente.

Quando apresentei minha formulação na reunião de equipe seguinte, não houve resistência. Ela nos ajudou a explicar outras interações difíceis com Drew. Debatemos os motivos que poderiam deixá-lo tão suscetível a essa dissociação catastrófica. Todos aceitaram que isso tinha a ver com sua criação.

Quando tinha nove anos, Drew e seu meio-irmão mais novo foram encontrados sozinhos em uma casa enquanto os pais tinham saído à noite. Durante os dois anos seguintes de acompanhamento do serviço social, a mãe de Drew reclamava com frequência que ela não conseguia controlar os filhos. Quando o padrasto de Drew abandonou a família, a mãe pediu que os filhos fossem levados por um tempo a um abrigo. Ela sempre adiava o retorno e, por fim, a adoção foi considerada. Uma família foi encontrada para o meio-irmão de Drew, mas não foi tão fácil para Drew, que já havia passado por várias famílias adotivas. Ele era visto como inerentemente travesso, uma criança que não obedecia à disciplina. Foi então transferido para um orfanato. Descobriram mais tarde que um dos orfanatos onde ele viveu por dois anos no começo da adolescência era um local onde um grupo de abusadores sexuais em série atuava.

Drew tinha deixado claro em nossa reunião que ele não queria ser questionado sobre sua infância. Apesar disso, de vez em quando, ele levava nossa discussão brevemente de volta a ela. Soube por ele que suas primeiras lembranças de dissociação aconteceram quando sofreu abuso no orfanato. Naquela época, separar a mente do corpo tornava a experiência menos real e, portanto, menos abusiva.

Discutimos em nossa reunião de equipe como a dissociação tinha começado como adaptação a uma ameaça imediata e a um terror esmagador. Como a ameaça era frequente, ele passou a se dissociar com frequência. Por fim, não conseguia mais controlar algo que se tornou uma reação habitual à ameaça. Em paralelo, a imprevisibilidade do abuso significou a adoção de um estado permanente de hipervigilância. Se isso significava que às vezes ele veria ameaças onde não havia nenhuma, que assim fosse.

Ao concordar com uma explicação mais fundamentada para o comportamento de Drew, o tom da discussão da equipe mudou. Enquanto a explicação de suas ações em termos de manipulação consciente tinha acabado com o interesse nos problemas de Drew e gerado uma desaprovação em relação a ele, agora estávamos motivados a ajudá-lo. Mas, duas semanas depois, na reunião seguinte agendada para discutir os cuidados de Drew, notei que algumas das velhas suposições tinham voltado: ele não queria ajuda, estava sabotando seu progresso de forma deliberada, ele não gostava de ouvir "não".

Não fiquei surpreso. Quem observa pacientes em crise psicótica aguda é lembrado de que a mente do paciente está sobrecarregada por intrusões estranhas devido a seu comportamento bizarro. Pacientes com o tipo de problema de Drew não aparentam ser estranhos externamente. Parece certo se basear em suposições que usamos em interações diárias. Estaria muito mais propenso a fazer essas suposições se passasse o dia todo na ala. Contrapô-las requer esforço e concentração, e manter esse ponto de vista se torna ainda mais difícil ao lidar com o comportamento obstrutivo do dia a dia.

Depois de alguns meses, sucumbi à pressão de buscar uma acomodação alternativa. Drew se juntou a mim e à equipe para depositar nossas esperanças em um novo lugar. Suprimi os sentimentos de que conspirávamos uns com os outros para adiar o trabalho árduo que era necessário para ajudar Drew a mudar. Sabia que o outro local do qual falamos não era real – o outro lugar ideal para Drew não existia.

Isso foi há muitos anos e, desde então, nunca mais vi Drew. Mas o círculo relativamente pequeno em que os psiquiatras forenses transitam fornecia atualizações ocasionais sobre seu progresso. Suas passagens pela comunidade foram breves. Na prisão, ele chamou a atenção de outros psiquiatras e houve novas tentativas de tratamento. Alguns deles tiveram vida curta e culminaram em um feedback para Drew de que ele não estava motivado o suficiente para lidar com seus problemas. Outras tentativas repetiam a sequência de sua admissão sob meus cuidados. Cada crise diminuía os instintos terapêuticos da equipe até que todos se juntavam a Drew na busca por outro lugar idealizado e o mandavam embora. Tínhamos construído hospitais com a força física para conter seu comportamento perigoso, mas o que nos faltava era a força psicológica para continuar trabalhando durante as crises por tempo suficiente para fazer a diferença.

3

AMIT

A EXPRESSÃO DO PACIENTE COMBINAVA SERENIDADE, CONDESCENDÊNCIA e um lampejo cômico, que revelavam que ele brincava com a interrogadora. Observá-lo me fez sentir desconfortável.

Um exame psiquiátrico formal envolve desconstruir a maneira que um paciente se apresenta. Como ele se veste, se porta, se move, fala, se comunica, gesticula, se emociona, responde, pensa, percebe, se concentra etc.? Mas fixar-me apenas no que vejo e ouço (o "exame do estado mental", para dar o título oficial) me faz correr o risco de negligenciar os aspectos mais abstratos e subjetivos do encontro. Não menos importante é o que estava acontecendo comigo. Que sentimentos são evocados? Que impulsos são provocados?

Levo um momento de introspecção. Havia uma centelha de irritação e um forte desejo de tomar o controle. Sem querer, eu tinha adotado a perspectiva do interrogador. Nesta ocasião, eu podia relaxar. Não era meu interrogatório. Estava analisando uma gravação da tentativa de outra pessoa em fazer falar um psicopata arquetípico.

Pela ausência nesse paciente, lembrei-me dos sinais de mudança que muitos de nós emitimos continuamente de nosso rosto e corpo quando nos comunicamos com outras pessoas. Mesmo ignorando o que é dito, um encontro entre duas pessoas é uma complexa dança coordenada. Se sairmos do momento e pensarmos de modo consciente sobre nossa interação, isso pode interromper o fluxo.

Pausar e voltar a gravação confirmou que esse paciente não jogava com as regras comuns de reciprocidade social. Sua postura e expressão facial eram fixas. Fosse ao falar ou escutar, seu comportamento não mudou. Ele parecia indiferente à presença de outra pessoa. Sua cabeça estava levemente inclinada para baixo, de modo que o olhar era o de um pai castigando com calma uma criança. Sem dúvida, a interrogadora estava sendo dominada por completo.

O nível de precauções necessárias para que essa avaliação pudesse acontecer refletia com clareza o extraordinário perfil criminoso do paciente. A interrogadora foi instruída a manter uma distância segura do vidro reforçado que a separava do prisioneiro. Sua falta de experiência em trabalhar sob tais condições era óbvia. Para ser justo com ela, as circunstâncias do encontro eram bastante anormais. A interrogadora inexperiente tinha sido enviada à área mais segura do hospital de custódia para persuadir um paciente notoriamente não cooperativo a ajudar as autoridades na investigação dos crimes de outra pessoa. Seu perfil era lendário. Ele era um assassino em série condenado que também tinha predileção gastronômica pela carne de suas vítimas.

Meu desconforto ao assistir de novo à gravação tinha muito a ver com o sentimento de que essa era uma paródia caricata de psicopatia. Para muitos, o Hannibal Lecter retratado por Anthony Hopkins em *O silêncio dos inocentes* é a referência de um criminoso psicopata. É verdade que costuma haver algo peculiar na forma como os psicopatas interagem. É também verdade que costumam quebrar regras implícitas de interação. Alguns, mas de modo algum todos, podem ser bem perigosos. Ainda assim, as versões cinematográficas quase sempre inflam uma ou outra característica de psicopatas em proporções grotescas. Os psicopatas da vida real são infinitamente mais complexos e intrigantes que essas caricaturas.

A agitação de Corinne aumentava conforme ela lutava para ler o mapa. Perdidos em uma enorme floresta, eles estavam atrasados para o jantar na noite de sábado. Pela segunda vez, Jean-Claude parou o carro para procurar um número para ligar. Vasculhou o porta-malas. Não havia nenhum número, mas ele parecia animado ao se deparar com um presente que queria dar a Corinne. Em um momento de ligeiro alívio, ela se juntou a ele ao lado da estrada e graciosamente esperou que ele colocasse o colar nela. Mas então veio uma sensação repentina de ferroada em seu rosto e pescoço, seguida por espasmos dolorosos que se apoderaram do corpo inteiro. O que tinha acontecido? A explicação de Jean-Claude na época desafiava a credibilidade. Corinne logo saberia que aquele incidente fazia parte de uma série de acontecimentos muito maior e muito mais absurda.

Corinne e Jean-Claude tinham se tornado amantes antes de ela deixar a vila onde Jean-Claude vivia com a esposa e os filhos. Ela tinha ouvido falar sobre os círculos ilustres em que Jean-Claude tinha entrado e também sabia de sua reputação como médico e pesquisador médico de renome internacional na Organização Mundial da Saúde. Naquela noite, Jean-Claude tinha convidado Corinne para acompanhá-lo em um jantar com Bernard Kouchner, o cofundador da Médicos Sem Fronteiras.

Não havia nenhuma conexão óbvia entre esse incidente na floresta e o incêndio na casa de Jean-Claude no dia seguinte, a pouco menos de quinhentos quilômetros ao sul. Jean-Claude foi resgatado do incêndio em estado crítico e, enquanto estava em sua cama de hospital, Luc, seu amigo desde a faculdade de Medicina, temeu o momento em que teria de contar ao amigo que sua esposa e dois filhos pequenos tinham morrido no incêndio. Mas, em poucos dias, Luc enfrentou um teste muito maior de sua sanidade, porque as revelações da investigação sobre o incêndio na casa de Jean-Claude mudaram de forma drástica o mundo de Luc.

As investigações revelaram que Jean-Claude Romand não era conhecido de Bernard Kouchner. A Organização Mundial da Saúde não tinha nenhum registro dele. Ele nem era médico. Quase duas décadas antes, esse membro despretensioso do grupo de amizades de Luc, que sentava com eles nas aulas da escola de Medicina, tinha desistido do direito de estar lá após deixar de comparecer aos exames do segundo ano. Havia uma oportunidade para Jean-Claude fazer os exames que havia perdido, mas, em vez disso, ele escolheu contar uma mentira.

Todos nós já contamos mentiras. Na maioria das vezes, porém, costumamos dizer a verdade. Olhando em retrospecto para nossa herança evolutiva, tanto a caça quanto a colheita eram muito mais produtivas quando compartilhávamos informações de forma honesta com nossos colegas de grupo sobre fontes de alimentos e ameaças. A vantagem pré-histórica da cooperação para a sobrevivência é a razão de nossa inclinação natural para a honestidade. Mas, para compreender o funcionamento da mente – e, sobretudo para psiquiatras, os desvios dele –, precisamos considerar a causa de, e não apenas o motivo para, nossas inclinações.

Refletir sobre como decidimos agir de determinada maneira nos dá a impressão de que escolhemos um curso de ação com base em uma avaliação racional das opções. Esse pode ser o caso para algumas decisões, em especial se forem complexas e houver tempo suficiente para deliberação, como qual marca e modelo de carro novo comprar. Mas, se essa fosse a única maneira de decidir como agir, logo ficaríamos tão sobrecarregados com o número de decisões a tomar que cairíamos na inércia. Devemos continuar rolando a página em nossa conta de rede social ou sair da cama? Devemos atender ao telefonema de um número desconhecido ou ignorá-lo? Devemos colocar o lixo para fora agora ou mais tarde? Podemos continuar porque a maior parte do que fazemos é o resultado de um processamento que ocorre incessantemente em segundo plano. Os resultados potenciais de nossas ações são previstos, e essas previsões influenciam se devemos agir e, em caso afirmativo, que tipo de ação devemos escolher. Tudo isso pode acontecer sem a necessidade de uma análise consciente. Nossos processadores automatizados têm algumas configurações padrão que influenciam uma preferência geral por certos tipos de ações. Essas configurações padrão encorajam a cooperação com outras pessoas que identificamos como sendo do mesmo grupo que o nosso. As configurações habituais desencorajam a mentira como a ação automática de escolha. Mas, mesmo assim, as pessoas mentem.

Algumas mentiras podem ser consideradas justificadas. Os pais geralmente não são condenados por espalhar falsidades sobre um benfeitor barbudo entregando presentes de Natal para todas as famílias do mundo ao mesmo tempo. Mas existem também as mentiras menos bem-intencionadas, mas ainda relativamente triviais, para encobrir nossas contravenções menores. Podemos alegar falsamente que a loja local fechou mais cedo em vez de admitir que esquecemos de parar no caminho de casa para comprar leite, por exemplo. Outros tipos de duplicidade podem ser vistos mais a sério. Veja, por exemplo, o cônjuge que sempre explica suas ausências infiéis como compromissos de trabalho inesperados. Em sua mente, ele pode se envolver em um tipo de trapaça cognitiva conhecida como minimização. Falando com sua consciência, ele explica que "é apenas uma coisa física, não significa nada". Por precaução, ele acrescenta: "Não vai machucá-la se ela não descobrir". Essa minimização das consequências negativas de seu comportamento reduz o desconforto pessoal. Seja uma mentirinha ocasional ou uma desonestidade mais frequente, o ponto essencial é que é necessário um grande esforço para superar a inclinação natural de dizer a verdade. Mentir consome mais energia do que ser honesto, por isso a maioria das pessoas só mente às vezes, e quando é considerado necessário. Mas há raras exceções. Um número muito pequeno de pessoas não possui uma preferência de referência para a honestidade. E a calibração defeituosa do processamento que facilita níveis anormais de desonestidade pode, em alguns casos, ampliar a vontade de agir de maneira bem mais imoral.

Andando com os amigos fora das salas de exame, Jean-Claude Romand compartilhou seu nervosismo pré-exame; pelo menos, deu sinais de fazer isso. Em meio à multidão, quando as portas se abriram, eles não perceberam que ele escapou em vez de entrar com eles. Ele acabou conseguindo a reputação – no olhar da família e dos amigos – de médico de sucesso. Sua esposa e vizinhos não tinham motivo para questionar que seu trajeto matinal era pela fronteira da

França com a Suíça até o escritório na sede da Organização Mundial da Saúde em Genebra. Se fosse seguido, seria às vezes visto entrando no complexo da década de 1960. Passando pelas áreas públicas, ele pegava alguns panfletos gratuitos com o logo da OMS, que deixava pela casa para sustentar a mentira.

Por dezoito anos, Romand pareceu sustentar essa vida falsificada entre as pessoas à sua volta com facilidade. Mas a derrocada veio com a revelação do golpe que lhe permitia custear o estilo de vida de um médico rico. Para dar a impressão de que ganhava um bom salário, Romand, no papel de filho benevolente, tinha oferecido usar suas conexões para dar um melhor retorno às economias dos pais. Em vez disso, ele transferia o dinheiro para a própria conta bancária, para que pudesse retirá-lo quando precisasse. Quando as economias dos pais começaram a acabar, ele estendeu sua "benevolência" aos sogros, e então à amante, Corinne. Mas, quando Corinne pediu a Romand que devolvesse parte de seu investimento de novecentos mil francos, um pedido que ameaçava revelar suas muitas mentiras, Jean-Claude foi forçado a mudar de papel.

Nas horas que antecederam buscar Corinne para o jantar, Jean-Claude tinha assassinado a esposa com golpes de porrete e os filhos com tiros na cabeça enquanto estavam na cama. Depois de dirigir oitenta quilômetros até a casa dos pais, atirou neles e no cachorro, antes de viajar a Paris, para eliminar a última peça de evidência que poderia incriminá-lo. Ele usou spray de pimenta e um aguilhão para conter Corinne e facilitar seu estrangulamento. Mas não esperava a força com que ela revidara. Tendo falhado na missão de matá-la, Romand implorou a Corinne que desculpasse aquela explosão como reação ao câncer recém-diagnosticado – outra invenção –, e ele voltou para a casa da família, onde, imperturbável pelos corpos massacrados da esposa e dos filhos, encenou com calma uma tentativa de suicídio. Derramou gasolina sobre os cadáveres e pela casa e, depois de engolir alguns comprimidos vencidos há muito tempo, iniciou um incêndio. Quando Romand recuperou a consciência em um hospital, a montanha de evidências contra ele era imensa. Em retrospecto, é inevitável que sua primeira resposta fosse negar ter uma participação nisso. Mentir era natural para ele.

Em *The mask of sanity* [A máscara da sanidade], publicado pela primeira vez em 1941, o psiquiatra norte-americano Hervey Cleckley apresentou estudos de caso complexos que tipificam um grupo de pacientes que ele passou décadas estudando. Ele concluiu:

> [ele, o psicopata] mostra um desprezo notável pela verdade e não se deve confiar mais em seus relatos do passado do que em suas promessas para o futuro ou em sua declaração de intenções atuais. Ele dá a impressão de ser incapaz de alcançar uma compreensão realista de uma atitude em outras pessoas que as leva a valorizar a verdade e a nutrir a veracidade em si mesmas.

O que distinguia essas pessoas de outros pacientes era a ausência de sinais externos de insanidade. A desonestidade é uma das marcas do psicopata de Cleckley, mas mesmo que essa característica esteja presente no nível de Romand, ela não seria suficiente para diagnosticar psicopatia.

Em comum com Daniel M'Naghten, parte do mundo que Jean-Claude Romand habitava era inventada. A diferença era que Romand podia distinguir entre a invenção e a realidade. No mundo de M'Naghten, a vitimização que ele percebia era tão real a ele como todos os outros aspectos de sua vida. Mesmo se confrontado com evidências objetivas em contrário, ele continuava a manter essas crenças. É assim que definimos um delírio: uma crença fixa que é baseada em inferências incorretas e mantida em face de fortes evidências opostas. Romand, por outro lado, criou a falsidade de maneira consciente. Embora mentir fosse fácil para ele, para manter essa fraude complexa ele teve que manter em sua mente simultaneamente o fato e a fantasia. Enquanto M'Naghten rejeitava a perspectiva dos outros, Romand precisava olhar para o mundo que criou com base na perspectiva privilegiada deles. Tinha que prever e acobertar contradições que poderiam revelar sua mentira. Tornou-se óbvio aos que interrogaram M'Naghten que ele era insano. Mesmo antes de ter assassinado Edward Drummond, havia sinais de um colapso mental. Em contraste, nem a família nem os amigos de Romand, tampouco os policiais que o investigaram, tinham motivo para suspeitar de uma doença mental.

Como psiquiatra forense, devo não apenas explicar a natureza de um desarranjo mental evidente (como o mostrado por M'Naghten), mas também explorar além da fachada de sanidade, buscando atividades mentais anormais menos óbvias. Mas, antes de embarcar em minha busca pelos processos que explicam o comportamento violento, preciso me assegurar de ter certeza sobre a natureza dos processos em questão. A crueldade é uma das características mais marcantes de muitos psicopatas fictícios. É também essencial em minhas avaliações de criminosos violentos reais que eu não perca sinais de tendências à crueldade. Porém, para entender como a crueldade pode ser parte de uma explicação para um ato violento, é necessário analisar isso mais a fundo. Ter determinação para causar dor ou sofrimento de maneira intencional é uma definição de comportamento cruel; outra é se comportar sem nenhuma preocupação com a dor ou o sofrimento. A definição de crueldade no dicionário não exige que seja feita a distinção entre se causar o sofrimento foi a intenção ou se foi uma consequência sobre a qual o agente se sentiu indiferente. De maneira subjetiva, há uma distinção muito clara. Estar ativamente motivado a causar sofrimento é um sinal de impulso incomum que se soma à constituição humana habitual. Uma indiferença mais passiva ao sofrimento causado por nossas ações indica o fracasso da resposta humana esperada. As encarnações melodramáticas da psicopatia que aparecem em nossa tela confundem esses dois elementos de crueldade. Elas dão a impressão de que a psicopatia e o sadismo são a mesma coisa. Minha experiência clínica diz algo diferente.

A caminhada ao longo de um muro de três andares de altura levou-me à recepção da prisão; uma extensão da década de 1980 ao perímetro de tijolos vitoriano supervisionado por câmeras. Percebi que respirava fundo, em preparação para a série de inspeções de segurança. Minha impaciência costumava colidir com o ritmo mais casual e civilizado adotado pelos funcionários da prisão, mas aprendi que bufar não acelera o processo. Depois de passar pela recepção, fiquei em frente a uma janela reforçada esperando ser atendido. Pelo vidro reforçado, não conseguia ouvir o que estava sendo falado, mas o guarda não parecia estar com pressa de terminar o que aparentava ser uma brincadeira com um colega. Quando se aproximou da janela, ativou o interfone à sua esquerda. Inclinando-me para a pequena grade circular na parede que cobria o microfone, apresentei-me. Ao mesmo tempo, bati minha identificação fotográfica contra o vidro para ele inspecionar. Ele empurrou a gaveta debaixo da janela na minha direção para indicar que deveria colocá-la dentro. Depois puxou a gaveta e retirou o crachá, que colocou virado para cima ao lado de uma prancheta. De vez em quando, voltando o olhar para o crachá, ele corria o dedo por uma lista de nomes, passava para a página seguinte e fazia o mesmo.

"Você não está na lista." Se aquilo fosse verdade, não haveria jeito de entrar na prisão naquele dia. Tentar encontrar outro meio dia em minha agenda para voltar e completar o relatório dentro do prazo combinado seria quase impossível.

"O sobrenome é Nathan", expliquei. Ele olhou de novo. Marcar a lista com uma caneta marca-texto e perguntar se eu tinha aparelhos elétricos eram a confirmação de que havia passado por essa primeira inspeção. Passei meu celular e minhas chaves do carro em uma bandeja pela janela. Em troca, ele me passou uma chave para o armário onde tinha guardado meus pertences. Seguindo para as inspeções mais tecnológicas, ele olhou para o computador e perguntou se eu já tinha estado ali antes. "Sim, mas foi há algum tempo", respondi.

A primeira vez que entrei em prisões, vinte anos atrás, era algo muito mais casual. Parece difícil de acreditar agora, mas eu dirigia até a guarita e, com um aceno de cabeça do policial da patrulha, os portões se abriam, permitindo que eu entrasse sem mesmo descer do carro. Tornei-me um visitante frequente à penitenciária de Liverpool. Prisões desse porte são um fenômeno relativamente recente. Até o fim do século XVIII, lidava-se com os criminosos britânicos com rituais de humilhação (como ser colocado em um tronco), punição corporal (como açoitamento) ou pena de morte. O encarceramento costumava ser reservado aos que estavam esperando julgamento, ou como pagamento de dívidas. A expansão imperial para o Novo Mundo forneceu uma solução nova para lidar com os condenados. O transporte para as colônias nas Américas continuou até o início da Revolução Americana na década de 1760, e no devido tempo havia uma alternativa antípoda, embora a opção de transporte tenha começado a cair em desgraça. Nesse contexto, e dadas as novas sensibilidades contra a pena de morte, o propósito das prisões mudou de abrigar temporariamente os infratores para se tornar a própria punição. A partir de meados do século XIX, o domínio vitoriano de grandes projetos de construção, que produziram o crescimento desenfreado de instituições para pessoas com transtornos mentais, também gerou as prisões necessárias. As prisões vitorianas, com adaptações modernas para aumentar a segurança, são o tipo mais comum de prisão que visito.

O guarda me instruiu a dar um passo para trás até uma faixa preta no chão. Já conhecia o procedimento. Olhei para a câmera do computador que tiraria minha foto. No balcão, coloquei o dedo indicador no escâner. Foram necessárias várias tentativas para que minha impressão digital fosse reconhecida (dizem que os sulcos da minha pele são lisos, o que os torna difíceis de digitalizar). Na fila, carreguei uma bandeja de plástico, onde coloquei minha pasta, canetas, cinto, sapatos e paletó. Depois de colocar a bandeja na esteira rolante, automaticamente fiz minha própria preparação antes da inspeção – batendo no bolso da camisa e buscando itens perdidos nos bolsos de minha calça. Joguei um lenço de papel esfarrapado na lixeira ao lado do arco do detector de metais por onde passei. Quando subi em uma plataforma elevada de madeira, uma guarda que usava luvas descartáveis roxas murmurou alguma coisa. Sua pergunta repetida centenas de vezes dia sim, dia não tinha perdido qualquer significado para ela. Embora fosse difícil distinguir as palavras, sabia por experiência que ela estava perguntando se eu tinha alguma objeção a ser revistado. Eu não tinha. Depois de me vestir de novo, reuni-me ao grupo de visitantes "oficiais". Um painel de vidro se abriu, passamos por ele e seguimos ao longo de um corredor para outra área de espera, onde mais uma vez nossos nomes foram verificados em uma lista e depois combinados com as impressões digitais. Estávamos prestes a ser levados para as profundezas da prisão, para a área dos presos da categoria A.

Desde 1967, todos os prisioneiros na Inglaterra e no País de Gales são designados a uma categoria de segurança. A criação desse sistema foi uma resposta ao caso de George Blake em meados da década de 1960, que, como Jean-Claude, havia assumido uma identidade falsa. No impasse pós-Segunda Guerra Mundial entre as superpotências, George Blake, um agente do serviço secreto britânico, foi descoberto como um agente duplo cuja lealdade era à União Soviética. Blake tinha feito sua carreira com mentiras, embora para ele houvesse uma justificativa razoável – a crença profundamente arraigada nas virtudes do comunismo.

Comparecendo ao tribunal número 1 do Old Bailey em 3 de maio de 1961, o juiz Parker havia pronunciado a Blake: "seu caso é um dos piores que podem ser imaginados em tempos de paz". Parker impôs a sentença de prisão finita mais longa até então, gerando uma surpresa audível no público. Depois, alegou-se que os 42 anos da sentença representavam as vidas perdidas devido às atividades traiçoeiras do réu.

Um pouco mais que cinco anos depois de sua condenação, uma chamada rotineira na prisão Wormwood Scrubs revelou que George Blake tinha sumido. Ele fora capaz de se espremer por uma janela das escadas. Foi então um passo para um telhado construído – convenientemente para George Blake – logo abaixo da janela e a descida por uma calha até o chão. De lá, houve uma pequena corrida ininterrupta até o muro da prisão, onde uma escada de corda o estava esperando. As agências de segurança imaginaram uma conspiração com bons recursos por parte dos ex-empregadores soviéticos. Na verdade, seus cúmplices eram um bando amador de ex-presidiários, dois dos quais eram militantes da paz hostis à sentença imposta a Blake, e o terceiro um vigarista errático com ideais românticos malformados. Uma vez por cima do muro, Blake foi levado a um endereço local, onde permaneceu escondido e cuidando de uma mão quebrada durante a queda de sete metros rumo à liberdade. Escondido em um espaço secreto improvisado em um trailer, ele foi conduzido por um dos conspiradores pela Europa. Quando chegou à Alemanha Oriental, ele se apresentou aos oficiais e então fugiu para a Rússia, onde viveu até sua morte em 2020.

O constrangedor fracasso das prisões britânicas em manter um de seus prisioneiros mais notórios foi ainda maior quando visto no contexto de duas fugas anteriores que chamaram a atenção dos jornais. Em 1964, Charles Wilson, membro da gangue responsável pelo roubo mais lucrativo da história criminal britânica até então – o assalto ao trem pagador –, foi retirado da prisão de Winson Green em Birmingham. No ano seguinte, Ronald Biggs, outro membro da gangue, conseguiu escapar da prisão de Wandsworth em Londres. O ministro do Interior à época, Roy Jenkins, tentou evitar as críticas políticas anunciando uma investigação, que resultou no relatório Mountbatten, que recomendou melhoria na segurança do perímetro e colocou cada prisioneiro em uma de quatro categorias de segurança, um sistema que continua até hoje. A categoria mais baixa, D, é usada com prisioneiros que não são considerados de risco ao público e, por isso, podem ficar em prisões sem muros. As outras categorias indicam a necessidade de condições mais seguras, mais para os prisioneiros de categoria B do que C. A categoria A é reservada aos prisioneiros cuja fuga seria extremamente perigosa para os cidadãos, a polícia ou a segurança do Estado.

Tendo enfim chegado à área da Categoria A, fui designado para uma sala – com sua mesa, que era fixada ao chão, sendo a única coisa que me separava do prisioneiro. Depois de alguns minutos, meu paciente, Amit, apareceu na porta vestindo um agasalho cinza e um colete laranja. Quase de imediato notei um choque entre esse traje, que marcava sua identidade como prisioneiro, e seu ar de confiança amigável. Quando se sentou, sua postura impecável contrastava com a postura curvada e despreocupada que costumo encontrar. Antes que pudesse começar meu discurso introdutório de rotina, ele disse que estava ansioso por nosso encontro – o que é incomum de se ouvir nessas circunstâncias. Não houve os sinais de apreensão que geralmente devo controlar antes que a avaliação formal possa começar. Mas o semblante alegre de Amit disfarçava o motivo pelo qual nos encontrávamos. Ele tinha sido acusado de duplo homicídio.

Se houver alguma dúvida sobre o equilíbrio da mente de um réu acusado de um crime, os advogados têm a opção de solicitar uma avaliação psiquiátrica. Ninguém havia sugerido que Amit tinha uma doença mental, mas seus advogados acharam que alguma coisa estava estranha. Antes da avaliação, um pacote grande foi entregue ao meu escritório. O "pacote da acusação" inclui relatos em primeira mão de eventos incriminadores reunidos pela polícia. Debrucei-me sobre essas declarações de testemunhas. Uma boa parte do conteúdo não é especialmente útil para mim. Ainda assim, leio cada página, linha por linha, buscando qualquer sinal sobre o estado mental do réu. Uma policial contou como tinha recuperado uma gravação de um circuito fechado de TV de uma loja. Outro, com experiência em TI, explicou como havia realizado análises do computador e do iPad de Amit. De maior relevância foram os relatos dados pelos dois policiais que chegaram primeiro à cena do crime. Uma colega de trabalho da meia-irmã de Amit, Prya, explicou em sua ligação para a polícia que ela provavelmente estava exagerando, mas achou que deveria notificar alguém sobre a ausência inexplicada de Prya dos escritórios da firma de advocacia onde ambas trabalhavam. Assim que conseguiram entrar na casa onde Prya vivia com a mãe, Laxmi, os policiais encontraram um corpo inchado caído de bruços no chão da sala de estar. As suspeitas de que a causa da morte da meia-irmã tinham sido facadas nas costas foram depois confirmadas pelo exame *post-mortem*. Não puderam ver evidências de perturbação em nenhuma outra parte da sala. No entanto, uma busca pela casa encontrou um segundo corpo feminino não identificado, em estágio semelhante de decomposição, no andar de cima. Era Laxmi. Ela tinha duas facadas, mas determinaram que a causa de sua morte foi asfixia.

O que se destacava nos relatos das testemunhas que conheciam Amit é que, quando ouviram que tinha sido preso, eles acharam difícil acreditar que ele estivesse envolvido. Ele tinha 43 anos e nunca fora conhecido por ser violento. Alguns, mas não todos, comentaram que não se lembravam de alguma vez ele ter perdido a paciência. Isso era importante, como um "negativo positivo", uma constatação positiva da ausência de algo que em um caso de homicídio costuma ser esperado. Muitos conhecidos sentiram a necessidade de comentar o que achavam de Amit como pessoa. Os comentários eram muito breves para se dar qualquer peso a eles, mas compilar e comparar as descrições de indiferença, superioridade, condescendência e pompa indicava um padrão. A polícia estava particularmente interessada em ouvir das testemunhas sobre a maneira como ele exibia os símbolos de sua suposta riqueza. Nesse estágio inicial da investigação, a maioria das testemunhas não sabia que os muitos negócios de Amit acabaram fracassando, e que sua extravagância era financiada com dinheiro que ele extorquira da mãe, ou que muito do que dissera era fantasia. A polícia estava reunindo evidências de desonestidade nas mesmas proporções das de Jean-Claude Romand.

No pacote da acusação também há um documento impresso do computador nacional da polícia com quaisquer crimes anteriores − não havia − e transcrições de interrogatórios com a polícia gravados com o acusado. No primeiro interrogatório, Amit refutou com veemência todas as alegações sobre seu envolvimento na morte de sua mãe e meia-irmã. Ele se apresentou como o filho de luto, lamentando que, se não tivesse voltado para Londres tão cedo, teria sido capaz de evitar esta tragédia. Ele manteve a mesma linha no segundo interrogatório. Ao escutar as perguntas dos policiais, deve ter começado a compreender a força do caso contra ele. Achei que isso explicaria a mudança total da história na terceira transcrição. Ele aceitou seu envolvimento, mas lamentou não poder ajudar a explicar seu comportamento. Disse aos policiais que havia desmaiado.

De uma pasta que pôde trazer ao interrogatório, Amit retirou várias folhas de papel. "Fiz algumas anotações", ele explicou. Disse-me que pensava que ajudariam na minha avaliação. Apresentando-as debaixo do meu nariz com sua mão estendida, ele não parecia ter nenhuma dúvida de que eu as aceitaria. Peguei os papéis, mas coloquei-os na mesa sem examiná-los. Ao mesmo tempo, respirei fundo para começar minha apresentação de rotina.

Antes de começar um exame psiquiátrico, há algumas formalidades preliminares. O sujeito das avaliações precisa entender do que está participando. Não se trata de uma consulta médica privada. Ele deve entender que a totalidade da discussão aparecerá em um relatório, que será compartilhado com a defesa, a acusação e o tribunal. Eu os aconselho a presumir que tudo o que discutirmos será compartilhado por meio de meu relatório. Quando estava prestes a começar a explicação, Amit me interrompeu. "O professor Lambert, você deve conhecê-lo, ele era amigo do meu pai. Eles jogavam tênis juntos."

Com aquela interrupção, dei-me conta de minha própria irritação. Eu tinha ignorado suas anotações escritas à mão, mas agora havia esta outra distração com que lidar. O agendamento rígido das visitas à prisão significava que eu tinha um tempo limitado para concluir a avaliação. Atrasos poderiam impedir minha capacidade de compreender o paciente e seu crime. Foi o impulso que acompanhou minha irritação nessa ocasião que me revelou que poderia não ser apenas uma questão de tempo disponível. Eu conhecia o professor Lambert, mas fiquei tentado a negar isso. Por um breve momento, especulei se o impulso era porque estava notando uma manobra hierárquica.

A hierarquia está incorporada nos relacionamentos. Pode não ser sempre óbvio, mas uma pessoa costuma estar em posição de relativa vantagem sobre a outra. A vantagem pode ser trivial e apenas momentânea. Ela pode se alternar repetidamente entre duas pessoas com o tempo. Algumas vezes, há um desequilíbrio maior e mais duradouro. Em certas situações, ela é institucionalizada. Por necessidade, os policiais e os guardas da prisão possuem poderes que criam uma desigualdade sancionada oficialmente.

Sob a pressão do tempo e com informações limitadas, as decisões sobre o melhor curso de ação tendem a se basear em categorizações gerais. Ao encontrar uma pessoa nova, há uma distinção categórica pronta e crua entre os grupos de dentro e de fora, nós e eles. Em nosso passado de caçadores-coletores, ser capaz de fazer com rapidez uma distinção entre nosso próprio grupo e um grupo hostil competidor poderia significar a diferença entre a vida e a morte. Embora os benefícios gerais de sobrevivência não sejam tão óbvios na vida atual, nossos julgamentos imediatos sobre os outros continuam a ser influenciados por essa dicotomia. É mais seguro para meus interrogados encarcerados supor que estou na categoria "eles" até que tenham um bom motivo para tirar outra conclusão. Nessa categoria, eu me junto aos policiais, guardas da prisão e oficiais de condicional; em essência, um grupo que, da perspectiva do prisioneiro, tem um domínio injustificado e potencialmente prejudicial sobre ele. Por associação, e até que se prove o contrário, acabo representando uma fonte de ameaça.

Em minhas avaliações, em geral, me esforço para reduzir essa sensação de autoridade. Não é apenas para diminuir o desconforto que sinto perante sinais de vulnerabilidade do outro. Tentar achatar a hierarquia percebida é uma necessidade prática. É improvável que o prisioneiro compartilhe sua história de vida com alguém que ele sente ser uma fonte potencial de dano. Além disso, as informações sobre o universo emocional do paciente serão obscurecidas pela postura defensiva e reticente que ele vai adotar na presença de uma suposta ameaça.

A diferença com Amit é que não havia sinais dessa vulnerabilidade, e seus modos transmitiam que desde o início eu estava em sua categoria de "nós". Minhas antenas de interação se movimentavam.

Talvez fosse uma coincidência Amit mencionar um colega cujo *status* no mundo da psiquiatria forense britânica fosse acima do meu. Precisava tomar cuidado com suposições casuais. Se havia um significado em sua interrupção, talvez não tivesse nada a ver com *status*. Seria apenas sua maneira de estabelecer uma conexão? Alternativamente, era mais uma indicação de minha própria hipersensibilidade a pistas hierárquicas?

Qualquer que fosse o motivo de meu impulso, não agi de acordo com ele. Confirmei que conhecia o professor Lambert. Prestar atenção a um impulso e contemplar as possíveis razões dele muitas vezes oferecem pistas sobre as prioridades não declaradas de meus pacientes (e também as minhas), mas agir de acordo com ele pode ser inútil. Se Amit estava usando uma tática de autopromoção, reagir a ela significaria estar participando de uma competição por *status*. Um impasse narcisista não é útil para iniciar uma avaliação psiquiátrica.

Preparei-me para a reação à minha confirmação de que conhecia o professor Lambert. Não foi conclusiva, mas vi certa sustentação para minha especulação inicial. Sem qualquer estímulo, Amit lançou um tributo à eminência do grande psiquiatra com quem seu pai tinha uma estreita ligação. Educadamente, eu o interrompi e expliquei que precisávamos continuar com a avaliação, mas, se talvez tivesse qualquer outra coisa que ele quisesse mencionar, poderíamos discuti-la no fim, se houvesse tempo. Ele concordou e acrescentou que achava uma ótima sugestão.

Então, passei as instruções de consentimento e confidencialidade. Como é padrão em minha explicação, eu o preparei para a necessidade de, em algum momento, discutir os crimes. Concluindo a explicação, comecei a escrever uma frase para confirmar que essa etapa introdutória tinha sido realizada. Antes de terminar minha anotação, um som repetitivo de soluços e chiados me fez levantar o olhar. Quando Amit tirou as mãos dos olhos, pude ver lágrimas escorrendo por seu rosto. Ele estava em prantos. Fiz uma pausa e coloquei minha caneta sobre a mesa. Pedi desculpas caso fosse algo que eu havia dito.

"Não, não se preocupe..."; não era eu, ele disse. Era só que mencionar os crimes o fazia se lembrar de que sua mãe nunca chegara a ouvir a notícia fantástica.

Fiquei confuso. "Que notícia?" O que quer que fosse, ele era a causa de ela não ter ouvido a notícia, pensei. Ele a matara.

Sem necessidade de um incentivo, ele explicou que tinha abordado um velho amigo da escola sobre uma vaga em uma empresa que vendia e alugava superiates. Passaram-se meses desde a conversa, então foi uma surpresa saber que o conselho queria se encontrar com ele. Ele me disse que estava triste porque sua mãe não podia compartilhar sua alegria. A carta chegara dois dias antes da morte de sua mãe, e ele não tivera tempo de contar a ela. Não notei o momento em que ele se recompôs. As lágrimas sumiram com tanta rapidez quanto tinham surgido.

Ao lançar luz sobre os fatos, ele me fez ter ainda mais dúvidas de que vivenciava o mundo como a maioria de nós.

É impossível entender completamente de imediato todas as informações obtidas na hora da avaliação. Buscar idiossincrasias interacionais e monitorar minhas reações fugazes, ao mesmo tempo que coleto e registro os dados biográficos, torna difícil perceber todos os fios que se conectam. Mas, naquela noite, enquanto estava sentado à minha mesa em casa, uma imagem mais clara surgiu. Analisando o relato ditado da avaliação em um monitor, fui capaz de obter cada comentário e reação importantes (meus e dele) em um segundo. O *status* realmente acabou sendo um tema recorrente. O problema não era se Amit se movia por círculos tão prestigiosos; o que me interessava mais era a maneira como ele me apresentou às pessoas em seu mundo. Poderia ser um familiar, amigos, parceiros ou até mesmo conhecidos de passagem, mas o que se destacava nas descrições que fazia deles era com quem eles tinham conexões, como a casa deles era luxuosa ou como eram ricos. Para ele, a identidade dos outros parecia ser moldada pela posição social. Era como se seus relacionamentos fossem baseados no *status* da outra pessoa, não em seus sentimentos por ela.

Amit soluçou de novo algumas vezes durante a avaliação. Suas lágrimas tendiam a coincidir com as discussões sobre os *index offences*, os crimes de índice – expressão que usamos para descrever o crime mais recente. Ficar chateado nesse tipo de avaliação não é algo particularmente notável, mas foi sua explicação para as lágrimas que me pareceu estranha: a cada vez, ele reagia ao efeito sobre ele, em vez de lamentar a perda em si. Também era notável não haver um aumento gradual das demonstrações de emoção, além da retomada súbita da compostura. Em uma ocasião, Amit ficou nervoso. Fiquei surpreso na hora, mas não foi nada fora do personagem que estava vendo. Uma imagem definitiva tomava forma. Estiquei-me até a prateleira atrás de mim para alcançar um de meus manuais de diagnóstico.

A contribuição de Hervey Cleckley para a compreensão da psicopatia foi reconhecida em sua vida, mas seu legado contínuo foi assegurado quando sua descrição da psicopatia chamou a atenção do psicólogo canadense Robert Hare. Hare reconheceu que, para identificar e pesquisar adequadamente a psicopatia, fazia-se necessária uma medida confiável. Ajustando, testando e revisando a descrição de Cleckley, Hare produziu uma lista de critérios com regras de pontuação claras. O resultado, *Psychopathy checklist – revised* [Lista de verificação de psicopatia – revisada], em geral abreviado para PCL-R, tornou-se o teste de psicopatia mais usado na área forense.

Meu manual de PCL-R não é tão utilizado assim. Em sua forma pura, a psicopatia é, na verdade, bem rara, mesmo entre criminosos. Abri o manual no início do capítulo de descrição do item. Amit por certo era charmoso, mas queria ter certeza de que havia o suficiente para satisfazer as regras de classificação de Hare para "charme superficial". Em suma, pensei que sim, havia. Provavelmente também havia evidências suficientes a favor do "grandioso senso de autoestima". Depois de ler o conjunto completo de provas, não havia dúvida de que os critérios para "mentira patológica" e "manipulação" haviam sido plenamente atendidos. As demonstrações de emoção de Amit ao falar sobre o crime sugeriam remorso, mas prestar atenção às suas palavras indicava que não era arrependimento pelas consequências aos outros, e sim para ele mesmo. Aliada a isso, a inabilidade de expressar durante nossos encontros qualquer pesar pelo impacto de suas ações sobre os outros foi suficiente para endossar o item "falta de remorso". A velocidade com que ele entrava e saía de estados de angústia era uma forte evidência de "afeto superficial". A imagem era a de uma forma psicopatológica de vivenciar emoções e relacionamentos.

Como a identificação de sinais de psicopatia pode me ajudar? Ela me diz algo sobre o risco de violência recorrente. A classificação PCL-R é um dos mais fortes indicadores de que infratores cometerão violência no futuro. Não tenho como saber com certeza se Amit está em um risco mais elevado de violência futura do que criminosos não psicopatas, mas posso dizer que mais dos que têm a mesma pontuação do PCL-R que Amit cometeram outro ato de violência em comparação a um grupo com pontuação inferior a um limite predeterminado. Saber que Amit satisfaz os critérios essenciais para psicopatia pode me dizer algo geral sobre um grupo de criminosos semelhante a ele, mas não me ajuda a responder à minha pergunta principal: por que esse homem matou a mãe e sua meia-irmã?

Relatos mais detalhados de psicopatia na literatura clínica se referem a uma deficiência de emoções. Diz-se que faltam respostas emocionais às transgressões morais, como a culpa. Também somos informados sobre um déficit na formação de emoções sociais, como vergonha e compaixão. Na minha avaliação de Amit, vi evidências de tais déficits. A forma que ele usou para construir suas explicações para o aborrecimento com seu crime revelou que era arrependimento, não culpa baseada em sentimentos. Encontrei mais evidências de apoio quando, chegando ao fim de nosso primeiro encontro, fiz uma abordagem mais direta para a avaliação dos sentimentos.

"Quando você relembra o que aconteceu, o que sente?", perguntei de maneira casual. Uma abordagem sutil era necessária para essa pergunta. Tinha sido seu público fiel por quase duas horas e agora ele parecia à vontade. Desejava obter respostas despreparadas.

Em comum com muitos criminosos a quem fiz essa pergunta, Amit respondeu que ele se sentia péssimo. Essa resposta não específica abriu espaço para minha próxima pergunta. De maneira improvisada e com leve deferência, perguntei se ele se importaria em me dizer por que se sentia péssimo. "Bem, há tantas oportunidades perdidas", ele considerou. Suprimindo qualquer sinal de incredulidade, assenti com a cabeça para incentivá-lo a continuar. De forma nostálgica, ele relembrou como sua vida estava no ponto de virada para o sucesso – os assassinatos e sua prisão subsequente haviam atrapalhado isso.

Agora estava pronto para tentar provocar uma explicação mais estratégica. "Você pode pensar em outros motivos pelos quais poderia se sentir péssimo?" As palavras foram escolhidas com cuidado. Enfatizei "pensar" e perguntei sobre os "motivos" de forma deliberada. Queria que ele utilizasse um raciocínio consciente maior. O uso de "poderia" dá a chance para responder por que ele *deveria* se sentir daquela forma, não apenas por que ele de fato se sentia daquela forma.

Nesse momento, sua postura se enrijeceu. Como se estivesse se preparando para um discurso, endireitou as costas e empurrou o peito para frente. Voltava ao comportamento formal, mas ainda bem-humorado, que vi quando nos conhecemos. "Claro, duas pessoas perderam a vida", ele começou. "A perda da vida é algo tão terrível. Como é possível superar isso?" Mesmo ao tentar transmitir remorso, Amit usou expressões impessoais, em vez de assumir o sentimento com o uso de "eu" ou "mim". A mudança em seu comportamento conforme ele expressava essa resposta me levou a pensar que aquilo exigia esforço. Ele estava raciocinando, mas não havia nenhum sentido de acompanhamento visceral em suas palavras.

Sem dúvida, costumo encontrar evidências de escassez de certas emoções em criminosos que se enquadram na descrição de psicopatia de Robert Hare. De maneira consistente com as pesquisas, o problema parece ser uma limitação específica na formação de emoções sociais. Isso ajuda na minha busca para compreender as origens do comportamento violento? Uma capacidade limitada de vivenciar emoções sociais é apresentada com frequência como a raiz do distúrbio psicopatológico e, portanto, talvez eu não precise procurar mais. Mesmo quando aplico minha interpretação dessa literatura científica aos criminosos que avalio, ainda assim fico com uma explicação incompleta para sua violência.

Não estou sugerindo que emoções sociais sejam irrelevantes ao comportamento. A compaixão, por exemplo, nos encoraja a agir para aliviar o sofrimento. A culpa pode nos motivar a buscar reavaliar os efeitos de nossos atos transgressores. Mas esses estados emocionais complexos não são a principal influência em nossas decisões de momento a momento para agir de uma forma ou outra. Na realidade, as emoções sociais são as manifestações de algo mais em que tenho interesse.

Apesar de sua presença em nossa existência cotidiana, os fenômenos que têm influência decisiva sobre quais ações escolhemos ou não tomar não são bem conhecidos. Eles são chamados de afetos integrais e ocorrem quando estamos diante de uma decisão imediata. Ocorre um lampejo em nossa mente em reação a uma mudança no corpo. Essa sensação costuma passar despercebida. Se vier à nossa atenção, pode ser sentida como um aperto no estômago ou um peso interior. Embora existam diferentes tipos de emoção, cada um com a própria qualidade característica, esses afetos integrais são menos bem definidos e mais fugazes. São sentimentos crus que fornecem um guia imediato para o modo como nos comportamos.

Aprender a monitorar nossos sentimentos é parte de uma técnica que demonstrou melhorar nosso bem-estar mental e físico. *Mindfulness*, ou atenção plena, envolve prestar atenção à experiência imediata. Assim como a contribuição de estímulos externos, nossa experiência é feita de um estado gerado internamente. De dentro, surge um fluxo de pensamentos e sentimentos que o praticante da técnica aprende a perceber como um observador imparcial.

Se identificar esses sentimentos efêmeros em nós mesmos não é fácil, é ainda mais difícil identificá-los em outra pessoa. No entanto, ao interagir, estamos sempre reagindo aos sinais de como os outros se sentem. É um processo que ocorrerá sem precisar de nossa atenção consciente. Se um ouvinte responde com sinais de pesar a notícias tristes, nossa atenção não é ativada. Se, por outro lado, ele mostra uma resposta inesperada, nós nos detemos e notamos. Mesmo incompatibilidades ocasionais entre a exibição externa de uma pessoa e seus sentimentos subjacentes podem não passar despercebidas. Às vezes, somos capazes de detectar a expressão facial inicial incongruente momentaneamente expressa antes que o sentimento real seja disfarçado pela adoção de uma expressão apropriada do ponto de vista social.

Ao me encontrar com Amit pela segunda vez, senti nele um leve toque de entusiasmo. Ele estava ansioso para me dizer que agora conseguia se lembrar do crime. Onde antes havia uma lacuna amnésica no ponto central da história, surgiu uma lembrança totalmente formada. Meu palpite era de que se tratava de uma mudança estratégica de rumo, e não de uma memória recuperada. Parecia mais que coincidência o fato de eu já ter enviado um relatório preliminar aos seus advogados. Nesse relatório, expliquei que a amnésia tornava difícil comentar se os critérios para a defesa de semi-imputabilidade tinham sido cumpridos. O blecaute do período em que ocorreu o crime me impedia de interrogá-lo sobre seu estado de espírito naquele momento. Fazer suposições sobre a mente com base apenas no comportamento não é confiável. Antes de meu primeiro relatório, ele achava que a amnésia daria a impressão de uma mente desordenada? Se sim, ele agora percebia que, muito pelo contrário, ela comprometera a realização de seu objetivo em garantir a defesa da semi-imputabilidade? Embora estivesse interessado em seu raciocínio para aquela mudança, não perguntei nada. A avaliação diz respeito tanto a resistir aos impulsos de fazer as perguntas óbvias quanto a fazer as perguntas certas. Além da coleta de dados, eu estava interessado no que ele dissera de forma espontânea, nas palavras que escolhera e nos sinais dos sentimentos que havia demonstrado.

O ato mental de nos prepararmos para enganar os outros pode nos deixar desconfortáveis. Esse desconforto se deve em parte a uma expectativa em relação às possíveis consequências sociais da mentira: ser exposto como mentiroso. A capacidade de estabelecer relações de cooperação fortes tem sido fundamental para o sucesso da espécie humana, e passar a impressão de não ser confiável pode ser socialmente desastroso. O desconforto no momento em que nos preparamos para mentir ocorre quase de modo instantâneo. É um processo reflexivo que não exige que façamos uma análise explícita da situação. Não precisamos analisar a situação; nós a sentimos. Além disso, sem a necessidade de deliberação, somos motivados sem querer a dissipar a sensação de desconforto. Inibir o impulso de mentir seria um caminho. Se formos em frente e mentirmos, estaremos inclinados a empregar táticas para reduzir a impressão de falta de confiança. Este é o ponto em que usamos o pensamento estratégico esforçado.

A maneira como Amit se afastou da resposta esperada foi, em parte, uma falha em oferecer uma explicação para a mudança de história. Sem dar um passo em falso, ele passou do entusiasmo por agora ter uma lembrança direta para falar sobre os detalhes do que conseguia se lembrar. Em nenhum momento vi qualquer demonstração aberta de uma mudança em como ele se sentia. Suspeitei que ele não tivesse experimentado os sentimentos desagradáveis reflexivos; portanto, nenhum sinal para mostrar e nenhum desconforto para acalmar. Sem oferecer qualquer desafio a essa súbita recuperação incomum de memória, permiti que ele fizesse um relato do crime.

Ele estava, me contou, desesperadamente deprimido por causa de um investimento financeiro fracassado. Seria ridicularizado pelos novos amigos londrinos, sua reputação estaria em frangalhos e ele não sabia como dar a volta por cima. Pensando em se suicidar, ele acabou no banheiro com uma faca pairando sobre o punho, quando sua meia-irmã veio correndo para detê-lo e "de alguma forma" ela foi esfaqueada. Ele, então, entrou em um estranho transe, que, segundo ele, deve ter sido provocado pelo incidente com a irmã. Nesse transe, esfaqueou a mãe.

Esse relato não tinha muitos detalhes e, em alguns aspectos significativos, não era sustentado pelas evidências. Quando questionado sobre essas inconsistências, as respostas foram confusas e, em vez de esclarecer, aumentaram meu ceticismo.

Em seguida, abordei as perguntas de avaliação de rotina restantes que não tive tempo de fazer em nossa primeira reunião. Faltando cerca de dez minutos para o fim desta segunda reunião, voltei à questão da memória recuperada. Tinha adiado a pergunta, porque o que planejava perguntar corria o risco de despertar uma reação negativa. Não era a reação em si o problema, mas o efeito dela sobre a disposição de Amit em continuar a falar abertamente comigo. Disse a ele que não conseguia entender como ele agora se lembrava do que havia esquecido.

Quando confrontada com evidências de desonestidade, a maioria dos criminosos mostra alguns sinais de mudança na maneira como se sentem. Eu busco uma alteração no tom de voz. A expressão facial pode revelar por um breve instante certo desconforto, antes que uma emoção mais bem formada apareça. Pode ser constrangimento. Com mais frequência, assume a forma de irritação. Às vezes, há agressividade imediata. No momento inicial, como precisam se acomodar às emoções negativas, eles tendem a se tornar um pouco menos coerentes e às vezes tropeçam em busca de palavras. Ao contrário, Amit manteve seu sorriso alegre e sem nenhuma hesitação disse que estava tão surpreso quanto eu.

Cleckley postulou que a perturbação dos psicopatas era a incapacidade de compreender emocionalmente os sentimentos em geral implícitos em nossos pensamentos e experiências. Quando se leva em consideração o papel das emoções e dos sentimentos em como interagimos, a preocupação de Amit com o *status* torna-se mais compreensível.

A preocupação com o *status* não é anormal. Às vezes, os sinais são evidentes; a marca do nosso carro ou o logotipo nas nossas roupas. Mesmo aqueles que afirmam rejeitar o materialismo ainda prezam outros indicadores de *status*. Pode ser seu cargo no trabalho, suas qualificações, suas proezas esportivas, seu conhecimento de referências culturais, suas credenciais ecológicas. Embora a maioria de nós tente disfarçar nosso desejo de prestígio, Amit é, pelo menos neste aspecto, muito mais franco. Temos a tendência de ficar inibidos em nos gabar pela nossa percepção da reação do ouvinte. Não precisamos perder tempo mental pensando que pareceremos arrogantes. Há uma resposta emocional instantânea que costuma restringir o desejo de se exibir. Às vezes, ignoramos essa resposta. Podemos ser estimulados a fazê-lo por um desafio explícito ao nosso *status* – como um comentário de um colega mais novo que nos subestime. Porém, com mais frequência, se fizermos um comentário relacionado ao *status*, ele será inserido de modo casual na conversa. Amit parecia sofrer um comprometimento do mecanismo emocional que comumente modera a arrogância e, como consequência, era mais transparente.

Os psicopatas são muitas vezes retratados de maneira caricata como autômatos sem emoção. Amit tinha emoções; ele só tinha um padrão diferente de respostas emocionais. Não possuía a sensação de desconforto que deveria surgir em sua mente ao esperar certos sentimentos em outras pessoas. Tendo passado algum tempo com Amit, pude ver o que levou as testemunhas a descrevê-lo como indiferente. Apesar de ser capaz de se expressar de forma articulada e confiante em seu papel habitual, em situações mais íntimas ele perdia o ritmo da dança social.

A desonestidade excessiva de Amit também pode ser explicada pela incapacidade de experimentar os sentimentos adversos que deveriam acompanhar o desejo de dizer ou fazer algo que prejudicaria sua reputação. Como resultado, ele não possuía uma inclinação padrão para a honestidade.

Déficits de emoções e sentimentos estão presentes em diferentes formas e níveis, mas não existe uma fórmula que se encaixe em meus pacientes. Amit mostrava sinais de um déficit profundo. Mesmo quando experimentou um impulso transgressivo tão extremo quanto matar membros da família por recompensas materiais, nenhuma resposta emocional inibitória foi provocada. Ele não se encaixava, entretanto, no estereótipo fictício. Não era movido pelo desejo de prejudicar, e seu objetivo não era infligir sofrimento aos outros. Não era um gênio do mal dando risadas malévolas ou um assassino em série sádico em ascensão. Ele só não se importava com o sofrimento alheio. Sendo mais específico: ele não *sentia* o sofrimento alheio.

Qualquer que fosse a gravidade do processo mental perturbado de Amit, a equipe de defesa calculou que confiar em um diagnóstico de psicopatia condenaria ao fracasso a defesa de semi--imputabilidade. Esperando uma pena reduzida, ele entrou com uma confissão de culpa das acusações de assassinato e foi condenado à prisão perpétua.

4

JOE

Joe havia sido recém-transferido de outra prisão e foi encaminhado a mim para uma avaliação. Após sua chegada, sua medicação foi interrompida pelo médico da prisão, que foi levado a acreditar que ele não a estivesse tomando. A equivalência – ou paridade – dos cuidados de saúde para os prisioneiros tem sido constantemente promovida pelos líderes dos serviços de saúde prisionais. Duvido que a primeira resposta para um paciente que não está na prisão com obediência questionável seja suspender sumariamente sua prescrição. Seja como for, muitas vezes me pediam para ver se um recém-chegado precisava da medicação prescrita por psiquiatras antes de vir para a prisão ou quando estavam em outras prisões. O benefício da dúvida parecia recair com frequência sobre o paciente preso; com certeza no caso de pacientes sem um histórico forense conhecido. No caso de Joe, eu tinha de aceitar que havia certas questões sobre a justificativa de iniciar uma medicação para transtorno do déficit de atenção com hiperatividade (TDAH).

Ao abrir meu e-mail, leio uma carta da psiquiatra que fez o diagnóstico de Joe. Em uma primeira leitura, ela abordava os principais critérios de diagnóstico. Joe contou à psiquiatra que ele tinha sido uma criança bagunceira e desobediente, o que a carta indicava ser muito comum em crianças com TDAH. A frequência escolar dele era fraca e, quando ele ia, seu comportamento era tão indisciplinado que acabou sendo expulso e enviado a uma escola especializada para crianças problemáticas. Mais uma vez, esse era um padrão comum nesse transtorno. Em sua adolescência, Joe seguia pela trajetória reconhecida do TDAH e dos problemas comportamentais de infância para atividades criminais mais estabelecidas. A carta listava um histórico contínuo de rebeldia, resistência a instruções, distração e perturbação, com as quais eu poderia concordar serem manifestações do componente de déficit de atenção do diagnóstico. O outro componente – hiperatividade – era menos óbvio agora, mas aceitei a explicação da psiquiatra na carta de que aquele era um padrão reconhecido. Os estudos que demonstravam a persistência do TDAH na idade adulta também mostravam que ela se aplicava mais aos sintomas de desatenção do que aos de hiperatividade. Não havia problemas com as características de TDAH que a psiquiatra havia encontrado; o problema era que eu não podia ter certeza de que ela tinha encontrado apenas o que já buscava.

Minha tarefa era avaliar Joe e aconselhar o médico da prisão sobre reiniciar ou não a medicação. Como médicos, somos (corretamente) obrigados a nos certificar de que há um bom motivo para um paciente receber prescrição de um medicamento. Prescrever na prisão traz complicações adicionais. O valor dos medicamentos, incluindo os prescritos, é inflacionado na prisão, e eles podem se tornar mercadorias. O comércio nas prisões pode ser perigoso. Os pagamentos de dívidas são cobrados com intimidação e, se necessário, usa-se a violência. Os prisioneiros ficam muito vulneráveis ao contrair dívidas com seus fornecedores. O desvio de medicação prescrita aos prisioneiros para esse mercado ilícito é impossível de ser evitado por completo. De qualquer forma, algumas medidas podem ser tomadas para reduzi-lo. Assegurar-se de que haja um forte fundamento para a prescrição é uma delas.

Embora haja divergências sobre a eficácia dos medicamentos psiquiátricos, muitos demonstraram ter efeito positivo nos sintomas de saúde mental que provavelmente não se devem à variação casual. Os medicamentos para TDAH, como Ritalina ou Concerta, não são diferentes de muitos outros medicamentos psiquiátricos, pois pode haver efeitos colaterais graves. Também, como é comum em psiquiatria, o mecanismo fisiológico exato por meio do qual o medicamento trata a doença não é claro. Um químico conhecido por estimular o sistema nervoso central não seria uma escolha óbvia para o tratamento de pessoas que já parecem ser hiperestimuladas. Dado esse efeito contraintuitivo, não é de surpreender que sua descoberta tenha sido acidental.

A história de nossa compreensão sobre TDAH começa com Heinrich Hoffmann, um médico alemão que passou da clínica geral para a psiquiatria. Hoffmann foi persuadido a publicar anonimamente uma série de histórias ilustradas que ele tinha escrito como presente de Natal para o filho de três anos. Considerado um precursor da história em quadrinhos, *Funny stories and whimsical pictures with 15 beautifully coloured panels for children aged 3-6* [Histórias divertidas e imagens excêntricas com 15 lindos painéis coloridos para crianças de 3 a 6 anos] foi impresso em 1845. Cada história, contada em versos em rima, era centrada em um personagem infantil com hábitos incomuns. Kaspar se recusa firmemente a tomar sua sopa e, nos dias seguintes, ele perece e morre. Fascinada por fósforos, Pauline, por acidente, ateia fogo em si mesma, com consequências fatais. Struwwelpeter, ou Shaggy Peter – o título usado para as edições posteriores do livro –, deixou de cuidar de si mesmo e se tornou tão pouco atraente que nem mesmo o autor suportava olhar para ele. As histórias de advertência mostram como, devido a ações equivocadas, as crianças se tornaram autoras da própria desgraça. A popularidade do livro de Hoffmann perdurou por gerações de crianças alemãs. Também teve um apelo muito mais amplo. Entre as muitas traduções, havia uma em inglês de Mark Twain, que não foi publicada até um quarto de século após sua morte.

Em relação aos padrões da época, Hoffmann mantinha uma atitude mais esclarecida e humana em relação aos transtornos mentais. Depois de fazer um lobby intenso com a imprensa e os políticos, ele conseguiu estabelecer um hospital psiquiátrico inovador em Frankfurt. Junto de sua carreira médica de sucesso, ele tinha uma paixão duradoura pela escrita e ilustração, que colocou em prática.

Em sua autobiografia, ele disse que desenhava e contava histórias para tranquilizar seus pacientes infantis e fazer com que eles o deixassem examiná-los. Os críticos interpretaram os breves retratos de Hoffmann como representações iniciais de problemas de comportamento na infância que agora formam a base de diagnósticos estabelecidos. Kaspar, que se recusou a comer, teria tido um transtorno alimentar. Pauline era uma piromaníaca. O próprio Hoffmann escreveu que "estas histórias não são inventadas do zero; de uma forma ou de outra, elas cresceram em um solo fértil".

O nome de outro de seus personagens foi depois adotado como alternativa alemã para um diagnóstico que só foi apresentado mais de um século depois. Incapaz de obedecer às instruções de seu pai para sentar-se quieto à mesa de jantar, Zappel-Philipp ou Fidgety Phil, se contorcia, dava uma risadinha e se jogava para trás na cadeira.

> Veja só que menino levado:
> Não para quieto e é malcriado.
> Philip está cada vez pior,
> É traquinas de marca maior!
> À mesa, faz tombar a cadeira...
> Indo ao chão, começa a choradeira.
> Puxa a toalha, que confusão!
> Tudo caiu, talher, copo e pão...

No vernáculo alemão, a síndrome de Zappel-Philipp é usada como um termo para transtornos de hiperatividade. Os médicos antes e depois de Hoffmann notaram que algumas crianças se destacavam como indevidamente inquietas, distraídas e desatentas. Na literatura médica, esses problemas foram agrupados sob vários títulos diagnósticos, como deficiência de controle moral, transtornos hipercinéticos da infância e mínimo dano cerebral. Foi só em 1980 que o diagnóstico oficial de transtorno do déficit de atenção, ou TDA, apareceu na terceira edição do *Manual Diagnóstico e Estatístico de Transtornos Mentais* da Associação Americana de Psiquiatria. Com a quarta edição, veio o termo diagnóstico que é usado atualmente, transtorno do déficit de atenção com hiperatividade, abreviado como TDAH.

No curso de minha carreira clínica, vi a noção de TDAH evoluir de um transtorno da infância para um que pode persistir na idade adulta. Também passou a ser do interesse dos psiquiatras forenses porque se constatou que era mais prevalente entre os infratores. Como acontece com todos os diagnósticos psiquiátricos que são associados a uma maior probabilidade de cometer um crime, a maioria das pessoas que desenvolvem TDAH não comete um crime. O risco maior está no nível do grupo, não individual, o que significa que, embora a maioria das crianças com TDAH não se tornará um adulto antissocial, isto acontece em maior proporção entre elas do que entre crianças sem o transtorno.

Na década de 1930, o dr. Charles Bradley estava trabalhando em um hospital de Rhode Island e investigando anormalidades cerebrais em crianças. A técnica de imagem do cérebro que ele utilizava costumava ser usada antes da chegada das máquinas de digitalização mais sofisticadas que agora são normais para nós. A imagem de raios x, rotineiramente utilizada desde o início do século XX, baseia-se no fato de que diferentes tecidos absorvem diferentes quantidades dessa forma de radiação eletromagnética. Tecidos com grande capacidade de absorção, como os ossos, evitam que a maior parte dos raios x passe para o filme. Quanto menos raios x atingem o filme, mais branco ele fica. Como consequência, o osso é representado em branco e os pulmões, que permitem a passagem de muito mais raios x, em preto. A patologia é identificada ao se buscar por áreas de contraste inesperadas. Uma fratura produz um contraste entre o que é osso ou não onde ele não deveria estar. Os raios x simples são mais limitados para identificar lesões cerebrais porque o contraste entre os diferentes tons de cinza é mais difícil de detectar.

No fim da segunda década do século XX, foi criado um procedimento para aumentar o contraste no sistema nervoso central. Cobrindo o cérebro e a medula espinhal, há uma estreita camada de espaço que se liga a um sistema de cavidades cerebrais. Essa rede de espaços e cavidades é preenchida por um fluido, o líquido cefalorraquidiano, ou LCR. Remover o LCR e preencher o espaço com ar produz maior contraste com o tecido do sistema nervoso. Fica então mais fácil identificar alterações na estrutura normal do cérebro. Embora o dr. Bradley tenha visto os benefícios dessa técnica, ele também estava bem ciente de sua principal limitação. Depois, os pacientes ficavam com uma forte dor de cabeça. O dr. Bradley levantou a hipótese de que, se a dor de cabeça era resultado da perda de LCR, então acelerar sua produção após tirar as imagens de raios x deveria aliviar a gravidade e limitar a duração desse efeito posterior. Ele usou benzedrina, um medicamento forte à base de anfetamina, para aumentar a produção de LCR. Os resultados não sustentaram sua hipótese. As dores de cabeça não diminuíram. Mas parecia haver uma melhora notável no comportamento e desempenho acadêmico de algumas crianças. Apesar de publicar suas descobertas na época, o impacto imediato na prática era limitado. Foi apenas na metade da década de 1950 que os psiquiatras começaram a usar um medicamento relacionado – também ligado à anfetamina – em crianças com hiperatividade.

Joe tinha recebido uma prescrição de uma variante dessa anfetamina. No dia em que o visitei, ele estava na ala que era a última em nossa lista de consultas médicas. Enquanto eu esperava meu próximo paciente, observei um guarda abrir a porta para a sala de espera e chamar seu nome. Um dos prisioneiros se virou para olhar para trás e gritou para o guarda: "Espera, chefe!".

A aura de Joe era muito maior do que o espaço ocupado por seu corpo magro, que tinha cerca de um metro e meio de altura. Ele estava de pé com o braço direito estendido encostado na parede e o pé direito apoiado em um banco baixo. Antes da interrupção do guarda, parecia estar envolvido em uma discussão com dois outros prisioneiros. Ele se voltou para eles brevemente, como se precisasse terminar alguma coisa. Enquanto se afastava, eles se despediram e riram ruidosamente. Joe então caminhou sem pressa para a porta, sorrindo de maneira condescendente para o guarda. Se algum dos outros prisioneiros ergueu os olhos, foi algo muito breve, e nenhum contato visual foi feito com nenhum dos três. A hierarquia na sala era óbvia.

Em muitas espécies animais, grupos de indivíduos se unem de acordo com estruturas identificáveis. Ter uma estrutura significa que um grupo alcançará mais do que a soma das realizações potenciais dos membros individuais. As estruturas hierárquicas, que são universais, são uma maneira de permitir a alocação de recursos. Os indivíduos no topo da hierarquia se beneficiam de um maior acesso a fatores que facilitam a sobrevivência, ou a sobrevivência de seus genes, como acesso a recursos e parceiros. De qualquer modo, há um benefício geral para o grupo que vem das ações coordenadas, não importa quão baixo você esteja na hierarquia.

A posição social pode ser comunicada sem que uma palavra seja pronunciada. Isso é óbvio ao observar as interações entre um grupo de primatas não humanos, como chimpanzés e gorilas. Os membros do alto escalão do grupo estufam o peito, estendem os braços e adotam posturas francas. Os indivíduos submissos tendem a evitar o contato visual direto com os dominantes. Deixar de desviar o olhar aumenta o risco de incentivar um ataque. A comunicação sem contato das respectivas posições na hierarquia do grupo é muito menos custosa para todos. Estudos de psicologia social demonstraram que as exibições não verbais de posição social em humanos podem ser mais sutis, mas não menos prevalentes. O posicionamento e a postura do corpo, a orientação do olhar, os gestos dos braços e das mãos e as vocalizações são todos usados como parte da tentativa de obter poder dentro de um grupo. Algumas pessoas podem obter domínio sobre outras usando ameaças e intimidação para criar uma atmosfera de medo e deferência forçada. Essa não é a única maneira de se tornar um líder. Responder com empatia, ajudar os outros e compartilhar conhecimentos valiosos produzem o que tem sido chamado de líder respeitado, em oposição ao líder dominante, que gera medo.

Observando Joe e os companheiros de prisão, ficou claro que as estratégias de dominação estavam em jogo. Essas dinâmicas são bem reconhecidas na prisão e há um foco nos líderes dominantes. Ainda assim, restringir a atenção a certos indivíduos deixa de lado o ambiente mais amplo em que essas microinterações ocorrem.

O que faz o ambiente prisional promover a dinâmica de domínio em vez do prestígio? Um grupo (formado por guardas prisionais) não tem apenas direitos e privilégios que o outro (formado por prisioneiros) não tem, mas os guardas também recebem os meios para controlar os prisioneiros. Um dos experimentos mais famosos da história da pesquisa psicológica foi apresentado como evidência de que o papel atribuído às pessoas pode ter efeitos drásticos no comportamento delas. Philip Zimbardo alocou aleatoriamente um grupo de alunos para uma de duas funções: a de prisioneiro ou a de guarda. Ele observou o desenrolar de um cenário que era tão apavorante que o experimento teve que ser interrompido de forma prematura. Os designados às funções de guarda começaram a mostrar um comportamento brutal e sádico em relação aos alunos nos papéis de prisioneiros, que responderam tornando-se mais submissos. Apesar das colunas que foram dedicadas ao Experimento da Prisão de Stanford nas imprensas acadêmica e popular, a análise subsequente do esboço do estudo e as tentativas de replicá-lo lançaram sérias dúvidas sobre a validade de suas conclusões originais. Depois, um grupo de pesquisa realizou estudos paralelos nos quais regras retiradas de prisões reais foram comparadas com regimes mais liberais. A hostilidade entre prisioneiros e guardas que emergiu no estudo que imita uma prisão padrão não foi observada em estudos comparativos, que adotaram regimes diferentes. A natureza das interações não era apenas uma característica do papel que foi designado, mas também dependia do tipo de regime sob o qual as interações aconteceram. A maneira como se adquire *status* na prisão é resultado da presença de algumas pessoas com tendências abusivas? Ou será que certas características são selecionadas pelo ambiente social das prisões que tendem a autorizar interações de dominância?

Caminhando pelo corredor para o interrogatório, Joe perguntou: "O que é isso, chefe? Tô sendo mandado pra fora?". Sem saber que estava prestes a se consultar com um psiquiatra, ele suspeitou de que aquela fosse a avaliação médica de rotina antes de ser transferido para outra prisão. Disse a ele que não estava sendo transferido, e que eu o estava vendo para revisar sua medicação. "É, tava na hora", ele respondeu. "O dr. Richards, você conhece ele, né? Ele disse que é oficial, eu sou hiperativo. Quando disse pra minha mãe que vocês pararam com meus remédios, ela ficou agitada. Ela foi ver meus advogados. Você vai me dar ela de novo?" Agora estávamos na sala de interrogatório, puxando as cadeiras em direção a uma pequena mesa instável.

Expliquei que a reunião se estenderia por duas avaliações e eu não poderia dizer nada sobre diagnóstico ou medicação até que toda a avaliação fosse concluída. Primeiro, queria ter uma visão geral ampla. Quantos anos ele tinha? Qual era sua sentença? Qual era o crime? Quando ele deveria ser libertado? Joe me disse que tinha 29 anos e cumpria pena de prisão de oito anos por homicídio culposo. Ele poderia ser considerado para soltura em dezoito meses. O crime para o qual Joe cumpria pena envolveu um encontro entre dois grupos de jovens que se agravou com rapidez. Foi a disponibilidade de uma arma que transformou a briga em homicídio.

Crimes com faca são uma preocupação em particular no Reino Unido. O declínio da taxa de homicídios do Reino Unido no início deste século se reverteu em 2015 e o uso de armas brancas tem sido considerado uma das principais causas no aumento recente de mortes violentas. Os problemas sociais que impulsionam este tipo de crime são complexos, mas, embora isto pareça um problema bem contemporâneo, a violência juvenil, a violência entre gangues e os crimes com facas sempre estiveram presentes na sociedade. Como evidência disso, basta ver uma das tragédias mais famosas de Shakespeare: *Romeu e Julieta*.

Embora uma representação teatral do ato 3, cena 1 dessa peça possa parecer muito diferente dos episódios atuais de violência nas ruas, para mim, as semelhanças são óbvias. Em um dia extremamente quente, Benvólio e Mercúcio, dois jovens da família Montéquio, vagam sem rumo pelas ruas da Verona de Shakespeare. Ciente do temperamento explosivo de Mercúcio e do fato de haver uma boa chance de eles encontrarem seus rivais, os Capuleto, Benvólio quer voltar para casa. A briga entre esses dois grupos é antiga, para a frustração dos moradores da área. Os moradores sem lealdade a um grupo ou outro já tinham até intervindo fisicamente para deter a violência, mas isso não adiantou em nada para diminuir a tensão faccionária que ocorria na vizinhança, um fato que é estabelecido na cena de abertura da peça:

GREGÓRIO [UM CAPULETO]: Vou amarrar a cara quando passarem, e eles que entendam como quiserem.

SANSÃO [UM CAPULETO]: Ou como ousarem. Eu vou morder o dedão para eles, e será a maior vergonha se eles aturarem.

ENTRAM ABRAÃO E BALTASAR [MONTÉQUIO]

ABRAÃO: Senhor, está mordendo o polegar para nós?

SANSÃO: Estou mordendo meu polegar, sim, senhor.

ABRAÃO: Mas está mordendo para nós?

SANSÃO [APARTE PARA GREGÓRIO]: A lei fica do nosso lado se eu disser que sim?

GREGÓRIO: Não.

SANSÃO: Não, senhor; não mordo meu polegar para o senhor, mas mordo o meu polegar.

Os medos de Benvólio se tornam realidade quando um pequeno número de homens dos Capuleto vem em sua direção, e quase imediatamente o membro de temperamento forte da dupla confronta o líder arrogante do outro grupo:

TEOBALDO: Cavalheiros, bom dia: uma palavra.

MERCÚCIO: Só uma palavra com um de nós? Junte mais alguma coisa — é melhor um golpe e uma palavra.

TEOBALDO: Verá que estarei bem pronto a fazê-lo, se me oferecer a ocasião.[1]

O impasse tenso não fica melhor quando Romeu chega. Em vez de entrar na briga, Romeu, que não está inclinado a lutar porque desenvolveu uma ligação romântica com Julieta, tenta desestabilizar a situação e diz a Teobaldo que sente amor pelo nome Capuleto, o que soa para Mercúcio como traição: "Ó submissão calma, desonrosa e vil!". A discussão deles de repente se torna mais perigosa com o surgimento de uma lâmina. Durante uma briga rápida e frenética, Mercúcio é esfaqueado e morre no local.

Esse episódio mostra como encontros passageiros entre grupos de rivais jovens adultos do sexo masculino têm o potencial de explodir em agressão e, então, se tornar ainda mais perigosos se houver uma arma em mãos. A presença de curiosos pode espalhar as chamas da agressão, já que a perda de respeito é tão imediata. O conselho de Benvólio de que "por ora, nestes dias quentes, o sangue ferve" tem de fato o apoio de pesquisas. Descobriu-se que temperaturas ambientes mais altas estão associadas a níveis elevados de agressão. Registrado há mais de quatro séculos, Shakespeare está descrevendo um tipo de disputa que era comum na Inglaterra elisabetana. Quando

[1] W. Shakespeare, *Grandes Obras de Shakespeare* - vol. 1. Tradução de Barbara Heliodora. Rio de Janeiro: Nova Fronteira, 2018. [N.T.]

Shakespeare escreveu *Romeu e Julieta*, a taxa de homicídios ainda era dez vezes maior do que durante a metade do século xx. As taxas de homicídios continuaram a cair até que, a partir do início dos anos 1960, a direção da curva mudou e as taxas de violência subiram. Porém, é importante notar que mesmo em seu pico, a taxa de homicídios na Inglaterra e no País de Gales de 1,8 a cada 100 mil pessoas em 2003 – um ano que incluiu 173 vítimas do dr. Harold Shipman – foi pelo menos um vigésimo do pico da média europeia na Idade Média. Ainda assim, ler a descrição de Shakespeare da violência de gangues lembra os tipos de histórias que ouço de jovens pacientes do sexo masculino o tempo todo.

De tudo o que li sobre Joe em seus registros médicos, eu tinha certeza de que haveria respostas "sim" suficientes para atingir o limite para um diagnóstico, mas fiquei realmente convencido de que ele tinha TDAH depois de ler a carta de avaliação da outra médica. Queria entendê-lo, não apenas identificar os sintomas. Avisei Joe de que a avaliação poderia não ser o que ele esperava. Ela envolveria, continuei, o que poderia parecer uma discussão geral sobre muitos aspectos de sua vida. Felizmente, embora Joe estivesse ansioso para reiniciar a medicação, ele também gostava de conversar. Em suas próprias palavras, ele tinha "o dom de ser falador".

Comecei perguntando a ele sobre pessoas importantes em sua vida e os papéis que tiveram. Quando ele me contou sobre seus parentes mais próximos, desenhei uma árvore genealógica para checar que tinha compreendido. Sua mãe era a pessoa mais importante para ele. "Sempre esteve do meu lado." Ela o tinha visitado alguns dias atrás. "Ela teve uma vida muito difícil. Isso a deixou forte." Ele não nutria fortes sentimentos pelo pai. Seus pais nunca se separaram formalmente, mas o pai não era muito presente, tendo se viciado em drogas quando Joe tinha cerca de oito anos de idade, e depois disso muitas vezes estava preso. As sentenças eram curtas – a maior parte por furtos em lojas para financiar seu vício. Nos dias ou semanas após a soltura, às vezes ele aparecia em casa, mas depois desaparecia, pois a atração das drogas era algo a que não conseguia resistir. Joe se acostumou a não pensar nele. Sua mãe não se casou de novo ou, pelo que Joe sabia, não teve outro relacionamento sério; Joe me disse que não permitiria.

Enquanto ainda estava no Ensino Fundamental, a ausência de seu pai deixou um bastão patriarcal que Joe achou que deveria assumir. Antes mesmo de poder articular claramente o porquê, sentiu que deveria proteger a mãe de outros homens. Ele lembrou que ele os desmotivava devido a seu comportamento. Ele os "expulsava". Falou também em termos de defender a reputação da família. O vício em heroína de seu pai se tornou alvo de piadas cruéis sobre ele e a família, mas a disposição de Joe para recorrer à agressão logo dissuadia as crianças de provocá-lo sobre esse assunto ou qualquer outro. Parecia ter o efeito oposto em um adulto na vizinhança. Provavelmente incitado por ver a reação exagerada de Joe, este homem parecia ter prazer em irritá-lo. Se ele visse Joe de passagem, gritaria que ele era filho de um "idiota". O poder da heroína sobre a vida de um viciado significava que ele arriscava perder tudo, até mesmo o próprio respeito. A *raison d'être* de Joe era o respeito. Curiosamente, o homem que provocava Joe vinha de uma família que ele considerava um clã rival do seu.

A família era uma parte importante da vida de Joe. Ele tinha duas irmãs e, embora uma fosse dezoito meses mais velha que ele, ele achava que era seu dever cuidar delas quando ainda era criança. Agora, as duas tinham seus próprios filhos e os quatro o adoravam. Sua mãe tinha quatro irmãos e a maioria de suas tias, tios e primos viviam na mesma parte da cidade; alguns estavam na mesma prisão onde o encontrei.

A discussão seguiu para sua experiência na escola. À sua maneira, ele estabeleceu sua autoridade sobre os colegas de lá. Um menino fisicamente maior entrou para a escola quando Joe tinha dez anos. Ele tinha uma reputação que ameaçava a posição conquistada a duras penas por Joe. Nesse último ano do Ensino Fundamental, Joe era dominante não apenas sobre os de sua classe, mas sobre todos os garotos da escola. Não importava que o novo garoto fosse maior e pudesse ser mais forte; Joe não podia cogitar recuar e estava preparado para ir além do que a maioria. Continuou sendo o caso, mesmo quando adulto, que, se estivesse enfrentando alguém que pudesse dominá-lo fisicamente, ele pegaria qualquer objeto disponível para usar como uma arma improvisada. O novo oponente no Ensino Fundamental conheceu o descontrole de Joe quando saiu mancando do confronto inevitável com um ferimento causado por um lápis afiado que Joe enfiou em sua coxa. Uma demonstração enfática não apenas para esse rival, mas também para qualquer um que estivesse pensando em enfrentá-lo.

Fiquei pensando como Joe explicaria o caminho que sua vida havia tomado e então perguntei a ele. Sem hesitar, ele começou falando sobre a região onde foi criado. Eu já havia notado durante nossa conversa que, se tinha motivos para mencionar especificamente o distrito, ele destacava o nome com orgulho. Deu-me a impressão de que fazia parte do desenvolvimento de sua identidade. Apesar de todo o seu apreço pela área onde cresceu, ele sempre a descreveu como violenta e pobre. Para ele, a região era tão distinta de outras igualmente carentes da cidade quanto das regiões mais ricas. Mas as partes mais ricas da cidade não pareciam interessá--lo. As outras regiões carentes eram os territórios de seus rivais. Era como se, semelhantemente a ter o nome de Montéquio ou Capuleto, ter nascido do outro lado de uma linha divisória arbitrária bastasse para tornar alguém um inimigo.

Em 1970, um artigo descreveu um experimento da Universidade de Bristol em que um grupo de 48 adolescentes de uma escola local viu pinturas de dois artistas abstratos, Wassily Kandinsky e Paul Klee. Sem saber a identidade dos artistas, eles tiveram que expressar sua preferência entre uma série de seis pares de pinturas de dois "pintores estrangeiros". Em seguida, foram separados, e cada garoto foi informado sobre quem havia sido seu preferido. Na verdade, embora os grupos fossem rotulados como Klee e Kandinsky, os garotos foram designados aleatoriamente para cada grupo; não tinha nada a ver com a preferência deles. Eles foram informados de que, como recompensa pela participação, seria distribuído dinheiro entre eles e opinariam sobre a distribuição dele. Separados uns dos outros em cabines individuais, os garotos receberam um livreto para marcar quanto dinheiro iria para os outros. O único meio de identificação dos outros era se tinham sido rotulados como pertencentes ao grupo Klee ou Kandinsky.

Depois que os livretos foram recolhidos e as anotações compiladas, os resultados mostraram que os meninos deram mais dinheiro aos que estavam no grupo com o mesmo nome que o deles. Foi particularmente interessante o fato de parecerem dispostos a dar menos ao próprio grupo, se isso significasse que poderiam maximizar a diferença entre os dois grupos em favor do seu próprio. Os pesquisadores se propuseram a minimizar a diferença real entre os grupos. Ao tomar suas decisões, os garotos não podiam estar pensando em conexões anteriores com seus colegas porque não sabiam quem estava em qual grupo. Não havia razão para acreditar que estes grupos teriam um futuro compartilhado. A simples identificação de si mesmo como parte de um grupo parece ativar processos psicológicos que nos fazem querer que nosso grupo seja melhor do que outro.

As descobertas deste estudo, que foram replicadas centenas de vezes, foram a base do que ficou conhecido como teoria da identidade social. Essa teoria mostrou que nosso senso de quem somos não é apenas uma questão de nossos traços pessoais e idiossincrásicos: nossa identidade também se define por meio dos grupos dos quais nos sentimos parte, como ser homem, europeu, de ascendência indiana, médico, psiquiatra e torcedor do Liverpool Football Club. Os processos psicológicos que nos levam a nos associar a certos grupos incluem certa tendência a ver imediatamente as diferenças entre nós e os membros dos grupos "opostos".

Ao contrário dos grupos Klee ou Kandinsky, as pessoas da comunidade com as quais Joe convivia tinham uma história e um senso de futuro compartilhados, o que fortalecia seus laços muito além de ser parte de um grupo com um rótulo geográfico. Algumas das coisas que Joe me disse exemplificam que esse rótulo como um marcador dentro do grupo ainda tinha seu próprio poder. Se ele sabia que alguém que antes era estranho para ele era da mesma área, descreveu o desenvolvimento imediato da vontade de incluí-lo. Embora não tão claramente definidas como aquela que Shakespeare demarcou entre os Capuleto e os Montéquio, as lealdades familiares também foram um fator na atribuição aos grupos internos e externos de Joe. O grupo de amigos de Joe incluía membros de algumas famílias e excluía membros de outras. O sangue ruim às vezes remonta a gerações anteriores. Joe falou sobre a memória coletiva de uma onda de violência na mesma moeda entre sua família e outra família local da geração de seus pais.

Quanto mais eu falava com Joe, mais sentia que ele era capaz de fazer conexões entre as circunstâncias de sua vida e seu estilo de vida. Isso não significava que ele se via como uma vítima dessas circunstâncias. "Tudo que fiz foi minha escolha", ele me disse. O que então influenciou sua escolha de cometer um crime? "A gente via caras mais velhos com as coisas legais, as roupas, as garotas, alguns tinham carros. A gente admirava os caras mais velhos." Perguntei como ele sabia sobre o caminho para o sucesso deles. "No parque, você os ouvia conversando. Eles mandavam a gente fazer um corre pra eles e aí davam uma nota de dez pra gente." Enquanto ainda estava no Ensino Fundamental, Joe desempenhava seu papel nessa economia criminosa. Foi um aprendizado para uma carreira limitada pela falta de oportunidades mais convencionais, e que mesmo quando ele era jovem, Joe sabia disso. "Onde eu cresci, você tinha que ser jogador de futebol ou ganhar na loteria... ou ser traficante de drogas... era mais fácil ser traficante."

Embora o resultado de extensas pesquisas tenha demonstrado a influência de condições sociais sobre o comportamento criminoso, essas condições por si sós não são suficientes para fazer com que alguém se torne um criminoso. Joe sabia que muitos dos amigos de infância da mesma região não tinham acabado na situação em que ele estava, nem mesmo chegado perto disso. Aqueles que tinham, explicou ele, muitas vezes também vinham de uma casa onde a mãe tentava sozinha criar os filhos. Para ele, bastava que ela tivesse criado ele e as três irmãs com amor durante os anos de juventude e continuado a manter um lar onde eles sempre se sentiam seguros e bem-vindos para retornar. Ele pensava que era uma minoria por ser tão independente das regras dos pais no início da adolescência. Parecia haver um acordo tácito com a mãe que convinha a ambos: ela não o tinha grudado nela o tempo todo e ele poderia fazer o que quisesse.

Quando tinha onze anos e se mudou para o Ensino Médio, Joe fazia parte de um grupo de jovens que vagava pelas ruas de sua área. Para os outros, eles pareciam uma gangue, vadiando em determinados locais ou movendo-se em bandos. Possuíam um uniforme não oficial de roupas esportivas da marca. O uso de capuzes, bonés e cachecóis dificultava a identificação individual. Para alguns membros do grupo, entre eles, Joe, a impressão intimidadora era merecida. No entanto, para Joe, eles eram apenas um grupo de amigos. Havia fluidez entre os membros e nenhuma hierarquia definida. Perguntei sobre os membros do grupo agora. Por causa de seu destino em comum, ele sabia mais sobre aqueles que continuaram se metendo em problemas. Refletindo, ele percebeu que provavelmente fazia parte de uma minoria que acabara se envolvendo em crimes graves. Podia pensar em alguns que ele conhecia que haviam "se acomodado" nos últimos tempos. Como ele não sabia sobre os restantes, presumiu que eles também tivessem deixado seus dias de delinquência para trás.

Os psiquiatras identificaram um padrão paradoxal de criminalidade muito antes de terem uma explicação para isso. Pode não ser uma surpresa descobrir que quase todos os adultos antissociais começaram se comportando dessa maneira na infância. Mas a maioria das crianças antissociais não se torna um adulto antissocial. Então, o que acontece com algumas delas que não atinge a maioria? Como os primeiros estudos sobre comportamento antissocial ocorreram em clínicas infantis ou em prisões para adultos, o período crítico de intervenção no desenvolvimento foi negligenciado. Esse é o período exato em que o comportamento antissocial atinge seu ápice.

Na década de 1990, uma nova abordagem no estudo do comportamento antissocial tornou-se popular. Em vez de obter retratos isolados de jovens em diferentes idades, os pesquisadores começaram a monitorar as mesmas pessoas ao longo do tempo. O projeto padrão-ouro envolvia identificar recém-nascidos que representassem a população em geral e, em seguida, acompanhá-los à medida que envelheciam. Entre acadêmicos na área crescente da psicopatologia do desenvolvimento, uma cidade na Ilha do Sul da Nova Zelândia adquiriu um *status* icônico. O Estudo de Dunedin foi criado para investigar a saúde e o desenvolvimento infantil, identificando um grupo de nascidos e avaliando-os de novo quando tivessem três anos de idade. O grupo, que ainda está sendo acompanhado, agora é composto de pessoas quase na casa dos cinquenta anos.

A professora Terrie Moffitt, uma psicóloga americana que se juntou à equipe do Estudo de Dunedin, estava interessada em estudar a delinquência. Ela propôs uma taxonomia do desenvolvimento para infratores que centenas de estudos posteriores confirmaram. Pesquisas sobre delinquência mostraram que a proporção de adolescentes que tiveram algum tipo de comportamento antissocial é tão comum que não deve ser considerada anormal. Não é por acaso que a adolescência é o período em que temos mais probabilidade de violar as normas sociais e os direitos dos outros: Moffitt destacou a defasagem entre a maturação biológica no início da adolescência e a independência social no fim dela – em essência, o corpo atinge a maturidade antes do cérebro. Enquanto estão presos nessa lacuna de maturidade, os adolescentes se tornam impacientes ao esperar os privilégios da idade adulta, e alguns passam os limites das normas sociais para chegar lá.

Ao desvendar o funcionamento do cérebro, os estudos neurobiológicos nos deram uma ideia melhor de como as mentes dos adolescentes os tornam mais inclinados a transgredir para atividades socialmente proibidas. Desde o início da adolescência, estímulos novos e animadores tornam-se particularmente atraentes. O desejo resultante de buscar novas sensações atinge o ápice na metade da adolescência e depois cai na idade adulta.

Há boas razões para o aumento da busca de sensações na adolescência. Enquanto o desenvolvimento psicológico inicial é promovido pelo vínculo estreito entre a criança e seus cuidadores, o sucesso a longo prazo requer que os indivíduos, com o tempo, alcancem a autonomia. Em vez de cair de um precipício de cuidados, o longo período de uma experimentação relativamente segura permite aprender novas habilidades para a futura independência. Isso explica por que o grupo de amigos de Joe estava em seu ápice quando ele tinha catorze ou quinze anos. Havia um excesso de jovens querendo sentir a emoção de quebrar as regras.

Embora um grande número de adolescentes se comporte de forma antissocial, a esmagadora maioria não se torna um infrator persistente. A maior parte deles possui as características pessoais e tem um apoio familiar suficientemente bom para emergir da adolescência não apenas mais capaz de sobreviver de forma independente, mas também de maneira pró-social. Moffitt rotulou o tipo de comportamento antissocial mostrado pela maioria dos adolescentes como limitado à adolescência. Mas, escondida dentro do grande grupo de adolescentes infratores, está uma pequena minoria cujo comportamento não melhora na idade adulta (essa minoria foi rotulada de "infratores persistentes ao longo da vida"). Quando os pesquisadores examinaram as avaliações desses indivíduos quando crianças pequenas, até naquela época eles eram diferentes.

Agrupar humanos por certas características pode ser útil para entender o comportamento deles. Mas não importa se o grupo é definido por critérios diagnósticos ou por padrões de comportamento ao longo do tempo; precisamos evitar pressupor que os membros de cada grupo são iguais em todos os aspectos. Assim como os pacientes com o mesmo diagnóstico podem ser diferentes, os indivíduos na trajetória de infração persistente ao longo da vida variam de modo considerável.

Joe se encaixava no padrão infrator persistente ao longo da vida. Além do incidente do ataque na escola, ele admitiu que era um "marginalzinho" em casa e que sua notoriedade por furtos em lojas foi adquirida ainda jovem. Mas, apesar de estar na ponta mais extrema do espectro do comportamento antissocial, Joe não se viu isolado ou excluído. Ele foi socializado em um grupo, mas era um grupo que também parecia ter inclinações antissociais.

Eu tinha adiado as perguntas específicas sobre TDAH. Perguntas restritas a este ou àquele comportamento ou sintoma tendem a criar respostas "sim" ou "não". Quando se buscam exemplos do comportamento ou sintoma para sustentar uma resposta "sim", o paciente pode ficar mais motivado a apresentar aqueles que sirvam de apoio à sua resposta original, mesmo que não sejam particularmente representativos de seu comportamento diário. E, mesmo que os exemplos sejam representativos, são apenas descrições tiradas do contexto explicativo mais amplo. Dou mais valor às características que pareço encontrar. Na realidade, estou direcionando o interrogatório para temas que possam mostrar tais características, mas as informações coletadas são mais valiosas para minha avaliação se o paciente vivenciar o diálogo como uma conversa, em vez de uma série de perguntas rápidas.

A primeira parte de nossa reunião mostrou padrões de comportamento que eram pistas potenciais para um diagnóstico de TDAH. Na aula, Joe ficava entediado com facilidade e muitas vezes era desordeiro. Seu primeiro impulso era reagir contra as instruções dadas pelos professores. Ele não ligava para os prazos que eles estabeleciam, muito menos conseguia cumpri-los. Se completava sua lição de casa, algo que era raro, normalmente esquecia de absorvê-la. Andar por aí era sempre sua preferência. Analisando as atividades pelas quais ele foi atraído, sem dúvida havia um tema de comportamentos associados ao TDAH.

Assumir riscos é a expressão usada, mas Joe não reconhecia o risco. Foi por isso que ele foi capaz de ir além dos amigos. Em brincadeiras perigosas, ele podia esperar mais do que a maioria dos outros antes de atravessar de última hora o caminho de um carro ou trem que se aproximava. Não ser detido pelos galhos mais frágeis de uma árvore significava que podia subir mais alto do que seus pares. "Eles pensavam que eu era um psicopata", disse ele. Em parte, era a ausência de medo, mas também era uma atração emocional: "A pura adrenalina daquilo, você não consegue bater".

Ser atraído pela experiência do perigo não é anormal. Algumas pessoas até pagam por isso. Exemplos desse chamado masoquismo benigno incluem comer pimenta forte, assistir a filmes de terror, esquiar fora de uma pista e escalar. Quer envolvam perigo simulado ou riscos calculados, esses tipos de atividade permitem um teste comparativamente seguro de nossas habilidades e reações. Estamos, então, mais bem preparados para enfrentar uma ameaça real, caso ela surja. Mas o medidor de risco/segurança de Joe era mais sinuoso do que o da maioria; os riscos que ele assumia eram apenas isto: riscos.

A resposta decidida de Joe a ameaças, combinada a um compromisso inabalável de defender sua reputação, tornava a agressão quase inevitável. Ele disse: "Você nunca mostra seu medo... eu nunca desistiria... eu preferiria ser nocauteado... eu não tenho medo". Previsivelmente, havia crimes violentos anteriores no registro de Joe, mas o registro não refletia a extensão de sua violência no passado. Ele e seus combatentes rivais obedeciam a um código segundo o qual era vergonhoso envolver a polícia.

O crime pelo qual ele agora cumpria sua mais longa sentença de prisão apenas se destacou de seu comportamento violento anterior por conta do resultado. Um dos participantes desse encontro violento morreu. "Eu e meu amigo estávamos caminhando pelo parque. Havia um grupo de caras. Reconheci um deles. Eu sabia que teria problemas." Com isso, Joe exagerou um dar de ombros indiferente para me mostrar que não estava preocupado com isso. "Havia mais deles. Quatro contra dois. Dois contra dois não tem problema, mas mantivemos nossa cabeça baixa e continuamos. Não estávamos atrás de problema, mas se alguém traz pra nós..."

De acordo com a explicação de Joe, Rich, seu amigo, "mostrou sua lâmina". Joe encenou levantando a barra da camisa. Ele estava me mostrando que Rich tinha uma faca na cintura da calça. O grupo de quatro não desanimou. Eles começaram a seguir Joe e Rich, que decidiram se manter firmes. Rich foi pegar sua faca um pouco antes de começarem a atacar. Ela foi arrancada de sua mão quase de imediato. Joe me disse que, enquanto segurava dois deles, percebeu que Rich estava sendo dominado. Ele aproveitou para pegar a faca. O maior dos quatro se virou para Joe e perguntou: "Que porra você vai fazer com isso?". Joe disse que o homem ignorou seu aviso para se afastar. "Eu só fiquei apontando a faca para ele ficar longe. Ele foi na direção dela. Ela entrou direto no coração dele."

Concluindo a discussão, perguntei a Joe como ele conseguiu a avaliação de TDAH anterior. Ele tinha ouvido falar da clínica do dr. Roberts por intermédio de alguns prisioneiros de sua ala. Sua mãe lhe contara que tinha visto semelhanças entre ele e um caso sobre o qual lera em uma revista. Quando ele mencionou a clínica de avaliação na prisão, ela insistiu para que ele fizesse uma. Ela chegou a pedir aos advogados dele que escrevessem ao médico da prisão.

A visão convencional de TDAH é que se trata de um transtorno comportamental causado por uma disfunção cerebral ainda indefinida. De acordo com essa visão, o papel do psiquiatra avaliador é determinar se o paciente tem essa disfunção. Para fazer isto, o psiquiatra busca os sintomas de uma lista predefinida, que são considerados os critérios de diagnóstico.

Mas há um problema: como sabemos se temos os critérios de diagnóstico corretos? Não podemos verificá-los em relação à disfunção cerebral porque não sabemos o que ela é. Os pesquisadores que tentam encontrá-la começam observando os pacientes que têm o diagnóstico. Isso significa que começam identificando um grupo de pessoas que têm em comum uma lista na qual algumas de suas experiências aparecem. Não importa se eles não têm experiências em comum ou se também têm outras experiências que aparecem em listas de diagnóstico completamente diferentes; o fato de haver um certo número de experiências que figuram na lista de TDAH é suficiente para lhes creditar a disfunção cerebral de TDAH. Ao agrupar tal mistura de pessoas, não deve ser um choque para os pesquisadores que uma disfunção cerebral específica de TDAH tenha se mostrado vaga.

Mesmo uma olhada casual em artigos científicos sobre as origens do TDAH mostra um consenso entre os especialistas de que, quando todos os estudos são examinados, um único padrão neuroquímico ou de vias neuronais vinculado ao diagnóstico não foi encontrado. Não estou questionando se existe uma relação entre o funcionamento do cérebro e nossa experiência do ambiente ou nossa resposta a ele. Meu ponto é que esse tipo de modelo médico é falho em dois níveis. Primeiro, ele dá a impressão de que os diagnósticos psiquiátricos são equivalentes aos físicos. Depois, alimenta a crença em unificar explicações biológicas para nossas experiências.

Quaisquer que sejam as experiências que Joe teve durante a vida, ele sempre pode ter estado no topo de uma escala de impulsividade e risco. Isso significa que a experiência de seu pai estar ausente e sua resposta a essa ausência sejam irrelevantes para quem ele é e como se comporta agora? Da mesma forma, devemos rejeitar de imediato a possibilidade de efeitos duradouros na maneira como ele vivencia e reage a como os adultos e seus pares se comportaram em relação a ele e seu impulso a assumir riscos?

A fraqueza da explicação puramente física dos fenômenos mentais – aquela que localiza nossas diferenças comportamentais na mecânica do cérebro – é mostrada no lugar mais improvável. Artigos acadêmicos sobre comportamento humano escritos por neurobiólogos estão repletos de termos que não são em si coisas físicas. Esses estudos importantes examinam a estrutura física e a função de partes do cérebro, como os lobos pré-frontais encostados em nossa testa ou a amígdala enterrada bem no fundo de nossa cabeça. Mas, para tornar suas descobertas relevantes para o comportamento humano, os cientistas precisam falar sobre fenômenos da mente, como emoções, cognição, percepções, lembranças e atenção. Mesmo que se torne possível identificar os padrões únicos do meu funcionamento cerebral que correspondem a todos os diferentes tipos de experiências emocionais que tenho, ainda não é possível compreender totalmente as emoções que sinto. Alguns argumentariam que nossas experiências são epifenômenos – subprodutos da biologia que não têm nenhum papel em como nos comportamos. Quer isso seja verdade ou não, por enquanto não parece possível, mesmo para aqueles que rejeitam a validade do mundo real da mente, ser capaz de compreender o cérebro sem referenciá-lo.

Eu estava em um dilema. Havia um caso, embora não totalmente claro, para se considerar a medicação, mas não tinha certeza se Joe tinha alguma vez cumprido com ela. Ele não podia descrever nem os benefícios, exceto nos termos mais vagos, nem quaisquer efeitos colaterais. O fato de ele estar desesperado para receber uma prescrição caso não a estivesse tomando me levou a suspeitar que estava usando os comprimidos como moeda de troca. Esse medicamento é conhecido como um estimulante, uma classe de drogas que também inclui a cocaína e as anfetaminas ilícitas. Elas podem induzir uma "viagem" eufórica. A probabilidade era que, mesmo que eu persuadisse o médico da prisão a reiniciar a prescrição, Joe continuaria a negociar os comprimidos.

Achei que adotar uma estrutura de entendimento diferente levaria a uma conclusão diferente. Joe não tinha se rebelado contra o sistema, ele tinha se adaptado a ele muito bem. Tinha as habilidades para manter um *status* alto dentro de seus grupos sociais, especialmente na prisão, onde o sistema dependia das dinâmicas de domínio mais do que de prestígio. Havia uma oportunidade limitada de acesso a moedas de qualquer valor, mas, quando ela surgiu, ele a agarrou. Naquele ambiente, ele julgou que havia mais a ganhar com a venda do medicamento do que com sua ingestão.

Em vez de recusar a oferta da medicação a Joe novamente, minha opinião era que um esforço extra seria necessário para que ele recebesse ajuda. Em uma reunião semanal da equipe de saúde da prisão, apresentei um plano para que Joe tomasse o medicamento. Ele teria que esperar até que os outros pacientes da ala recebessem seus medicamentos, então poderia ser supervisionado de perto enquanto engolia o comprimido. Aceitei o desafio de duas enfermeiras na reunião de que se ele realmente quisesse poderia segurar o medicamento na boca e depois cuspi-lo para vender. O consenso final era de que não valeria a pena passar por esse processo a cada dia. Depois de persuadir o pessoal da prisão, ainda não sabia se Joe concordaria com isso. Para minha surpresa, ele concordou, mesmo que talvez fosse, pensei, só para manter a mãe feliz.

Em minha clínica nos meses seguintes, monitorei a resposta de Joe enquanto aumentava gradualmente a dose. Se ele me dissesse que estava tendo uma melhora drástica, poderia haver duas explicações: uma era que ele estivesse de fato se beneficiando com isso, a outra era que ele fora capaz de contornar o regime de monitoramento e continuara a vender os comprimidos. O que ele realmente disse me convenceu de que provavelmente os estava tomando. Foi também o tipo de feedback que é mais comum do que os promotores do TDAH ou os opositores nos levariam a acreditar.

"Acho que está ajudando, mas não tenho certeza", disse ele. Eu o incentivei a dizer algo mais específico. "Você disse que pode ajudar na minha concentração. Acho que não estou mais tão confuso." Com certeza, não estava tecendo elogios. Também não estava rejeitando os efeitos positivos de imediato. Perguntei o que sua mãe achava. "Ela deixou claro que quer que eu continue tomando." Era porque ela tinha visto alguma diferença? "Não é isso, mas ela sempre achou que eu precisava e disse que vai levar tempo pra funcionar. Acho que ela pensa que vai me impedir de voltar para a prisão. Isso parte o coração dela." O que Joe pensava? "Por que isso me faria parar de voltar para a prisão? Não é algo que eu planejo." Com um leve sorriso, ele acrescentou: "Mas eu nunca planejo!".

Continuamos neste assunto. Para cada um dos possíveis sinais de melhora, ele disse que poderia ter havido uma mudança. Não senti que ele estava fazendo um grande esforço para me convencer. Era a si mesmo que ele parecia querer convencer, mas estava lutando. Ao fim desta avaliação, fiquei indeciso, mas fui ajudado em minha decisão por Joe, que decidiu que realmente não gostava de tomar remédios, principalmente se não tinha certeza se estavam funcionando.

Qualquer que seja o diagnóstico e quem o está prescrevendo, ao longo dos anos tenho visto respostas diferentes. Alguns pacientes se beneficiam da medicação de maneira inequívoca. Alguns não veem absolutamente nenhuma mudança, mas tiveram uma série de novos problemas, graças aos efeitos colaterais da medicação. Entre esses extremos, existe um grande grupo como Joe. Se houver uma mudança, não é significativa e é difícil dizer se ela se deve à medicação ou a flutuações naturais nos padrões de comportamento.

Nossa compreensão das condições psiquiátricas vem, em grande parte, de estudos de pesquisa que são tão seletivos que seus participantes não se parecem com pacientes de clínicas do mundo real – certamente não como a maioria dos pacientes que vejo em clínicas de prisão. A abordagem diagnóstica não leva em conta as possibilidades de que existem várias rotas psicológicas para o mesmo comportamento ou sintoma, ou que a mesma disfunção cerebral subjacente possa produzir comportamentos e sintomas tão diferentes.

Nunca saberia quanto da impulsividade de Joe estava sendo gerada por um defeito biológico imutável. Aceitar que ele nasceu com uma tendência a correr riscos não exclui a possibilidade de que ele fosse mais propenso a expressar esta tendência de maneiras perigosas e antissociais por causa das circunstâncias de sua vida. Será que a ausência de uma influência masculina adulta confiável e positiva teve efeitos mais amplos? Ele havia descrito uma pressão para assumir o que considerava um papel masculino adulto muito antes do que deveria ser esperado dele. Supondo que não houvesse mais ninguém para apoiá-lo, ele não poderia arriscar as consequências para ele ou sua família em ceder. Precisando se tornar, como ele acreditava que havia se tornado, um líder tão jovem – em uma idade antes de ter aprendido habilidades e conhecimentos suficientes para usar táticas de prestígio –, isso significou um estilo dominante incorporado ainda cedo. Tal estilo estava fadado a colocá-lo contra a autoridade, fosse a imposta por professores, fosse por outros servidores do estado. Maior liberdade concedida a ele significava que havia menos limites para experimentar a independência. Também trouxe mais oportunidades de aprender sobre uma maneira tangível de ter sucesso diante das desvantagens impostas a ele pelo acidente de ter nascido onde nasceu. Os papéis de sucesso foram modelados para ele por garotos mais velhos que mostraram as armadilhas de suas atividades criminosas. Como alguém mais preparado para correr riscos, ele se revelou um aprendiz entusiasmado.

Como forma preeminente de compreender os problemas de saúde mental, muitos diagnósticos apoiam a ideia de que existem doenças definidas, cada uma causada por uma disfunção cerebral específica, cada uma das quais, por sua vez, tendo a própria cura específica. Joe não era o produto de sua biologia mais do que uma vítima de suas circunstâncias. Houve uma interação contínua de mão dupla entre ele e seu ambiente. À medida que ele mudou com o tempo, reagiu ao seu ambiente de forma diferente, e a maneira como esse ambiente reagiu a ele mudou. Ele continuou a evoluir.

5

ALEX

EM MEU CAMINHO AO TRIBUNAL PARA DAR MEU TESTEMUNHO, COSTUMO falar comigo mesmo. Esse é o meu ritual preparatório que me permite transpor minhas ideias baseadas em conceitos em frases significativas dispostas em uma sequência sensata. Na privacidade do meu carro, exagerando as afetações de um advogado imaginário, peço ao dr. Nathan um resumo de sua opinião. Retomando minha própria identidade, conto ao júri imaginário minhas principais conclusões. O próximo passo é a parte crucial da preparação. Assumo o personagem de um advogado que representa o outro lado para testar as falhas potenciais em minha opinião.

O que tornou esta manhã de sexta-feira de primavera incomum foi que eu estava a caminho do tribunal sem saber por que e, portanto, completamente despreparado. Era bem provável que o resultado do julgamento em questão dependesse de uma questão psiquiátrica bastante limitada, e, a menos que eu soubesse o que era, não poderia submeter meu testemunho ao escrutínio habitual.

Três dias antes, no meio da torrente incontrolável de e-mails que chega à minha caixa de entrada, o título de um deles – R. *vs.* Stephens – havia chamado minha atenção. Um caso criminal. As acusações criminais são processadas pela Coroa, com o "R" que significa Regina ["rainha", em latim].

Li no corpo do e-mail de minha secretária que ela recebera um telefonema de um policial. Houvera uma audiência naquele dia e eles precisavam saber com urgência quando eu estaria disponível para comparecer a um julgamento no fim da semana. Não havia mais detalhes. Misteriosamente, o policial tinha dito que um novo advogado havia assumido a defesa. Eu poderia retornar a ligação do policial? Não conseguia saber de onde vinha o nome "Stephens".

Se minha presença em um tribunal penal é necessária, em geral, é para oferecer aconselhamento psiquiátrico sobre a sentença. Para chegar ao ponto da sentença, o réu se declarou culpado ou foi considerado culpado na conclusão do julgamento. Os infratores que precisam de tratamento psiquiátrico no hospital podem ser condenados a uma ordem que exige esse tratamento como alternativa ao encarceramento na prisão. Ainda que seja uma minoria de infratores a ser sentenciada ao tratamento hospitalar, ela pode representar um risco tão alto de danos a outras pessoas, que salvaguardas adicionais precisam ser impostas. Neste caso, o juiz pode aplicar restrições especiais que limitam o poder do médico no hospital de tomar decisões de forma independente. Antes de acrescentar tais restrições, o juiz deve ouvir pessoalmente um psiquiatra.

Os pedidos para testemunhar durante o próprio julgamento são menos comuns. Julgamentos de homicídio são ocorrências mais raras, mas há uma chance maior de ser chamado para dar testemunho. Há muito mais em jogo. Uma condenação por homicídio leva automaticamente a uma sentença de prisão perpétua. A definição de insanidade acordada após o julgamento de M'Naghten coloca um nível muito alto para a maioria dos infratores com doenças mentais. A semi-imputabilidade, uma defesa disponível apenas para a acusação de homicídio, tem uma aplicabilidade mais ampla, embora não seja uma defesa completa, portanto, não conduz à absolvição. Se a responsabilidade do réu for considerada diminuída, a condenação é por homicídio culposo, e não doloso. A sentença para homicídio culposo deixa a sentença a critério do juiz. Ela não descarta a possibilidade de prisão perpétua, mas não é inevitável e, dependendo do caso, o juiz poderá impor uma pena de internação hospitalar, uma pena finita ou até mesmo uma ordem comunitária. A semi-imputabilidade depende da evidência sobre o estado mental do réu no momento do incidente, portanto, demanda avaliação psiquiátrica.

A introdução dessa defesa na lei inglesa em 1957 foi em resposta ao crescente mal-estar sobre a sentença que era obrigatória para homicídio: a pena de morte. Um galês de 25 anos foi um desses condenados. Nos primeiros meses de 1950, Timothy Evans foi detido na prisão Pentonville, esperando a corda da forca. O dr. Coates, o principal médico da prisão, realizou testes que o levaram a declarar que Evans tinha uma idade mental de dez anos e meio. Em novembro do ano anterior, Timothy Evans entrou em uma delegacia de polícia em Merthyr Tydfil e disse aos estupefatos policiais que havia se livrado do corpo da esposa. Ele se ofereceu para dar um depoimento, mas, como não sabia ler nem escrever, os policiais teriam que transcrever o que ele dizia. De acordo com esse depoimento, cerca de três semanas antes, a esposa de Evans, Beryl, tinha ameaçado tomar medidas para interromper a gestação de seu segundo filho; algo que na época era ilegal e perigoso.

No dia seguinte, durante seu turno como motorista de van, Evans estava sentado em um café na estrada quando outro cliente sentou-se perto dele e perguntou por que ele parecia indisposto. Ao ouvir sobre os problemas domésticos de Evans, esse viajante não identificado deixou o café brevemente e voltou com um pacote de papel pardo. Uma pequena garrafa continha um preparado que o homem aconselhou Evans a dar à esposa. O homem disse que aquilo daria conta do recado, o que Evans entendeu ser uma referência ao aborto. Naquela noite, Beryl encontrou a garrafa e perguntou o que era. Evans contou a ela, mas também a advertiu para não tomar. Ele voltou para casa após o trabalho no dia seguinte e encontrou a casa no escuro e Beryl imóvel na cama. Ele explicou em seu depoimento como, durante a escuridão da noite, levou o corpo sem vida dela escada abaixo e a empurrou para o bueiro do lado de fora de casa. Pouco depois, deixou Londres para retornar à sua cidade natal nos vales do País de Gales. Pareceu evasivo em relação à pergunta sobre o paradeiro de sua filha pequena e, em rápida sucessão, forneceu relatos contraditórios antes de se decidir pela alegação de que ele a deixara com um vizinho.

Evans se encaixava no perfil de um agressor doméstico. Ele era conhecido por ter pavio curto e beber demais. Pelos depoimentos obtidos mais tarde pela polícia, soube-se que Evans tinha dado tapas na esposa, motivado por ciúme, depois fizera um escândalo no local de trabalho dela, o que resultou em demissão. Foram testemunhadas brigas do casal em que Evans ameaçava Beryl. Uma questão mais ampla sobre sua confiabilidade foi sugerida pela reputação de mentiroso que ele tinha entre os familiares. Uma pasta roubada e recortes de jornal sobre outro assassinato foram encontrados em seu apartamento.

Poucos minutos depois de receber a confissão de Evans, um policial galês telefonou para seus colegas de Londres. Eles enviaram policiais para a casa do suposto crime. Embora a gentrificação de Notting Hill no fim do século XX tenha tornado o bairro exclusivo, na década de 1940 as ruas esquálidas eram tipificadas pelos imóveis alugados para múltipla ocupação onde a família Evans tinha vivido. Naquelas primeiras horas da investigação, uma sombra de dúvida foi lançada sobre o depoimento de Evans quando os policiais presentes no local descobriram que, para acessar o bueiro, foram necessárias três pessoas trabalhando juntas para levantar a pesada tampa. Evans não poderia ter feito isso sozinho. E, mais crucial ainda, nenhum corpo foi encontrado no bueiro.

Depois de receber essa atualização, a polícia galesa questionou Evans de novo. Sob pressão do policial, ele mudou sua história. Em um segundo depoimento, acusou o morador do apartamento térreo de ter participação na morte da esposa. Ele retirou o encontro do café na estrada desse depoimento e o substituiu pela alegação de que seu vizinho tinha realizado um aborto malfeito na esposa. Alegou também que não sabia onde estava o corpo dela porque o vizinho tinha se oferecido para removê-lo.

Dois dias depois de se entregar, Evans foi transportado sob guarda para Londres. Mais cedo naquele dia, a polícia encontrou os corpos de Beryl e de sua filha envoltos e escondidos em um prédio anexo atrás da casa onde os Evans moravam. Ao saber dessa descoberta, a polícia registrou que Evans admitiu o assassinato da esposa e da filha por estrangulamento. Em seu julgamento, a defesa reafirmou a alegação de Evans em seu segundo depoimento de que seu vizinho era o responsável, mas eles não conseguiram convencer o júri e, em 13 de janeiro de 1950, Evans foi considerado culpado por assassinato no Old Bailey. Um painel de três especialistas médicos examinou Evans para ver se havia alguma razão para ele não ser executado. Apesar das evidências de deficiência intelectual apresentadas ao painel, não encontraram nenhuma razão médica para que a sentença de morte não fosse cumprida, portanto, em 9 de março de 1950, na prisão Pentonville, Timothy Evans foi executado por enforcamento.

Esse caso poderia ter sido elevado a causa célebre por abolir a pena de morte devido à vulnerabilidade mental patente de Evans. Mas sua notoriedade baseava-se em um problema muito mais primário: Evans não era culpado.

Beresford Brown era um músico de jazz jamaicano que, junto com os compatriotas, viajou para Londres após um convite do governo britânico para que as pessoas viessem preencher a severa escassez de mão de obra após a Segunda Guerra Mundial. Em busca de acomodação barata, muitos dos imigrantes gravitaram para Notting Hill e Brown mudou-se para a casa onde, três anos antes, Beryl Evans tinha sido assassinada. Poucos dias depois de se mudar, Brown estava fixando um suporte na parede da cozinha quando, puxando um pouco do papel de parede, ele encontrou uma porta escondida de um armário. Espiando seu interior, ele viu as costas nuas de um corpo humano. De imediato, ligou para a polícia, que fez a horrível descoberta de três corpos de mulheres enfiados naquele espaço. Uma busca adicional na propriedade revelou outro corpo de mulher sob as tábuas do piso da sala de estar e os restos de duas outras enterrados no jardim.

Até seu desaparecimento quatro dias antes, o morador do apartamento onde os corpos foram encontrados era um tal de John Christie, o homem identificado no segundo depoimento de Timothy Evans como seu vizinho. Em 31 de março de 1953, um desgrenhado John Christie foi detido às margens do rio Tâmisa. Ele, enfim, admitiu ter matado todas as mulheres cujos corpos foram encontrados em 10

Rillington Place. Também assumiu a responsabilidade pela morte de Beryl Evans.

James Chuter Ede, o ministro do Interior que aprovou a execução de Timothy Evans, acreditou que sua decisão havia sido errada e se comprometeu com a causa da abolição da pena de morte. Embora os repetidos esforços para aprovar uma lei para a abolição tenham fracassado durante a década de 1950, do debate surgiu um acordo, que foi a Lei do Homicídio de 1957. Os legisladores ingleses se basearam na lei escocesa, em que o conceito de semi-imputabilidade já era tradicional desde a década de 1830. Assim que a Lei do Homicídio de 1957 foi promulgada, a defesa da semi-imputabilidade foi disponibilizada para réus ingleses e galeses. O sucesso da defesa se baseava na constatação de que a responsabilidade do réu estava substancialmente prejudicada por causa de uma anormalidade da mente. A pena de morte permaneceu uma possibilidade até 1965, quando enfim foi abolida como punição por assassinato.

No momento de assinar meu relatório, a familiaridade que tenho com a história de vida do infrator parece forte, como se ela fosse durar. Normalmente, ela desaparece rápido, porque não há motivo para repetir os detalhes. O momento de concluir o relatório costuma ser a última vez em que estou conscientemente conectado a esse indivíduo. Mesmo assim, não fiquei surpreso que o nome Stephens não despertasse a lembrança de um indivíduo ou crime. Analisei avaliações recentes de casos de homicídio. O último relatório de assassinato de que me lembrava era um caso em que um homem havia sido esfaqueado a algumas ruas de uma boate. Para o pessoal na entrada, ele tinha sido um incômodo recorrente, mas de baixo nível, durante grande parte da noite. Muitos dos frequentadores em quem ele esbarrou sentiram que havia uma intenção mais deliberada em sua instabilidade aleatória do que era justificado. Alguns pediram aos funcionários que lidassem com ele antes que eles mesmos o fizessem; outros o confrontaram diretamente. Sua embriaguez não fez nada para diminuir sua sagacidade. Com algumas palavras, ele era capaz de derrubar os adversários, mas para a maioria estava claro que ele não era uma ameaça real. Depois de fazer sua brincadeira, ele estava se afastando, deixando cair os ombros e erguendo as mãos, sinalizando submissão. Por que um dos frequentadores do clube saiu prematuramente, correu para casa para pegar uma faca de cozinha e voltou para esfaquear um homem que foi descrito como um tolo bêbado, mas inofensivo? Quando comecei a relembrar o crime, tive mais certeza de que Alex Stephens e o agressor da boate eram a mesma pessoa. Minha lembrança dos réus em processos criminais tende a ser construída em torno do crime. Não tendo ouvido nada nos três meses desde o envio do meu relatório, presumi que o assunto estivesse encerrado. Lembrei-me de que havia algumas pequenas diferenças de opinião entre o outro psiquiatra e eu, mas concordávamos na questão central sobre apoiar ou não uma defesa da semi-imputabilidade. Não havia nenhuma anormalidade no funcionamento mental, concordamos nisso. Não há defesa, portanto, presumi que o acusado provavelmente teria entrado com uma confissão de culpa, eliminando, assim, a necessidade de um julgamento.

Liguei para o policial, que lançou um apelo desesperado pela minha disponibilidade para comparecer ao tribunal naquela semana. Eu queria perguntar por que, assim de última hora, mas percebi, por seu tom insistente, que não poderíamos discutir o assunto até que resolvêssemos a questão de minha disponibilidade. Ele sabia que aquele era um pedido insensato de última hora; a participação no tribunal é geralmente acertada com bastante antecedência. Eu disse a ele que poderia estar no Tribunal da Coroa pela manhã, desde que meu testemunho fosse cedo. Dava para perceber como ele estava aliviado.

Pedi a ele mais detalhes sobre o caso. Ele não disse muito, mas ficou claro enquanto conversávamos que havia estado apenas em uma posição secundária da discussão em relação à equipe de acusação. Ele tinha notado que um novo advogado de defesa traria uma mudança de tática. Mas estava tão no escuro quanto eu sobre o detalhe crucial: qual era a nova tática. Eles estavam mesmo apresentando uma defesa de semi-imputabilidade?, fiquei me perguntando. O advogado de acusação que formulou as perguntas originais para que eu as respondesse em meu relatório mencionou de maneira casual que, além da redução da imputabilidade, eles também precisariam se preparar para uma defesa de "perda de controle".

A perda de controle como defesa é uma adição relativamente nova à lei inglesa. Embora tenha aparecido pela primeira vez em 2009, é uma versão reformulada da defesa anterior de provocação que foi introduzida com a semi-imputabilidade na Lei do Homicídio de 1957. O sucesso da defesa de perda de controle depende de persuadir o júri de que o réu teve um comprometimento do autocontrole devido a um "medo de violência grave ou de ser gravemente prejudicado". Assim como a semi-imputabilidade, a perda de controle é conhecida como uma defesa parcial, uma vez que não leva à absolvição.

Chegando ao tribunal naquela sexta-feira me sentindo embaraçosamente mal preparado, passei pela inspeção de segurança e me apresentei na recepção, de onde fui levado para encontrar um sr. Roper e uma srta. Rickett, a advogada júnior. Reconheci o sr. Roper, mas não consegui me lembrar de alguma vez termos trabalhado no mesmo caso. O sr. Roper me contou que ele tinha lido muitos de meus relatórios e me atualizou sobre o julgamento de Alex. A questão era a semi-imputabilidade no fim das contas. O sr. Roper explicou que, embora as chances de sucesso fossem poucas, o novo advogado de defesa tinha concluído que isso deveria pelo menos ser apresentado ao júri para consideração. Antes de entrar em ação no tribunal, o sr. Roper precisava verificar se seu entendimento de meu testemunho estava correto. Ele ofereceu seu resumo e eu o corrigi de maneira respeitosa em alguns pontos secundários. Em seguida, ele e a srta. Rickett se dirigiram ao tribunal para o início dos procedimentos do dia, e eu fui deixado sozinho na sala. Vinte minutos se passaram até que um assistente do tribunal apareceu e então fui escoltado até o tribunal. Ao entrar na sala de proporções grandiosas, absorto em repetir em silêncio minha avaliação, de repente senti o peso da expectativa nos olhares fixos em mim vindos de todas as direções. Tive que me orientar com rapidez. As "doze pessoas boas e honestas" do júri estavam em duas fileiras, em uma área fechada perto da parede oposta. O juiz estava sentado a noventa graus em uma plataforma elevada à minha esquerda e em ângulo reto em relação ao júri. Diante dele, atrás da primeira das três fileiras de mesas longas que se estendiam pelo espaço central do tribunal, estavam os advogados. Olhei para onde sabia que o banco das testemunhas deveria estar: localizado em frente ao júri.

Uma vez posicionado no banco das testemunhas, percebi que estava a uma distância desconfortável de meu relatório e que o assento era muito alto para que minhas pernas coubessem sob a mesa. Enquanto me virava para procurar a alavanca para abaixar o assento, o juiz instruiu o sr. Roper a começar seu exame. De maneira habitual, o sr. Roper me pediu que confirmasse meu nome completo e função. Meu assento baixou o máximo possível. Apresentei-me e listei minhas funções no NHS, o sistema público de saúde do Reino Unido, e também acadêmicas. Meus joelhos ainda não cabiam sob a mesa. O sr. Roper então seguiu a convenção com suas perguntas introdutórias, que exigiam apenas respostas breves.

"Por quanto tempo você entrevistou o Stephens?"

"Por aproximadamente quatro horas, em dois interrogatórios separados", respondi.

"Você estudou os depoimentos das testemunhas?"

"Sim."

"Leu a transcrição da chamada dos serviços de emergência?"

"Sim."

"Leu o registro criminal do réu?"

"Sim."

"Você não viu os registros médicos do réu?"

"Não."

"Mas viu um resumo deles no relatório do dr. Lawton?"

"Sim, correto."

Este início de rotina do meu testemunho assegura ao júri que não estou fundamentando minha opinião apenas no que o réu conta para mim. Esperando que a próxima fase de questionamento exigiria toda a minha atenção, desisti de meus esforços para ajustar o assento.

Arrastei o microfone em minha direção, mas, para ser ouvido, ainda tive que me inclinar para frente de forma desajeitada.

O sr. Roper me conduziu pelo testemunho. Ele às vezes me pedia que confirmasse sua paráfrase de uma parte do meu relatório. Em outras, perguntava o que o réu havia dito em resposta a esta ou àquela pergunta, esperando que eu lesse pequenos trechos de meu relatório. Parece-me que essa abordagem é preferível a ter de ler grandes trechos de meu relatório para o júri, porque isso seria enfadonho e excessivamente técnico. Também permite que o advogado esteja no controle da estrutura e recepção da narrativa. Foi assim que minha opinião de que Stephens sofria de transtorno por uso de álcool foi apresentada. Com o incentivo do sr. Roper, expliquei que o transtorno por uso de álcool é a expressão diagnóstica para uma doença mais conhecida como alcoolismo ou dependência alcoólica e, com o pedido para que eu continuasse, destaquei as principais características que distinguem o transtorno por uso de álcool do consumo excessivo, mas não patológico.

O sr. Roper prosseguiu para a questão de perda de memória. "Você está ciente de que o réu alega não se lembrar do que aconteceu no momento crucial? Foi isso que ele falou para você?"

Concordei que esse era o caso.

"Você estabeleceu em seu relatório as possíveis explicações para a perda de memória alegada por ele?"

Concordei mais uma vez.

"Você falaria para este tribunal sobre essas possíveis explicações?"

Preparei-me para condensar um seminário de uma hora em algumas poucas frases.

"Há sempre a possibilidade de que o infrator que cometeu um crime gravemente violento alegue falsamente amnésia à medida que perceba haver certa vantagem para ele ao fazer isso. Isso é amnésia fingida…" Na verdade, torna mais difícil o trabalho de avaliar se há sustentação psiquiátrica para a defesa de semi-imputabilidade, uma vez que o principal acesso ao estado mental da pessoa no momento do crime – sua memória – está em branco. "… O segundo cenário que acho que deveria ser considerado em um caso como este é que a perda de memória se deve ao álcool. Um apagão por causa do álcool é uma perda de memória que pode ocorrer em algumas pessoas que ingeriram quantidades excessivas de álcool. Indivíduos com histórico de consumo excessivo de álcool por um período prolongado podem ser mais suscetíveis a apagões causados pelo álcool. Assim como a amnésia fingida e a amnésia relacionada ao álcool, sabemos que uma pessoa que comete um ato de violência grave pode ter amnésia por motivos psicológicos, como os efeitos do excesso de estímulo emocional na formação da memória. A quarta explicação que normalmente eu consideraria é se há uma doença mental aguda e que, em tal estado, o paciente às vezes apresenta fases de amnésia."

O sr. Roper me agradeceu e perguntou qual explicação eu preferia.

"Não encontrei nenhuma evidência de que ele estava mentalmente doente nessa época, então me sinto confiante em excluir isso. Acho difícil distinguir qual das outras três explicações é mais provável. Não posso dizer com certeza que a amnésia é fingida, mas também não posso descartar a hipótese. O réu contou sobre apagões anteriores quando estava alcoolizado, então é uma possibilidade. Se a amnésia era genuína, também pode ter havido processos psicológicos não patológicos em jogo, além dos efeitos da embriaguez."

"Você se importaria em explicar o que quer dizer com não patológico?", perguntou o sr. Roper.

"Estou usando uma expressão para distinguir um estado mental que pode ser incomum, mas não de significância clínica, de um outro com essa significância. Por clinicamente significativo quero dizer um estado mental que ocorre em uma doença psiquiátrica. Minha avaliação não trouxe evidências de tal estado mental."

"Para resumir para o júri, estou correto em entender que você acha que havia uma doença mental que entenderíamos como dependência alcoólica, mas não acha que houve anormalidade no funcionamento mental?"

Hesitei. "Bem, só para deixar claro, a dependência alcoólica não costuma ser considerada uma doença mental. Ela está listada nos manuais diagnósticos, como o *DSM-5*[2], portanto, entra na ampla categoria de transtorno mental, mas a expressão *doença mental* tende a ser reservada a diagnósticos, como depressão clínica ou esquizofrenia, sem ser usada em geral para dependência alcoólica. De qualquer forma, não há evidência de anormalidade no funcionamento mental."

"Você sabe que a anormalidade no funcionamento mental é necessária para a semi-imputabilidade?"

"Sim, é um requerimento para essa defesa."

"E não houve anormalidade do funcionamento mental?"

"Não, em minha opinião, não houve."

"Obrigado, dr. Nathan. Por favor, permaneça aí."

O sr. Roper se sentou e inclinou a cabeça para a direita na direção do sr. Haslett, o advogado de defesa, que se levantou.

"Precisamos ter cuidado, não é, dr. Nathan? A questão da semi-imputabilidade é do júri e nós não devemos usurpar o papel deles."

Dizer "nós" em vez de "você" foi um sinal positivo. Ele não parecia estar personalizando o assunto, optando por me apresentar como um estranho. Era muito cedo para dizer se essa abordagem amigável continuaria. Será que estava me conduzindo a um estado de relaxamento a fim de me fazer cometer um erro?

Concordei plenamente com seu ponto substancial. A semi-imputabilidade é um termo jurídico, não médico. Seus constituintes, como "doença reconhecida" e "anormalidade do funcionamento mental", parecem relacionados à medicina, mas vale lembrar que são termos que não aparecem em textos sobre o exame psiquiátrico do paciente ou nos manuais de diagnóstico. São termos de um documento elaborado por relatores parlamentares que articulam o consenso com base em um diálogo entre políticos, servidores públicos e especialistas jurídicos e médicos. Os conceitos não são testados por pesquisas médicas ou aprimorados por análises psiquiátricas. Um réu insatisfeito com o resultado do caso pode tentar apresentar um desafio plausível à maneira como a lei foi aplicada em seu caso. Ele pode, então, pedir a um tribunal superior que decida se

---

2 - Trata-se da quinta edição do *Manual Diagnóstico e Estatístico de Transtornos Mentais.*

sua contestação tem mérito ou não. Dessa forma, os tribunais de recurso fornecem esclarecimentos sobre como a legislação deve ser interpretada. De maneira decisiva, porém, os árbitros da definição de semi-imputabilidade são advogados, não médicos.

Sem hesitar, concordei com a declaração do sr. Haslett de que, em última análise, cabia ao júri decidir se a responsabilidade de Stephens foi diminuída.

"Você é psiquiatra?", perguntou o sr. Haslett.

Concordei, perguntando-me para onde isso estava caminhando.

"O que isso significa?", continuou ele. Nunca me perguntaram isso em um tribunal. Permaneci em estado de alerta: ele devia estar querendo chegar a algum lugar com isso.

"A psiquiatria é uma especialidade médica em que nos preocupamos com a saúde mental de um indivíduo."

Ele passou a apresentar uma série de truísmos com os quais eu não podia discordar. Afirmei que concordava após a apresentação de cada um.

"Então, primeiro você é, se posso usar estas palavras, um médico de verdade, e depois se especializou em psiquiatria?" "Você depende muito do que o paciente lhe diz?" "Além de dar uma olhada no cérebro para ver se há uma doença degenerativa, você consegue ver a mente da mesma forma que um cirurgião consegue ver um raio-x de uma perna quebrada?"

Expliquei que levamos outras informações em consideração. Observamos o comportamento do paciente. Comparamos o que dizem com o que outras pessoas disseram sobre eles. Estudamos anotações médicas, se estiverem disponíveis. Essas informações adicionais ajudam a definir um esboço, mas reafirmei que estava de acordo com o ponto de que temos de confiar mais do que outros médicos nas palavras do paciente para identificar a patologia, ou o que chamamos de psicopatologia.

O ponto principal da argumentação para o júri parecia ser que eles deveriam manter certo nível de independência de espírito. Questionar a suposição de que meu papel como especialista, com muitos anos de experiência e uma longa lista de referências ao meu nome, significava que meu testemunho deveria ser aceito sem reservas.

Concordo plenamente com esse ponto, não apenas no que se refere à minha função de especialista, mas também à minha prática diária. Nosso treinamento médico encoraja a crença de que, da mesma forma que há uma perna quebrada para o cirurgião encontrar, os psiquiatras têm o trabalho de encontrar entidades patológicas discretas. Somos prejudicados, diz a teoria, por não termos testes objetivos. Isso é verdade, mas há uma questão mais fundamental. A evidência de uma patologia discreta oculta sob cada um dos rótulos diagnósticos é quase inexistente. Nossos rótulos são mais um produto acidental da história – adesão a noções desenvolvidas no século XIX e início do século XX – do que resultado de pesquisas empíricas. Lembro-me do apelo do previsor político Nate Silver, em seu livro *O sinal e o ruído*, por uma atitude de questionamento constante para alcançar a aproximação mais provável da realidade. Ele compara a abordagem probabilística com a do ideólogo que, com teimosia, adere a regras simples para dar sentido aos dados, mesmo que essas regras não resistam ao escrutínio empírico.

O sr. Haslett, então, começou a construir o próximo pilar de seu caso. "Você confirmou sua opinião de que o réu sofria de transtorno por uso de álcool." Pensei que ele provavelmente escolhera a expressão oficial em vez de uma coloquial, como alcoolismo, pois aquela enfatizava o *status* médico do problema. "Isso foi denominado doença de negação. Você concordaria?"

Não sabia se concordava ou não. Estava ciente da tática em que o especialista é guiado por um caminho para que cada passo não pareça irracional, apenas para perceber tarde demais que o ponto final estava a uma distância inaceitável de qualquer opinião que ele teria. Alguém poderia presumir que a experiência teria me dado as habilidades necessárias para refutar essas táticas, mas na verdade a experiência me ensinou a não ficar muito preso à tática e me deu confiança para me deixar levar.

"Não ouvi essa descrição, mas posso conceber por que usar uma frase assim."

"A pessoa que sofre dessa doença está em negação?"

"Sim, a negação do problema muitas vezes está presente."

"Você mencionou em seu relatório o problema do réu com o controle de seu temperamento. Você deve saber que os membros do júri ouviram sobre isso no testemunho apresentado neste tribunal. Pode-se sugerir que ele também esteja em negação sobre os problemas de temperamento?" Sua entonação, se não a sintaxe, convidava a uma resposta.

Eu agora tinha uma vaga ideia do que se pretendia com essa linha de questionamento. Primeiro, investir na tendência de negar dando-lhe um *status* médico, associar isso a uma doença diagnosticada – o transtorno por uso de álcool – e, depois que a tendência ganhar termos médicos, sugerir que também possa estar implícita nas explosões de raiva. Em seguida, apresentar o crime como mais uma manifestação – embora trágica – do problema de controle de temperamento. Por fim, concluir que a negação do problema significava que ele estava menos ciente de suas ações, portanto, seria menos responsável.

"Eu concordaria que os indivíduos que são propensos a agressão muitas vezes minimizam a própria contribuição para essa agressão e, às vezes, a tal ponto, que afirmam não ter sido agressivos. E enfatizaria que esse processo ocorre independentemente de problemas com álcool."

Ele não prosseguiu com isso. Contanto que eu não rejeitasse de imediato, talvez o sr. Haslett pensasse que bastava ele ter sido capaz de plantar uma semente na mente dos membros do júri. Achei que estivesse usando nossa interação para fazer certas declarações que, quando consideradas de todos os ângulos, sustentariam a semi-imputabilidade.

"Você estava de acordo em quase tudo com o dr. Lawton, mas houve um ponto em que a opinião dos dois divergiu. Foi sobre se o hábito de beber do réu era voluntário ou involuntário."

"Sim, correto."

"O dr. Lawton achou que as ações dele podem ter sido involuntárias e você não concordou. Você aceitaria que não é uma questão simples?"

Sem dúvida, pensei. O problema é mais amplo do que o espaço que eu teria no banco das testemunhas para explicar. A questão da voluntariedade de um ato em processos criminais se estende muito além da questão sobre se a primeira bebida do dia de um alcoólatra foi voluntária ou não. A noção de responsabilidade criminal pressupõe que o ato criminoso foi realizado de modo voluntário, que por sua vez conta com a noção de livre-arbítrio. Os acadêmicos ainda não decidiram se existe algo como livre-arbítrio. Em um estudo da década de 1980 citado com frequência, Benjamin Libet identificou atividade nas partes do cérebro que controlam o movimento antes que os participantes do estudo tivessem o desejo de realizar o movimento. Esse chamado "potencial de prontidão" no cérebro foi tomado como evidência de que o "livre-arbítrio" é gerado em retrospecto para dar a ilusão de controle. Os resultados de estudos subsequentes e mais aprimorados mostraram que não é tão simples assim. Por exemplo, não estar ciente do impulso inicial não significa que haja uma incapacidade de resistir a ele. No entanto, um processo cerebral consensual que pudesse explicar a tomada de decisão completamente independente da influência de eventos e outras experiências ainda está para ser descoberto. Se não podemos concordar que existe livre-arbítrio nesse sentido, então este não é um problema apenas para o especialista psiquiátrico – exigiria uma revisão completa da forma como a justiça é administrada em resposta ao comportamento criminoso.

Aceitar, como eu aceito, a legitimidade social – se não a legitimidade neurocientífica – do sistema de justiça criminal significa confiar no que considero ser a melhor coisa fundamentada na ciência mais próxima do livre-arbítrio. Em vez de tentar compreender se uma decisão foi voluntária ou não, podemos explorar os processos pelos quais nossas decisões são influenciadas. Embora estejamos cientes de alguns desses processos, outros não estão tão acessíveis assim à reflexão consciente. Tomemos, por exemplo, uma discussão no corredor de um supermercado entre um casal sobre a possibilidade de comprar uma garrafa de vinho tinto para o jantar de domingo. A conversa desencadeia imagens agradáveis – abrir a garrafa, segurar a taça e consumir o conteúdo. A forma precisa das imagens pode ser diferente, mas o estado de expectativa prazerosa é compartilhado. Quando uma das partes lembra que ambos começarão cedo o trabalho na manhã seguinte, isso a princípio é minimizado pelo outro, mas, por fim, eles decidem que a garrafa deve permanecer na prateleira. Mais tarde, o casal poderia relatar com bastante clareza como tomaram essa decisão.

Agora considere o alcoólatra recém-abstinente que está fazendo compras para suas refeições. Apesar da decisão de manter a sobriedade antes de entrar na loja, ele sai com uma garrafa de sidra em suas compras. Ele poderia descrever suas ações, mas é improvável que seja capaz de descrever com precisão os processos mentais que o influenciaram, levando-o à decisão de comprar a sidra.

Os pesquisadores possuem uma série de técnicas para revelar vieses que afetam nossas decisões, mesmo que não os reconheçamos. Uma técnica bastante simples, chamada de tarefa de Stroop, envolve pedir aos participantes que olhem para uma lista na qual diferentes palavras são exibidas em diferentes cores. A tarefa não é ler a palavra, mas identificar corretamente a cor. O tempo para completar a tarefa e o número de erros aumentam se a lista incluir palavras que tocam em algo especialmente importante para o leitor. Esse efeito de interferência de palavras que se destacam em termos pessoais é baseado na tendência de nossa atenção ser atraída a estímulos que, para nós, estão associados a um estado de emoção intensificado. Sem perceber, somos distraídos por um momento da tarefa de identificar a cor. Pessoas que exageram na bebida são mais lentas para nomear a cor das palavras na tarefa de Stroop quando o significado das palavras está ligado ao álcool. Isso sustenta a ideia de que estímulos relacionados ao álcool inadvertidamente capturam a atenção de quem tem problemas com bebida.

Outros testes que foram desenvolvidos podem demonstrar os efeitos destes vieses não intencionais. Usando dispositivos de rastreamento ocular, os pesquisadores podem estudar em tempo real como atribuímos atenção a vários objetos em nosso ambiente. Em outro teste, a velocidade com que os sujeitos pressionam um botão para categorizar as palavras em um dos dois grupos é usada como um indicador da força das associações entre os conceitos. Os resultados de tais estudos indicam que, em média, as pessoas com transtorno por uso de álcool prestam atenção e respondem involuntariamente ao que está ao redor de maneira alterada, a fim de aumentar a probabilidade de consumirem álcool. Elas podem ter consciência da decisão de tomar a bebida, mas é improvável que estejam cientes das fortes correntes mentais que fluem na direção dessa decisão.

Todos nós somos influenciados por uma combinação de processos ocultos (ou implícitos) e aqueles que podemos reconhecer (ou explícitos) – isso leva o nome de modelo de processamento duplo. A diferença é que as pessoas que bebem de forma problemática têm que fazer um esforço mais explícito para resistir aos efeitos combinados de forças implícitas que apontam na direção de continuar bebendo.

Concordei com o sr. Haslett que o fato de uma ação ser voluntária ou involuntária não é algo simples.

"É algo difícil de avaliar?", continuou ele.

Mesmo que eu explicasse que poderíamos usar o modelo de processamento duplo como um substituto para examinar a voluntariedade, haveria uma dificuldade adicional. As técnicas usadas para detectar processos implícitos podem identificar diferenças médias entre um grupo de pessoas com problemas com álcool e um grupo sem tais problemas. Elas não são sensíveis o suficiente para identificar com segurança os vieses específicos de um indivíduo. Mais uma vez, concordei com sua afirmação, supondo que, em algum ponto, ele usaria meu testemunho a seu favor.

"Se foi aceito que seu ato de beber era involuntário e que o álcool era o principal fator no incidente, então, por extensão, suas ações foram involuntárias?"

Antes de ter concebido exatamente o porquê, pude sentir que a lógica dessa proposição era falha. Fiz uma pausa para estruturar meus pensamentos. Levei um tempo maior para preparar minha resposta. "Posso esclarecer minha opinião sobre a relação entre o transtorno por uso de álcool do réu e o crime alegado?"

O testemunho oral de um especialista requer a capacidade de resumir com rapidez questões complexas sem prejudicar a base de evidências que sustentam o conhecimento alegado. Anteriormente, tentei definir minhas respostas a esse tipo de questão dentro do contexto das evidências sobre processos implícitos e explícitos, apenas para receber pouca atenção dos advogados.

"No transtorno por uso de álcool, uma característica é a ânsia por álcool. Se não há resistência a este desejo, é provável que ocorra embriaguez. É provável que a embriaguez, em minha opinião, tenha desempenhado um papel nas ações do réu no momento crucial. O álcool por si só não leva à agressão. Ele pode aumentar a probabilidade de impulsos agressivos serem acionados, por meio de processos como a desinibição."

"Então, dr. Nathan, a desinibição é causada pelo transtorno por uso de álcool."

"Não, desculpe, para ficar claro, a desinibição é um resultado do álcool. Não é uma característica diagnóstica de transtorno por uso de álcool. A desinibição pode resultar do álcool independentemente de a pessoa ter um transtorno por uso de álcool."

"Obrigado, dr. Nathan, ouviremos o depoimento do dr. Lawton mais tarde."

O sr. Haslett estava agora sentado e o sr. Roper se levantou de novo. A promotoria pode esclarecer pontos que surgiram no interrogatório, mas não pode apresentar novas linhas de investigação. "Dr. Nathan, gostaria de esclarecer, se me permitem, os pontos levantados na última conversa. O alcoolismo..." – ele deixou o termo "diagnóstico" de lado – "aumenta a chance de beber, mas é o ato de beber, não o alcoolismo, que leva à desinibição?" Confirmei que esse era um resumo satisfatório.

Ao sair do prédio do tribunal, refleti sobre como as duas posições oferecidas ao júri diferiam em termos de imediatismo e inevitabilidade da conexão entre o transtorno por uso de álcool e o ato violento. A defesa tentou truncar a cadeia causal e enfatizar o caráter involuntário. A acusação rebateu com uma cadeia causal mais longa e menos inevitável. Mas nenhuma das narrativas foi capaz de explicar por que Alex cometeu esse ato violento homicida quando o fez. Ficar bêbado na boate não era incomum para ele e não o tornava diferente dos outros frequentadores. Ele provavelmente não era o único na boate naquela noite que tinha um problema com álcool. As regras para semi-imputabilidade muitas vezes restringem o processo de justiça criminal a apenas uma pequena parte da explicação para um incidente violento. Se um fator explicativo não estiver relacionado a uma doença diagnosticável, mesmo que seja importantíssimo para explicar o ato violento, é improvável que apareça na imagem apresentada ao júri. Isto, por sua vez, tem influência na percepção do público sobre as causas da violência, uma vez que os julgamentos são uma importante fonte de informações disponíveis sobre atos individuais de violência.

Aqueles de nós interessados em compreender a violência não devem ignorar o importante papel do álcool. Beber em excesso sem dúvida aumenta as chances de violência para alguns. Sob a influência do álcool, a atenção de Alex foi tão reduzida que ele dedicou uma atenção desproporcional às percepções de ameaça imediata. O efeito inibidor da ameaça potencial mais distante das consequências legais de suas ações foi diluído pela embriaguez. O álcool induz miopia psicológica, um estado conhecido como miopia do álcool.

Após a miopia do álcool ser considerada na explicação, ainda assim não temos uma razão para o ato violento. O que provocou a reação de Alex? Mesmo que tivesse interpretado mal os sinais, por que reagiu de maneira tão feroz? Era improvável que eu chegasse a uma resposta satisfatória pedindo a Alex que respondesse a essas perguntas. Minha cautela sobre o uso de tal abordagem direta tem a ver com mais do que a possibilidade de desonestidade deliberada. Nas ocasiões em que posso testar a história contada por meus pacientes em relação a fontes independentes, minha experiência é que a maioria é mais honesta do que seu histórico criminal levaria muitos a acreditar. Devo aceitar, porém, que alguns são desonestos. A dificuldade é que separar a minoria menos confiável da maioria não é fácil, portanto, não posso tão somente aceitar as respostas às perguntas norteadoras. Também preciso reconhecer o ceticismo padrão que o sistema de justiça criminal aplica ao testemunho do réu. Em decorrência, devo me preparar para um interrogatório árduo se basear minha opinião de forma inquestionável apenas no que o réu me diz.

A desonestidade não intencional é muito mais problemática. Alex, e outros réus que enfrentam acusações criminais, não diferem de nós no exercício do autoengano persuasivo. Explicar nosso comportamento para nós mesmos é algo que fazemos o tempo todo, sem pensar. Na verdade, não precisamos pensar; as razões para nossas ações saltam na mente sem esforço. Por exemplo, pesquisas descobriram que as razões que damos para a forma como votamos são mais propensas a refletir a racionalização de nossas decisões políticas do que ser a causa delas. Nossa experiência é que agimos como consequência da razão, mas muitas vezes não é tão simples. Quando nos pedem que apresentemos um motivo para uma ação, é provável que forneçamos algo que foi elaborado após a decisão e que serve ao propósito de justificar o ato. A experiência de que a razão leva à ação nos dá a impressão de que estamos no controle, que possuímos o que os psiquiatras chamam de senso de agência.

Pensei em meu primeiro encontro com Alex e em minha abordagem ao questioná-lo sobre o ataque assassino. Comecei com um convite para me contar o que havia acontecido, que foi deliberadamente vago. Escutei como sua história começou. Não era incomum que Alex respondesse a uma pergunta "o que" com uma resposta que seria para "por que" e, de acordo com a forma como comumente explicamos nossas ações a nós mesmos, sua explicação mais acessível começasse com a ação de outra pessoa – ou, para ser mais específico, com a intenção de outra pessoa.

"Ele me ameaçou", disse Alex. Familiarizado com todas as declarações coletadas pela polícia, eu sabia que nenhuma das testemunhas viu nada perto de uma ameaça evidente, nem a Alex, nem a ninguém mais. Eu continuaria apontando as contradições para ele, mas ainda não: havia um risco de atiçar emoções que a experiência me diz que poderiam ser canalizadas para defender sua explicação padrão com ainda mais vigor. Uma conexão forte demais com nossas emoções atrapalha a capacidade de refletir, mas precisava ter cuidado para não eliminar por completo os sentimentos da sala. A desconexão emocional produz um relato sem significado real. Um interrogatório de avaliação é mais do que apenas coleta de dados. Como uma sessão terapêutica, a relação precisa ser administrada com cuidado. Meu objetivo era separar com cuidado o que Alex viu do que ele achou que significava. Mudei o foco da atenção para o passado, buscando um ponto menos emotivo.

"Podemos voltar um pouco? O que você estava fazendo quando chegou à boate?"

Ele me disse que suas lembranças eram nebulosas, mas que estava se divertindo com os amigos. Perguntei sobre o que ele estava fazendo quando viu a vítima pela primeira vez. Ele não conseguia ter certeza. Podia ter sido quando ele foi ao banheiro.

"Quando você o viu novamente?", perguntei.

"Não sei, eu não estava interessado naquele pervertido de merda." Ele estava inclinado para frente, olhando para o chão e apoiando seus antebraços nas coxas. Ele se desculpou por xingar. Notei que as pontas de seus dedos empalideceram com a força com que ele juntava as mãos.

A essa altura, eu estava na metade da minha segunda reunião com Alex. Durante todo o nosso tempo juntos, ele evitou timidamente o contato visual. Não acho que ele seria capaz de falar com tanta franqueza sobre sua vida se tivesse que me olhar nos olhos. Sua constrangedora autoconsciência tinha sido bastante palpável.

Ouvindo sua descrição de violência anterior, ficou claro que sempre houve um evento identificável que inflamava seu temperamento. Se alguém o insultava, ele sentia uma fúria avassaladora. Ficou claro, porém, que a fúria nem sempre levava à violência, mas o que ele não suportava era que o fizessem parecer estúpido. Quanto maior a audiência, maior a humilhação.

Alex tinha sete anos quando seu pai desistiu da mãe alcoólatra e foi embora. Desde então, como o homem mais velho da casa, Alex sentiu o impacto da crueldade da mãe, mas preferia isto a ver sua irmã mais nova ser o alvo. Ele se tornou imune à dor física das surras, mas a dor causada pelo escárnio dela nunca diminuiu. Apesar de sua capacidade atlética, em seu íntimo ele se sentia fraco e pouco viril. Ser aceito em um grupo de colegas por meio de equipes esportivas da escola não diminuiu a sensação de ser um estranho. Ele não procurava briga, mas, quando elas ocorriam, ele percebia uma breve sensação de poder ao dominar o rival. Com o tempo, ele percebeu que seus amigos ficaram cautelosos do que para eles era um temperamento imprevisível. Mesmo dentro de seu grupo de amizade, ele se tornou um estranho.

"Ele disse algo a você no banheiro?", perguntei.

Alex disse que a vítima tinha se oferecido a ele. Ele não reagiu naquele momento e se reuniu de novo aos amigos. Mais tarde – ele não tinha certeza de quanto tempo –, notou a vítima mais uma vez. Ela parecia ficar rondando o grupo de Alex. Ele tinha uma lembrança da vítima apontando para sua virilha. Naquela hora, Alex teve certeza de que seus amigos podiam ouvir o que a vítima havia lhe dito, mas quando me encontrei com ele, ele aceitou seus depoimentos de que não tinham visto ou ouvido qualquer interação entre os dois. Mas era o que ele acreditava na época que era importante: a vítima fizera uma piada zombando do tamanho de seus órgãos genitais. O efeito em Alex foi amplificado além de seu controle pela crença de que outros tinham visto isso e, a partir daquele momento, as lembranças que ele tinha foram dominadas pela imagem de ser humilhado. Ela se repetiu como em um loop recorrente. O único alívio foi quando ele visualizou a busca por vingança. Recordava-se de ter deixado a boate porque sua noite tinha sido arruinada. Ele me disse que não tinha pensado em retornar, mas qualquer que fosse sua intenção, voltou armado com uma faca e ficou esperando a vítima sair da boate.

Crimes violentos costumam ser vistos como evidência de falta de preocupação com os outros. O problema de Alex era o oposto. Seu já frágil senso de identidade foi despedaçado por uma hipersensibilidade incapacitante às mentes imaginárias dos outros. Na interação com a vítima, ele sentiu uma ameaça, não ao seu eu físico, mas ao seu âmago. Embora possa parecer um exagero, e o insulto em si trivial, sem por certo justificar uma resposta violenta, a experiência subjetiva de Alex de ser humilhado era algo difícil de avaliar apenas observando os fatos. Para ele, o impulso de responder com violência tinha se tornado quase habitual. Ceder ao impulso trazia um alívio imediato, mas que era seguido depois por autoaversão. Havia um ciclo de feedback destrutivo que tinha paralelos com sua dependência do álcool. A miopia induzida pelo álcool tornava a bebida mais atraente porque os benefícios esperados pareciam ampliados enquanto ele perdia de vista os problemas posteriores e quase inevitáveis de sua embriaguez. Da mesma forma, em um estado de humilhação carregado de emoções, Alex foi atraído para a maneira mais eficaz de reverter imediatamente a dinâmica – retaliação física – apesar do dano duradouro aos outros e a si mesmo.

Depois do julgamento – no qual Alex foi considerado culpado por homicídio –, concordei em oferecer-lhe consultas na minha clínica na prisão. Na primeira, Alex descreveu como tinha sentido certo alívio ao saber da sentença. Até o momento da sentença havia incerteza, e, embora uma sentença menor permanecesse uma possibilidade até que o júri proferisse seu veredicto, ele preferiu a certeza que veio após a decisão; a certeza de uma sentença de prisão perpétua.

A falta de Alex na segunda consulta não era incomum. Ele podia ter decidido que não precisava mais me ver. Poderia ter havido uma oferta melhor para frequentar a academia da prisão. Poderia não ter havido guardas suficientes para acompanhá-lo ao departamento de saúde, onde eu tinha minha clínica. No fim da manhã, quando terminei de ver os outros prisioneiros e de digitar minhas anotações da clínica, perguntei a uma enfermeira se ela poderia verificar com a ala se Alex queria outra consulta comigo. Ela fez algumas ligações e soube que ele não precisaria ser visto de novo porque tinha "desaparecido", transferido para outra prisão em resposta a um incidente grave. A enfermeira foi informada pelos guardas da ala que Alex havia tentado cortar o rosto de um guarda. Ele havia feito uma arma, como de costume, inserindo a lâmina de uma navalha descartável no cabo de uma escova de dentes. Esperou um guarda específico ir até sua cela e apontou a lâmina para o rosto dele. Ele errou, mas deixou o guarda com uma ferida aberta no braço. O motivo não era inteiramente claro, mas achei a explicação dada plausível. No dia anterior ao ataque, esse guarda tinha zombado de Alex na frente de outros prisioneiros.

6

MICHELLE

Sempre há um propósito para a violência. Basicamente é um tipo de interação para atingir um objetivo. Este às vezes é óbvio, como o assaltante que tem a intenção de pegar o telefone da vítima ou o agressor sexual que usa a violência para dominar o objeto de seus impulsos pervertidos. Os psiquiatras forenses usam o termo "instrumental" para descrever esse tipo de violência premeditada, que é feita por um motivo predeterminado. Por outro lado, a violência "reativa" é temperamental. Normalmente, o agressor reativo ataca em um acesso de raiva despertado, por exemplo, por ser ridicularizado. É uma reação impulsiva a uma frustração de um tipo ou de outro. A violência é gerada por processos mentais automáticos e rápidos.

Independentemente de a violência ser reativa ou instrumental, o objetivo naquele momento é se ajustar de maneira favorável aos sentimentos do agressor. Seb queria acabar com o medo delirante que o consumia de que a vida da mãe estava em perigo. Alex precisava reverter os sentimentos intoleráveis de ser humilhado. Mas o ganho potencial de usar a violência para chegar a um estado de espírito preferível tem um custo. A violência costuma ser contraproducente, porque o ato violento normalmente rompe de forma abrupta a conexão com outras pessoas. Embora em alguns cenários a conexão não cesse. Em casos de violência doméstica, a violência domina o relacionamento.

Credita-se ao parlamentar Jack Ashley, um incansável militante, o primeiro uso do termo "violência doméstica" para descrever a agressão dentro de relacionamentos matrimoniais. Em um discurso feito no Parlamento britânico em 16 de julho de 1973, Ashley refletiu sobre o estigma social que as vítimas de violência doméstica sofrem:

> Quero chamar a atenção da Casa para um assunto envolto em preconceito e mergulhado no medo – o problema das esposas que são vítima de violência doméstica. Milhares de homens neste país estão submetendo suas esposas à brutalidade física. Alguns são psicopatas, alguns são alcoólatras e alguns são sádicos. Todos eles devem ser impedidos de praticar a violência gratuita. Se necessário, eles devem receber tratamento psiquiátrico, mas a primeira prioridade deve ser proteger suas esposas. No entanto, muitas mulheres alegam que lhes é recusada a proteção pela polícia e são negligenciadas pelos serviços sociais. A experiência geral destas mulheres é a de que ninguém quer saber.

Hoje, apesar do aumento da conscientização nas décadas que se seguiram desde aquele discurso, a violência doméstica continua a ser um grande problema. Um estudo das Nações Unidas de 2018 revelou que a proporção de mortes femininas por assassinato cometido por parceiro ou familiar está aumentando. Esse estudo concluiu que, como a maioria das vítimas femininas de assassinato em todo o mundo é morta por parceiros ou familiares, o lugar mais perigoso para as mulheres é em casa.

Como psiquiatra forense, em geral, sou chamado pelo tribunal penal para avaliar o autor da violência. Mas, em um cenário de tribunal muito diferente, é a vítima que tem mais probabilidade de ser objeto de escrutínio jurídico e, como consequência, quem pode ser encaminhada a mim para uma avaliação.

Michelle não conseguia priorizar as necessidades dos filhos em detrimento das dela. Essa foi a conclusão do relatório da assistente social. O efeito do relatório – as crianças sendo levadas embora – foi devastador para Michelle. Onde antes havia uma demanda incessante por sua atenção, agora havia um silêncio doloroso. Estar em casa era quase insuportável. Fosse o braço de uma boneca pendurado para fora da caixa de brinquedos lotada na sala de estar, ou as toalhas da Disney no banheiro, evitar lembretes de sua perda era impossível. Estar fora de casa não era mais fácil. Ela não podia enfrentar o mundo. Ou a ideia de ser julgada por conhecidos que perceberiam a ausência dos filhos e saberiam que ela era uma mãe fracassada. Ela ficou com vergonha e com o coração partido.

Esperando em meu carro do lado de fora do escritório do advogado, pulei de uma parte destacada do relatório de serviço social para a próxima. Os filhos de Michelle estavam vivendo com adultos que ela nunca conheceu. Claro, ela teve várias chances antes que fossem levados para um lar adotivo: foi aconselhada a parar de beber e parar de aceitar seu marido de volta. Mas não era tão fácil assim, ela se lamentou. Havia ajuda disponível, rebateu a assistente social. Eles a encaminharam para um serviço de apoio a alcoólatras e um curso para esclarecimento sobre violência doméstica, mas Michelle não apareceu. Essas coisas – e, por extensão, os filhos – não eram sua prioridade, concluíram os assistentes sociais.

A primeira anotação no relatório do serviço social informava o nascimento de Michelle vinte e quatro anos antes. Em seguida, algumas linhas sobre encaminhamentos à autoridade local quando Michelle era uma criança pequena. Os professores de Michelle no Ensino Fundamental tentaram descobrir por que ela parecia tão cansada e, lendo nas entrelinhas das tentativas da criança de seis anos de explicar, perceberam que Michelle estava sendo vítima do fogo cruzado de violentas brigas noturnas dos pais. Uma assistente social visitou a casa da família para investigar, mas nenhum motivo foi encontrado para a continuação do serviço social e o caso foi arquivado.

Depois, houve um intervalo de dezesseis anos até dois anos atrás, quando os serviços sociais receberam um encaminhamento da polícia. Depois de receber uma ligação de vizinhos, que ouviram adultos gritando e uma criança aos berros, a polícia enviou policiais a um endereço, que era a casa de Michelle, agora adulta, seu marido e filhos. Os policiais foram recebidos na propriedade pelo marido de Michelle, que confirmou que haviam tido uma "briga doméstica". As crianças estavam agora acomodadas na cama, ele disse, e Michelle estava na cozinha. Um policial, que entrou para vê-la, podia perceber que ela tinha chorado. Também notou sua dificuldade de fala e o forte cheiro de álcool. Quando pediu que ela explicasse o hematoma despontando em torno do olho esquerdo, Michelle disse que batera acidentalmente na ponta da porta.

Esta visita policial desencadeou uma série de eventos envolvendo o serviço social. A polícia tinha fortes suspeitas de que Michelle estava sendo agredida por seu marido e que ela tinha um problema com álcool. Ela não rejeitou completamente nenhuma das alegações. Seu argumento era de que os problemas estavam sendo inflados de forma injusta. Ela não conseguia entender por que tinham qualquer tipo de questionamento sobre sua capacidade como mãe, sendo que as crianças estavam sendo bem cuidadas. Ela concordou que as crianças podiam ter ouvido as brigas, mas, em sua opinião, elas eram muito pequenas para saber o que estava acontecendo. Sua filha tinha apenas dois anos, e seu filho, quatro.

Michelle passou a acreditar, daquele ponto em diante, que estavam tramando para que ela fracassasse. Ter todos os seus movimentos analisados colocou a família sob uma pressão insuportável. Se a deixassem em paz, ela protestou, tudo ficaria bem. Os assistentes sociais, por outro lado, não podiam ignorar o risco potencial para as crianças. Não duvidavam de seu amor por elas e não podiam questionar sua capacidade de atender a necessidades práticas, mas o risco vinha do que as crianças provavelmente testemunhavam.

Quando se solicita a alguém que se recorde de suas lembranças mais antigas, alguns descrevem um evento em seus primeiros dois anos de vida. O evento pode ter ocorrido, mas é improvável que tenham lembrança dele; pelo menos não da maneira como geralmente entendemos a ideia de lembrança. Em seu uso cotidiano, lembrança significa a recordação de um episódio específico. A ativação dessa chamada memória episódica não envolve apenas a recuperação de um registro do evento. Usando um processo de viagem mental no tempo, retornamos a essa situação; evocamos a cena como se estivéssemos nela. Os componentes cerebrais para a memória episódica não estão totalmente no lugar até pelo menos os três anos de idade e, portanto, se os bebês não têm a capacidade de recordar episódios da primeira infância, Michelle tinha razão, pelo menos em relação a seu filho mais novo?

Junto com nossa memória episódica está um sistema que armazena experiências na forma de emoções. Essa costuma ser uma forma de memória de bastidores que não notamos. O sistema de memória emocional se desenvolveu em nossos antepassados e também é conectado cada vez mais cedo em nossa vida, possivelmente ainda quando estamos no útero de nossa mãe. Essas lembranças não são recordadas no sentido tradicional; não as recuperamos de modo consciente. Elas são ativadas no dia a dia, sem percebermos, na forma de expectativas, expectativas sobre como os outros se comportarão ou, mais especificamente, quais são suas intenções.

Uma doença psiquiátrica em particular ilustra o poder potencial desta maneira de lembrar: sobreviventes de um trauma com risco de morte podem ficar com sérias cicatrizes psicológicas nos sistemas de memória. No cerne da doença conhecida como transtorno de estresse pós-traumático está uma tendência indesejada a lembrar. Em um piscar de olhos, o paciente pode ser pego pela sensação de estar de volta ao momento do trauma. Sua experiência seria a sensação paralisante de uma calamidade iminente; para um espectador pode parecer que ele entrou de repente em um transe. Esses flashbacks são causados por surtos de hiperatividade no sistema de memória emocional.

Entreouvir uma discussão ocasional entre adultos não causa danos permanentes em um bebê, mas estar com frequência no meio de uma agressão descontrolada entre os pais é algo diferente. O bebê não precisa entender o significado das palavras faladas para sentir o perigo potencial. Mudanças na expressão facial, linguagem corporal e padrão de vocalização do agressor colocam a criança em alerta de que um ataque pode ser iminente. A resposta da outra parte adulta – seja para se submeter com medo ou para refutar com raiva o ataque – confirma que é uma situação muito perigosa, e o impacto emocional na criança é amplificado pelo agressor e a vítima serem as próprias pessoas em quem ela busca proteção. Viver em tal ambiente deixa sua marca na memória emocional da criança. Ela aprende a esperar raiva e agressão. Algumas crianças assumem um estado de perpétua prontidão para o perigo e parecem hipervigilantes e excessivamente ansiosas, outras tornam-se imunes aos sinais de ameaça e se desconectam das próprias emoções. Com traumas repetidos em casa, esses ajustes tornam-se arraigados de tal modo que influenciam o comportamento da criança em outras situações, mesmo que não sejam ameaçadoras. Estar em um estado de alerta alto para ameaças não é propício para fazer amigos ou aprender, e uma criança desconectada das emoções pode parecer indiferente, despreocupada e até mesmo insensível.

No escritório da advogada e esperando a chegada de Michelle, reli a carta de instruções. As perguntas que eu deveria responder eram bem comuns: havia um transtorno mental? Se sim, qual era a natureza desse transtorno e o diagnóstico? Qual tratamento eu recomendaria para a doença diagnosticada? Havia risco para outras pessoas, e, em particular, para as crianças, devido à doença? A doença afetava sua capacidade como mãe? Qual era a percepção dela sobre as preocupações dos assistentes sociais? Qual era a capacidade dela de responder a essas preocupações?

Michelle estava agora cerca de dez minutos atrasada. Eu estava com um cronograma apertado e não podia estender o compromisso sem causar um efeito indireto no restante dos compromissos do dia, então esperei mais cinco minutos antes de verificar com a recepcionista. Ela fez uma ligação rápida e disse que a advogada viria falar comigo. Fora do alcance de outras pessoas no saguão, a advogada disse que Michelle definitivamente tinha sido informada sobre o compromisso. Na última vez em que ela estivera no escritório, a advogada a observou anotando o compromisso em sua agenda.

Como um lembrete final no dia anterior, a secretária da advogada tinha ligado para Michelle. Ela prometera aparecer. Naquela manhã, eles ligaram mais uma vez, mas agora as ligações iam para o correio de voz. Sentindo que a advogada se preparava para se desculpar por desperdiçar meu tempo, interrompi: "Não se preocupe", eu disse, "isso acontece com frequência".

Enquanto guardava minhas anotações, pensei que a ausência de Michelle seria vista como mais uma evidência de como ela não priorizava as necessidades dos filhos. Se os filhos fossem sua prioridade, ela teria vindo a esse compromisso, o argumento era esse. O tribunal veria isso de maneira negativa. Não esperei ouvir mais sobre Michelle.

Mas acabou que, seis semanas depois, eu estava de volta ao mesmo escritório, esperando-a novamente. O juiz do tribunal de família tinha concordado que outra reunião deveria ser oferecida a ela, mas sob a condição de que ficasse claro para ela que aquela seria sua última chance. Ela estava atrasada de novo, mas pelo menos apareceu. Não mencionei nosso compromisso anterior perdido, ela também não.

Michelle se sentou de forma ereta com as mãos no colo. Não tirou o casaco. Não houve gentilezas. Sua postura estava tensa. Talvez ela estivesse ansiosa ou com raiva; eu não sabia dizer ainda. Perguntei-me o que eu representava para ela. Muitas vezes, sou visto pelos pais enviados para uma avaliação como uma extensão de um sistema de autosserviço que não tem nada melhor a fazer do que interferir na vida de outras pessoas ou, ainda pior, que tem que cumprir metas de remoção de crianças. (Tais metas não existem.) Às vezes, o paciente chega presumindo que vou decidir se seus filhos vão ou não voltar para eles. Em casos de violência doméstica, também devo estar ciente de que posso representar outra encarnação da autoridade arbitrária masculina.

Michelle permaneceu impassível durante minha explicação do propósito da avaliação. Ofereci algumas garantias às preocupações habituais. Não estou agindo em nome de um lado ou do outro, eu sou independente. Não decido o destino de seus filhos, isso é responsabilidade do tribunal. Ao avaliar sua saúde mental, é meu papel pensar em como você pode ser ajudada. Sua postura não abrandou. Sua expressão não se alterou. Perguntei se ela tinha entendido o que eu havia explicado e ela respondeu que sim. Perguntei se tinha alguma dúvida e ela respondeu que não. Havia um constrangimento inquietante nessa interação inicial.

Uma avaliação que começa assim tende a seguir um de dois caminhos. Ocasionalmente, o paciente consegue manter essa posição defensiva até o fim da reunião. Ao tentar evitar a revelação de qualquer coisa, ela correria o risco de impedir que eu chegasse a uma explicação mais significativa do que aquela apresentada pelos assistentes sociais ao tribunal. Para chegar a uma formulação sólida, dependo da permissão do paciente a algum acesso ao seu mundo interior.

Manter uma indiferença forçada em uma interação não é natural. Se e quando eu começar a assumir a identidade de alguém que está genuinamente interessado em entender sua situação e chegar às próprias conclusões, provavelmente representarei menos ameaça, e a energia necessária para manter uma distância emocional não parecerá mais tão necessária. Às vezes, o paciente percebe que eu sou a melhor forma para que ele possa apresentar sua perspectiva, que ele sente que foi ignorada.

Obter um relato de detalhes biográficos recentes tende a ser um lugar seguro para começar. Onde ela estava morando no momento? Havia quanto tempo que ela estava lá? Estava trabalhando? Responder a essas perguntas não requer autorreflexão. Com essa abordagem, as defesas de Michelle pareceram ceder um pouco. Suas respostas eram breves, mas agora havia uma reação em sua expressão facial. Passei para as perguntas gerais sobre sua saúde mental. Pelo meu discurso introdutório antes de iniciar a avaliação, ela sabia que eu tinha visto seus registros médicos.

Tinha em mente uma carta do pronto-socorro de um hospital local. Doze meses antes, Michelle fora levada para lá de ambulância. O marido voltou para casa mais cedo e a encontrou caída no chão do banheiro. Havia uma garrafa com um quarto de vinho ao seu alcance. Para ele, parecia que ela havia se sentado na banheira e bebido até cair em estupor. Ele não conseguiu acordá-la e chamou uma ambulância. Antes da chegada dos paramédicos, ele encontrou dois pacotes vazios de paracetamol na lixeira. Os exames de sangue feitos após a chegada ao hospital confirmaram que ela havia tido uma overdose. Dois dias depois, ela foi considerada clinicamente apta e, de acordo com a política, encaminhada para a equipe de saúde mental do hospital.

Eu havia analisado a carta da enfermeira psiquiátrica designada para avaliá-la. Michelle disse à enfermeira que se sentia bem para ir para casa. Ela parecia envergonhada com a overdose e afirmou que não faria nada tão tolo assim de novo. A enfermeira sentiu que a aparência de Michelle não combinava com suas palavras. Ela parecia abatida e sua mente parecia estar em outro lugar. Não se recusou a participar da avaliação, mas a discussão pareceu ficar apenas na superfície de sua vida e experiências. Elas foram interrompidas pela chegada do marido de Michelle à ala. Ele pediu um momento a sós com Michelle. A enfermeira psiquiátrica disse que ela voltaria em cerca de uma hora; ela tinha uma papelada para resolver. Quando voltou, Michelle havia partido. A equipe de enfermagem da ala presumiu que a avaliação de saúde mental tivesse sido concluída e não se opôs ao pedido de Michelle para sair.

Ela não havia sido atendida por nenhum outro especialista em saúde mental, mas entre as anotações médicas havia algumas breves feitas por clínicos gerais que ela consultara para depressão e ansiedade. Três tipos diferentes de medicamentos antidepressivos foram experimentados com sucesso variável.

Perguntei a Michelle da maneira mais geral possível se ela sofria de algum problema de saúde mental. "Não por pelo menos um ano", ela respondeu. Revelou um histórico de problemas de saúde mental, enfatizando que eles não eram mais um problema. Enquanto eu tomava nota de sua resposta, disse: "Então você não teve nenhuma dificuldade com sua saúde mental por pelo menos doze meses", e fiz uma pausa. Registrar abertamente que os problemas eram coisa do passado deveria, eu esperava, tornar mais fácil para ela falar sobre eles.

Quando perguntei, ela deu uma espécie de relato. "Tomei alguns comprimidos. Foi uma bobagem. Era de pouca importância, mas isso foi há muito tempo... Não tem relevância pra isto." Nós dois sabíamos que por "tomei alguns comprimidos" ela se referia à overdose. Acho que ela esperava que isso fosse o fim da discussão sobre a overdose, mas eu precisava saber mais.

"Não quero falar muito sobre isso..." – com o olhar baixo e a inquietação com a alça da bolsa, seu desconforto era claro – "... mas, antes de continuarmos..." – oferecer a perspectiva de em breve não falar sobre a overdose podia encorajá-la a falar para acabar logo com aquilo – "... você pode me ajudar a entender por que você chegou à overdose?"

"Tinha muita pressão naquela época. As crianças eram pequenas. Eu queria começar a estudar, mas não podia. Pete estava trabalhando em todas as horas que Deus mandava. Senti como se estivesse me afogando sob a pressão. Ela me pegou. Tinha essa sensação constante... nervos... como se algo terrível fosse acontecer, mas eu não sabia o quê." Exagerar nos fatores situacionais e minimizar nossos traços disposicionais para explicar nosso comportamento negativo é uma tendência comum. Por outro lado, geralmente somos menos caridosos nas atribuições que fazemos pelo comportamento dos outros. Temos mais probabilidade de culpá-los por seus infortúnios do que aceitar o papel de fatores externos.

Michelle pode ter tido outros motivos para apresentar a overdose como reação atípica a um conjunto incomum de circunstâncias. Pais brigando pelo retorno dos filhos podem estar com medo de que mostrar uma vulnerabilidade inerente possa ser usado contra eles. Ao descrever um período difícil do passado como uma falha excepcional, eles podem distanciar-se dele. Ela deveria ouvir que eu não estava ignorando o papel das circunstâncias estressantes antes de prosseguir para explorar o que sua reação a esses eventos me dizia sobre ela. "Ok, só para ter certeza de que entendi as coisas que causaram estresse na época; era cuidar de crianças pequenas, não poder começar a estudar e seu marido trabalhar muito. Isso está correto?" Ela assentiu com a cabeça e eu perguntei: "Por que você acha que, quando estava sob toda essa pressão, chegou a uma overdose?"

"Eu queria que tudo aquilo parasse. Me senti presa... não acho que foi para acabar com tudo... eu queria não ter que acordar..."

"O que você queria que parasse?"

"Só como eu me sentia... o pavor."

Os médicos que trabalham com saúde mental que avaliam alguém que teve uma overdose devem descobrir a intenção do paciente no momento anterior ou quando ele tomou os comprimidos. A tarefa que nos é dada é determinar se eles pretendiam ou não acabar com sua vida. Existe até uma escala disponível que gera uma pontuação de intenção suicida. Podemos ser enganados pela necessidade de determinar a intenção suicida de alguém e pensar que, se pudéssemos apenas congelar o quadro mental lembrado no momento antes de ele ter a overdose, seríamos capazes de ver uma intenção clara. A experiência subjetiva não funciona assim. A palavra "intenção" se refere ao objetivo de um ato conforme previsto pelo agente. Pacientes que chegam a um ponto em que estão preparados para infligir danos a si mesmos raramente têm um objetivo cristalino. Em vez disso, costumam se perder em uma profusão de pensamentos e sentimentos desconcertantes. Uma intenção específica e fixa é a exceção, mas ainda assim pressionamos a maioria dos pacientes para tentar nos dizer o que era.

A ausência de uma intenção definida não é o mesmo que a ausência de motivo. O motivo podia ser encontrado na escolha de palavras de Michelle. Ela tinha descrito ser incapaz de escapar da sensação de pavor. Vivenciava um estado que chamamos de armadilha.

Para entender esse estado de espírito, devemos olhar para nossa resposta natural aos sinais de ameaça. Preparar-se para atacar ou fugir da ameaça foi um reflexo essencial na história de peregrinação na savana inicial do *Homo sapiens*. A qualquer momento, havia uma possibilidade real de um ataque com risco à vida que vinha de predadores ou de humanos competindo por comida, território ou parceiros. Este estado de preparação para ameaças pode ser vivenciado de diferentes maneiras, dependendo da resposta. A preparação para confrontar a fonte da ameaça é experimentada como raiva. A preparação para escapar dela produz um estado subjetivo de ansiedade. De qualquer forma, esses sentimentos passam assim que a ameaça é neutralizada ou evitada. Essa reação de luta ou fuga persistiu, apesar da drástica transformação em nosso hábitat e estilo de vida. Os perigos atuais raramente representam uma ameaça imediata à vida. No entanto, podemos estar sujeitos a uma ameaça existencial.

A sensação de Michelle era de que ela se afogava, o peso de sua existência puxando-a para baixo. Seu cérebro tinha feito o que foi projetado para fazer quando confrontado com uma ameaça e produziu sentimentos de nervosismo e pavor. O problema era que aquela não era uma ameaça limitada pelo tempo, para a qual nossa resposta de lutar ou fugir foi projetada. Não havia escapatória. Sem qualquer perspectiva de resolução da ameaça, Michelle permaneceu presa em um estado defensivo de alta agitação emocional. Isso logo se torna insuportável, e a emoção precisa ser expressada de alguma forma. Para algumas pessoas, entre elas, Michelle, conduzir a emoção negativa para dentro torna-se a única opção disponível. O professor Mark Williams, da Universidade de Oxford, cunhou a frase "grito de dor" para capturar a função expressiva do comportamento suicida.

Lembrei a Michelle que ela havia mencionado ser incapaz de seguir seu desejo de estudar. Eu queria saber por que, mas não perguntei diretamente. "Você pode me contar mais sobre aquela época?"

"Não acho que aproveitei ao máximo minha educação. Não obtive qualificações dignas de nota, mas sei que não sou estúpida... Pete não ficou..." – ela hesitou, como se pensando como melhor expressar aquilo – "muito contente. Ele tinha visto o e-mail da faculdade." O e-mail era uma resposta à pergunta dela sobre um curso de educação de adultos em psicologia infantil.

Começava a me perguntar se poderia ter sido algo mais do que apenas não ser capaz de ver as rotas de fuga. As rotas dela estavam sendo bloqueadas? "Vocês já tinham falado sobre a faculdade antes?"

"Na verdade, não. Posso ter dito algo uma vez, mas ele deixou claro que não era uma boa ideia. Ele tinha razão. Não era hora de pensar em mim. Eu estava sendo egoísta."

"Ele deu outros motivos por que não queria que você começasse a estudar?"

"Ele sempre estava preocupado com outros homens. Eu meio que entendo, ele teve uma vida difícil, mas fiz tudo que ele pediu. Eu sempre disse a ele onde ia e com quem estaria. Não era muito uma vida."

"Parece realmente difícil... Quando ele viu o e-mail, o que aconteceu?"

"Ele ficou alucinado", ela deixou escapar, antes de acrescentar de uma forma mais ponderada: "vamos dizer apenas que ele não ficou muito contente".

Senti que este era o ponto em que eu poderia perguntar sobre as alegações de violência doméstica. Eu precisava ter cuidado para não presumir que houve violência, mas, se houvesse, o momento e a formulação das perguntas poderiam ser cruciais. Uma pergunta mal planejada ou formulada de forma descuidada poderia provocar uma negação. Então, a oportunidade poderia ser perdida. Mesmo que houvesse a possibilidade de que ela falasse sobre violência doméstica, isso teria se tornado ainda mais remoto após uma negação inicial.

Percebi como ela tinha falado sobre Pete. Parecia inclinada a minimizar seu comportamento irracional. Estava invertendo a direção usual do viés de atribuição – convencendo-se de que Pete reagia de forma compreensível a circunstâncias difíceis, enquanto ela era uma pessoa imperfeita. Quer eu esteja interrogando uma vítima ou um agressor, despersonalizar a questão muitas vezes torna mais fácil a situação, para que comecem a falar mais abertamente sobre a violência.

"Isso acabou se tornando físico?", perguntei de forma proposital, usando "isso" em vez de "ele", e "físico" em vez de "agressivo" ou "violento".

"Ele ficou tão irritado que me atacou e me atingiu no queixo."

"Nossa... esse tipo de coisa tinha acontecido antes?"

"Não posso dizer que não... Normalmente era ok, mas, se ele tivesse um dia difícil, eu pisava em ovos."

"Você alguma vez recebeu tratamento para as lesões?"

"Sim, quebrei meu braço. Ele me empurrou com muita força e eu caí para trás sobre o braço do sofá, indo parar na lareira. Disse às pessoas do hospital que foi um acidente."

Michelle agora tinha cruzado uma linha. Para falar o quanto tinha falado sobre a agressão de Pete, ela precisava conter suas racionalizações reflexivas. Então, ficou mais livre para continuar. Sem precisar de muitos estímulos, ela agora era capaz de revelar a extensão do comportamento controlador, coercitivo e abusivo dele. Como se por hábito, seu relato ainda estava repleto de justificativas para ele. A diferença agora era que estas verbalizações não mais pareciam inibir seus comentários sobre como Pete a tratava. Ela também parecia menos contida ao falar sobre como enfrentava isso.

Os sentimentos de Michelle não eram necessariamente melhores quando ela estava alcoolizada; eram apenas diferentes. Ela não ficava tão dominada pelo medo. Ser capaz de resistir a um ataque verbal deu a ela um momento de respeito, que valia a pena mesmo quando seguido por uma agressão mais cruel. Ela admitiu, com o que achei um autêntico pesar, que as crianças com certeza tinham ouvido as brigas ferozes e que muitas vezes estavam na sala quando Pete era violento. Ela se lembrou de uma vez quando ele bateu nela e a chutou enquanto ela segurava o filho mais novo. Ele foi fisicamente violento pela primeira vez quando ela estava grávida, mas o abuso emocional era ainda mais antigo. Michelle agora havia confirmado as suspeitas dos assistentes sociais: ela havia permanecido com aquele homem, apesar do potencial de dano para os filhos. Por mais equivocadas que suas decisões fossem, ela foi capaz de tomá-las por si mesma. Seus filhos, não.

O processo legal, ao falar sobre prioridades e escolhas, invoca o modelo racional de custo-benefício de tomada de decisão. De acordo com este modelo, primeiro avaliamos os prós e os contras das escolhas alternativas. Em seguida, escolhemos a opção que achamos que melhor se adequa a nós. Em seu best-seller, *Rápido e devagar*, o ganhador do prêmio Nobel, Daniel Kahneman, oferece um relato acessível e cientificamente informado das limitações do modelo de custo-benefício de tomada de decisão. Ele demonstra que este modelo falha em reconhecer vieses sistemáticos. Esses vieses são produtos automáticos de operações mentais em execução constante nos bastidores e, como tais, não são imediatamente óbvios para nós. Considerando que Kahneman defendeu seu ponto de vista usando exemplos de julgamentos circunscritos, como prever o risco de morrer em um tornado, não deveria ser surpresa que o modelo de custo-benefício seja considerado ainda mais deficiente como uma estrutura que orienta as decisões parentais e de relacionamento atreladas. O erro fundamental é ver a existência de um indivíduo como resultado de uma série de oportunidades para escolhas e decisões racionais. A vida de ninguém é assim.

Vale a pena considerar por que, contra a maré de descobertas da pesquisa, o modelo racional de custo-benefício continua tão atraente, mesmo para consultores jurídicos intelectualmente rigorosos. O principal dos motivos é que o que vemos se restringe pelas ferramentas com que olhamos. Embora nossa mente seja muito mais do que o produto da parte de raciocínio de nosso cérebro, essa é a parte que usamos para buscar compreensão. Não é apenas que a paisagem mental subterrânea seja obscurecida – as ferramentas disponíveis para a introspecção são projetadas para se ver uma realidade virtual, composta de forma retrospectiva após uma decisão ter sido tomada.

Como, então, devemos entender por que a mãe continua seu relacionamento com o parceiro abusivo? Como acontece com tantos outros problemas sociais, os profissionais de saúde (com seu dialeto de sintomas e síndromes) assumiram a responsabilidade pela violência doméstica. Especialistas que se interessaram pelos efeitos danosos da violência doméstica na década de 1970 identificaram um padrão cíclico desde o estágio inicial de tensão crescente até o estágio de espancamento, que era seguido por uma fase de contrição. A frase "síndrome da mulher espancada" foi cunhada para descrever o efeito psicológico da exposição repetida a esse ciclo de abuso. Seus proponentes se basearam nas semelhanças com o transtorno de estresse pós-traumático, um diagnóstico médico formal. A síndrome da mulher espancada foi apresentada a um público mais amplo, incluindo o sistema de justiça criminal, por evidências de especialistas nos raros casos em que a vítima se torna a agressora. Articular o problema em termos sindrômicos e diagnósticos agregou prestígio médico aos pedidos para que tribunais concedessem clemência a mulheres que tinham matado maridos violentos. Entretanto, isso não era sempre bem recebido pelas mulheres ou seus simpatizantes.

Em julho de 1991, Sara Thornton, enquanto estava detida na prisão Bullwood Hall, começou a recusar comida. Sua greve de fome foi motivada pela experiência em primeira mão com o viés de gênero na resposta do sistema de justiça criminal à violência doméstica. Ela tinha acabado de ouvir sobre o julgamento de um homem que matara a esposa alcoólatra. Libertando o homem da custódia para cumprir uma sentença comunitária, o juiz expressou empatia pelo réu e comentou que sua esposa "teria acabado mesmo com a paciência de um santo". Dois dias antes, o apelo de Sara contra uma condenação por homicídio por matar o marido alcoólatra e violento tinha sido negado. Ela continuou detida na prisão para cumprir o restante da sentença.

Sara Thornton conheceu o homem que viria a se tornar seu marido em maio de 1987, quando ela tinha 32 anos. Malcolm não era como seus parceiros anteriores, que não tinham atendido aos padrões que ela acreditava serem os que seu pai esperava. A aprovação de seu pai parecia inalcançável, mas ela continuou a buscá-la. Malcolm era um *bon vivant* inteligente com quem ela teve uma conexão instantânea. Externamente, Malcolm era o tipo do pai dela.

Malcolm gostava de beber, mas Sara também. Quando ela começou a perceber que ele tinha um problema com bebida, ela se comprometeu com o relacionamento e em ajudá-lo. Dois meses depois que se conheceram, houve um incidente que, em retrospectiva, foi o primeiro sinal de um problema mais sério. Dois colegas de trabalho que haviam acompanhado Malcolm bêbado para casa uma noite viram quando ele foi recebido por Sara na porta da frente. A jovem filha de Sara também observou enquanto Malcolm a socava com tanta força que ela foi levantada no ar e jogada em uma cerca-viva. Um de seus colegas interveio e houve uma luta violenta. A polícia foi chamada, mas desprezou o incidente como "apenas uma briga doméstica". Apesar do ataque violento, Sara continuou com a crença de que poderia salvar Malcolm de seus demônios. Ela não queria retornar para sua solidão e ficar à deriva, e sentir o peso da desaprovação de seu pai. A persuasão de Malcolm também encorajava o otimismo sobre o futuro. Sabendo como o relacionamento acabou, as desculpas, o remorso e as promessas de Malcolm de parar com seu comportamento irracional podem ser vistos como táticas predatórias para prender a vítima vulnerável no relacionamento. Para Sara, na época, eram motivos para manter sua decisão de fazer o relacionamento funcionar. Malcolm aceitou ajuda e conseguiu passar por um período de abstinência. Essa fase foi a exceção. A direção geral da trajetória de sua vida foi para baixo, e ele arrastou Sara junto. Ela estava presa a um relacionamento com um alcoólatra que estava inclinado a atacá-la. Em sua briga final, Sara esfaqueou Malcolm uma vez e ele morreu.

Os advogados de Sara consideraram se havia evidência para sustentar um ato de defesa de uma provocação. Isso dependeria basicamente da questão sobre se esta defesa legal foi projetada considerando pessoas como Sara Thornton.

Em sua forma moderna, a provocação pode ser remontada à análise do tribunal de um confronto violento na Torre de Londres. Em 7 de junho de 1706, William Cope levou um grupo de oficiais e cavalheiros para jantar em uma taverna local. Eles comeram e beberam com vontade antes que a maioria do grupo partisse. Os homens restantes aceitaram o convite de Cope para retornar à guarita na Torre, onde ele pediu mais garrafas de vinho. Sua folia foi interrompida pela notícia de uma mulher que havia chegado em uma carruagem e perguntou por Cope. Um dos membros do grupo, John Mawgridge, acompanhou Cope no encontro com a visitante, então os três retornaram à guarita. A atmosfera se deteriorou quando Mawgridge foi rude com a visitante. Após uma discussão intensa entre eles, Mawgridge ameaçou a mulher. Cope interveio em defesa dela, o que irritou Mawgridge ainda mais. Ele exigiu uma luta para resolver a questão, mas Cope disse que não era a hora nem o lugar, e aconselhou o adversário a se retirar. No caminho para a porta, Mawgridge pegou uma garrafa cheia de vinho e a jogou em direção a Cope, que respondeu da mesma maneira com outra garrafa. Mawgridge, então, sacou sua espada. Outro membro do grupo tentou ficar entre os dois homens, mas Mawgridge enfiou a arma no peito de Cope. Cope morreu quase de forma instantânea.

O júri reunido no Old Bailey um mês depois concordou com os fatos do caso. Eles tiveram mais dificuldade em decidir se Mawgridge deveria ser considerado culpado de homicídio doloso ou culposo. Era uma questão de vida ou morte para o réu, porque uma condenação por homicídio doloso levava automaticamente à execução, enquanto a sentença por homicídio culposo ficava a critério do juiz. O júri emitiu um veredicto especial que, na verdade, passou essa difícil decisão aos juízes superiores. O resultado de suas deliberações perduraria na história do direito, porque os juízes não se limitaram apenas ao destino de Mawgridge. O autor da decisão e presidente da Suprema Corte da Inglaterra, Sir John Holt, declarou: "Devo considerar o que é tal provocação que fará com que o ato de matar seja apenas homicídio culposo". Essa era uma época em que uma demonstração de raiva masculina era justificada se a honra do homem tivesse sido questionada. Holt declarou que uma reação de sangue quente sustentaria a defesa contra uma acusação de homicídio doloso se fosse provocada pelo comportamento agressivo da vítima.

Quando eles voltaram sua atenção para o caso diante deles, sustentaram que Cope atirar uma garrafa não era uma provocação suficiente, porque ele estava apenas reagindo ao uso inicial de agressão física de Mawgridge. Aplicando esta lógica, os juízes concluíram que, segundo a lei, as ações de Mawgridge constituíam assassinato intencional. Em uma nota de rodapé interessante para este caso jurídico histórico, a sentença de morte automática de Mawgridge não pôde ser decretada imediatamente. Dois meses depois do julgamento inicial, ele escapou da prisão Marshalsea e fugiu para o exterior. Como ainda estava foragido quando o juiz declarou o veredicto, Mawgridge foi considerado um fora da lei. Por fim, foi capturado e devolvido a Londres. Na prisão Newgate, ele se arrependeu diante do capelão e orou pela misericórdia de Deus antes de ser levado para Tyburn, então uma vila fora de Londres, agora perto do local do Marble Arch. Lá, em 28 de abril de 1708, foi executado pelo assassinato de William Cope. O caso de Mawgridge estabeleceu o princípio de que, para uma defesa de uma provocação, o assassinato deve ter ocorrido no momento explosivo. Pouco menos de dois séculos e meio depois, em 1949, o tribunal de apelação reafirmou este requisito em seu julgamento de que a provocação é um ato que faz com que o acusado experimente uma perda repentina e temporária de controle. Era este requisito que deixava a provocação fora do alcance da equipe jurídica de Sara Thornton.

O caso de Sara não era incomum. Os efeitos da violência doméstica sobre a vítima se acumulam por um período prolongado, ao invés de ocorrerem apenas no momento da agressão. Houve um cenário doméstico que a decisão judicial de Sir John Holt no século XVIII considerou suficiente para ser uma provocação, mas definitivamente não tinha utilidade para Sara. O juiz Holt descreveu um homem que encontrou a esposa envolvida em um relacionamento adúltero. Estabeleceu-se aos olhos da lei que, se o homem reagisse com violência homicida, ele poderia recorrer à provocação como defesa contra a acusação de homicídio "porque o ciúme é a raiva de um homem, e o adultério é a maior invasão de propriedade". Refletindo os costumes sociais da época, ele passou a afirmar que "não há provocação maior que um homem pode receber".

Apesar de quase trezentos anos terem se passado, persistia um viés de gênero na lei da provocação. No mundo inteiro, a vítima de um homicídio doméstico tem quatro vezes mais probabilidade de ser mulher. Um homem que matou em um ataque de ciúmes poderia esperar que a descoberta repentina da infidelidade da esposa fosse aceita por um júri como uma provocação que reduziria sua culpa. Se uma mulher que foi agredida repetidamente pelo marido enfim recorresse à agressão, ela teria dificuldade em persuadir o júri de que as ações do marido eram uma provocação. A diferença na força física e na prontidão para usar a agressão significa que, quando as mulheres às vezes viram o jogo, são menos capazes de reagir no momento. Por definição legal, a provocação não estava disponível para muitas mulheres, mesmo quando havia uma conexão aceita entre o crime e sua vitimização anterior.

A única defesa realisticamente disponível para Sara na época era a semi-imputabilidade. Se ela conseguisse isso, teria o mesmo efeito de redução de acusação de homicídio doloso para culposo. Mas o uso da defesa para mulheres na situação de Sara causava inquietação entre os apoiadores. Enquanto a provocação indicava que houve uma reação compreensível a circunstâncias extremas, a semi-imputabilidade colocava a explicação diretamente, mas não de forma justa, em uma anormalidade da mente da mulher. Sem outra opção, Sara aceitou com certa relutância o conselho dos advogados. Os dois psiquiatras instruídos pelos advogados encontraram evidências que sustentavam a semi-imputabilidade.

Em linha com minha experiência de muitos julgamentos em que a semi-imputabilidade era um fator, a acusação contestou essa defesa não apenas com as próprias evidências psiquiátricas – o psi-quiatra da Coroa não acreditava que a condição de Sara fosse tão grave que sua responsabilidade fosse substancialmente prejudicada –, mas também procuraram criar uma imagem da ré como uma assas-sina calculista. Eles chamaram uma testemunha que, pouco antes do incidente, ouviu Sara dizer que ia matar Malcolm. Foram apre-sentados fragmentos de evidências que levantaram a questão sobre se Sara era motivada por ganho financeiro, embora a realidade (não apresentada ao júri) fosse que não havia essa perspectiva de ganho.

A ligação de Sara para os serviços de emergência depois de esfaquear Malcolm foi mencionada. A maneira direta como ela ex-plicou "acabei de matar meu marido" e seu comportamento calmo e brincalhão quando a polícia e a equipe da ambulância chegaram não estavam em conformidade com as expectativas de uma vítima mentalmente instável de violência doméstica. Foi sugerido que aquele era um ataque mais misógino à sua reputação. Em seu excelente livro, *Sara Thornton: The Story of a Woman Who Killed* [Sara Thornton: a história de uma mulher que matou], a advogada Jennifer Nadel mostra como Sara estava sendo julgada também por não se conformar às expectativas da sociedade em relação a uma boa mulher.

O júri se retirou às 10h30. Quando, mais de seis horas depois, ele não tinha retornado, o juiz o chamou de volta e explicou que, se não conseguissem chegar a um veredicto unânime, ele aceitaria o da maioria. Eles se retiraram novamente, mas no fim do dia ainda não tinham conseguido chegar a um acordo e foram levados para um hotel. O júri passou a manhã seguinte deliberando até que enfim chegaram a uma decisão da maioria. Decidiram que Sara era culpada de homicídio doloso e ela foi condenada à prisão perpétua.

Em julho de 1991, Sara apelou contra sua condenação. Sua equipe jurídica procurou persuadir o tribunal de apelação de que a defesa de uma provocação deveria estar disponível para ela. Os juízes não foram persuadidos e ela voltou à prisão para continuar sua sentença de prisão perpétua. Outros quatro anos se passaram antes que ela pudesse apresentar novas evidências psiquiátricas sobre sua condição mental e o efeito da violência de Malcolm sobre o estado de sua mente. Desta vez, os juízes aceitaram que haviam sido lançadas dúvidas suficientes sobre o veredicto original e então ordenaram um novo julgamento. Em maio de 1996, o júri do Tribunal da Coroa de Oxford concluiu que ela foi culpada de homicídio culposo, e não doloso. O juiz decidiu que o tempo de prisão que ela já havia cumprido era uma sentença suficiente e ela foi libertada. Após o veredicto, ela disse: "Estou muito cansada para ter um sentimento de vitória, e houve muita dor e, no fim das contas, Malcolm morreu".

O caso de Sara Thornton foi um dos três casos de violência doméstica na década de 1990 que consideraram a defesa de uma provocação insuficiente. Kiranjit Ahluwalia tinha suportado dez anos de agressão física e sexual do marido quando pôs fim ao abuso. Ele havia sido agressivo novamente, mas nesta ocasião ela colocou fogo nele e ele morreu depois por conta dos ferimentos. O juiz de primeira instância convenceu o júri de que, aos olhos da lei, a provocação é um ato que causa no acusado uma perda repentina e temporária de controle. O problema para Kiranjit é que ela não resolveu o problema até que o marido adormecesse. O júri a condenou por homicídio doloso.

Emma Humphreys tinha 17 anos e estava em um relacionamento abusivo com um homem de 33. Uma noite, ela estava sentada no andar de cima segurando duas facas que tinha usado para se cortar. Ao ouvir o parceiro se aproximando, a experiência a tinha ensinado a esperar um estupro, uma surra ou ambos. Ele zombou dela sobre os ferimentos autoinfligidos e ela enfiou a faca nele. Aplicando a lei como era naquela época, o juiz instruiu o júri a desconsiderar as evidências psiquiátricas sobre sua vulnerabilidade mental. Ela foi considerada culpada por homicídio doloso.

Por fim, reconheceu-se que a lei estava uma bagunça e, em 2010, a provocação como defesa legal nas leis inglesa e galesa foi definitivamente abolida. Ela foi substituída pela defesa de "perda de controle". Essa defesa tornou-se disponível para mulheres que haviam sido vítimas dos parceiros repetidas vezes, mesmo que a perda final de controle não fosse uma reação imediata a um ato provocador. Ela permitiu que o medo da violência, não apenas um ato de provocação, se qualificasse como um gatilho para a perda de controle.

O conceito de síndrome da mulher espancada pode ter emprestado legitimidade médica ao argumento para a revisão da lei sobre mulheres espancadas que matam. Apesar disso, não é particularmente útil quando se trata de responder às questões colocadas pelo tribunal em um caso como o de Michelle. Como acontece com muitos diagnósticos de saúde mental, a síndrome da mulher espancada descreve, mas não explica. Esse rótulo sindrômico serve como um sinalizador para os outros de que o estado psicológico de Michelle é reconhecido entre as vítimas de violência doméstica, mas por si só não explica como o relacionamento específico de Michelle com Pete levou às questões agora perante o tribunal de família. O rótulo clínico pode apontar a direção geral da terapia, mas não informa as soluções potenciais neste caso. Identificar processos dentro da mente – ou aqueles que ocorrem entre duas mentes – é, em minha experiência, sempre mais frutífero.

Em experimentos que para as sensibilidades dos dias modernos parecem cruéis, um grupo de pesquisadores americanos da década de 1960 examinava o comportamento de cães que antes haviam sido condicionados a associar um som a um choque elétrico. A hipótese era que, tendo aprendido essa associação, os cães seriam mais rápidos em aprender que poderiam escapar de um choque na base de uma parte de uma caixa pulando sobre uma barreira baixa na outra parte dela. Ocorreu um problema inesperado. Em vez de pular a barreira para escapar do choque, os cães geralmente ficavam onde estavam e esperavam que o choque passasse. O psicólogo americano Martin Seligman se propôs a entender esse fenômeno. Na época, acreditava-se que o aprendizado envolvia o condicionamento clássico do tipo demonstrado por Pavlov, que treinou um cachorro para salivar ao som de um sino, combinando repetidamente o sino com a comida. Seligman reconheceu um papel maior para os processos mentais e desenvolveu a teoria do desamparo aprendido, que sugeria que os cães tinham aprendido que não tinham controle sobre o que acontecia com eles. Essa teoria foi adotada por pesquisadores que estudavam mulheres que haviam sofrido abuso. Enquanto a síndrome da mulher espancada descreve os efeitos do abuso (que pode ocorrer em qualquer relacionamento íntimo com o parceiro), o desamparo aprendido é uma tentativa de explicar a mente de uma mulher que sofreu abuso. Eis aqui um processo mental que supostamente sustentava o comportamento. Como conceito, o desamparo aprendido tem seus problemas. Ele reduz a violência doméstica a simples algoritmos de aprendizagem. Ele não poderia levar em consideração o que Michelle me contou sobre como se sentia.

Michelle disse que não conseguia parar de amar Pete. Mesmo agora, que seu distanciamento do relacionamento lhe permitiu ver a crueldade anterior dele com mais clareza, ela ainda sentia amor. Tomados ao pé da letra, seus comentários poderiam condená-la ainda mais aos olhos dos assistentes sociais e do tribunal. De acordo com o modelo de prioridades competitivas, os sentimentos que ela priorizou – os seus próprios por Pete – ainda persistiam. Ela tentou me assegurar de que esses sentimentos não a fariam quebrar a promessa que fizera de não o aceitar de volta. Concordou que o risco para os filhos era grande demais, mas a dificuldade era o quanto confiar nessa promessa. Podia ter sido feita com honestidade, mas ela já a tinha quebrado antes.

Como a maioria dos pais que avalio para o tribunal de família, Michelle não foi capaz de manter a reticência cautelosa com a qual começou a reunião. Alguns, como Michelle, passam para uma terceira fase de tentar abertamente dar sentido às escolhas contraditórias que fizeram. Entre as respostas de Michelle estavam reflexões espontâneas sobre como suas escolhas não faziam sentido. "Não entendo."; "Por que uma mãe faria seus filhos passarem por isso?"; "Parece loucura, até para mim."; "Eu gostaria de entender tudo." Essa curiosidade era motivo para um otimismo cauteloso. O fato de ela não ter conseguido chegar a uma explicação coerente não mudava esse prognóstico, mas considerei um sinal positivo que não estivesse mais disposta a reverter às explicações racionais inventadas.

Todos nós estamos administrando uma gama variada de impulsos inerentes. Algumas vezes, esses impulsos competem com outros.

A tragédia de Michelle era que dois fortes impulsos enraizados, que geralmente funcionam em conjunto, estavam em contradição. Seu amor por um homem que poderia ser abusivo fez com que seu impulso para a intimidade acabasse sendo lançado contra seu impulso materno para cuidar de seus filhos. Em vez de eliminar o conflito de uma vez abandonando Pete, sua visão da realidade tinha se alterado para reduzir o senso de conflito, possibilitando que ela continuasse o relacionamento.

Na primeira vez que Pete a chamou de "gorda", Michelle não tinha como saber que isto era o início de um padrão; antes disso, ele tinha parecido atencioso e amoroso. Quando eles se conheceram, ela sentiu uma conexão instantânea. Ele a fizera se sentir especial. Eles eram almas gêmeas. Por que ela jogaria tudo isso para o alto por causa de um único comentário? Pelos primeiros meses, ela viu cada insulto cruel como algo isolado. Devido a seu desespero em fazer o relacionamento funcionar, ela levou um tempo para reconhecer o padrão. Também não percebeu que sua atitude em relação a si mesma estava diminuindo gradativamente e, quando o comportamento dele era impossível de ignorar, Michelle já havia se acostumado à crítica. Ela agora tinha a sensação de que as críticas eram merecidas. Nesse relacionamento, o senso de identidade de Michelle foi recalibrado de forma a neutralizar a contradição de sentir a necessidade de alguém de quem ela também sentia medo. Tratava-se de uma tentativa de sobrevivência psicológica em um hábitat quase sempre ameaçador. Mas o efeito foi o de consolidar sua dependência de Pete. De sua posição de valor próprio desvalorizado, a ideia de não ser amada e, portanto, estar sozinha para sempre parecia uma perspectiva mais realista. Presa nesse ciclo destrutivo, ela não fez escolhas de relacionamento baseadas em um exame objetivo dos resultados esperados. Como ocorre com todos nós, seus sentimentos, que surgiram de maneira reflexiva em vez da consideração ponderada, foram influentes na tomada de decisões. A diferença nesse cenário de violência doméstica foi que certos sentimentos, como a dúvida, a sensação de inutilidade e o medo, prevaleceram de forma avassaladora.

De sua posição de dependência emocional em relação a Pete, sua avaliação dos riscos para as crianças de testemunhar o abuso ficou distorcida. Ela estava pronta para aceitar as promessas dele de que não aconteceria novamente, não importava quão irreais essas promessas eram, porque ela queria acreditar nelas.

Mesmo com um melhor entendimento das contradições na vida de Michelle, achei que este não era o quadro completo. Ao falar sobre o início das zombarias degradantes de Pete, ela disse "não foi uma surpresa". Ela quis dizer que, em retrospecto, ela podia ver que havia algo errado? Não, ela esclareceu, era que parecia familiar de "um jeito estranho".

Como no caso da descrição da síndrome da mulher espancada ou da explicação do desamparo aprendido, minha exploração até este ponto se limitava ao próprio relacionamento. Eu ainda não tinha examinado o passado que Michelle havia trazido ao relacionamento.

Eu sabia que mulheres em um relacionamento abusivo muitas vezes tinham atraído anteriormente a atenção de outros homens abusivos. Perguntei sobre quaisquer problemas anteriores de relacionamento. Ela explicou que não teve um relacionamento "propriamente dito" antes de Pete. Até então, ela morava em casa com seus pais. Sua vida tinha sido, em suas próprias palavras, protegida. Eu olhei mais para trás. Falando sobre seus pais, ela disse que "eles eram superprotetores". Sua escolha de palavras sugeria uma preocupação exagerada, mas eu precisava ir mais fundo.

"Como era a vida em casa?"

"Meio que normal... mas eles se preocupavam com a minha segurança. Eu não ia para a casa dos meus amigos. Nunca passei a noite na casa deles... Tínhamos algumas férias. Nada fora do comum... A escola era boa."

"Você tinha amigos?"

"Ah, sim, na minha primeira escola nós formávamos um pequeno grupo. Éramos muito unidos."

"Você os via fora da escola?"

"Na verdade, não."

"O que aconteceu quando você passou para o Ensino Médio?"

"O grupo meio que se dividiu. Bem, na verdade, foi mais porque eu saí."

"Ah, é?"

"É, não funcionava mais pra mim. Meu pai era bem rígido."

A abordagem que Michelle adotou para me apresentar à sua vida na juventude parecia familiar. Havia paralelos com a maneira como ela começou a falar sobre Pete. Desde o início da conversa sobre sua infância, ofereceu explicações que pareciam desculpas. Nesse estágio, eu não sabia se seus problemas de infância iam além da atenção excessiva, mas amorosa, dos pais. Em caso afirmativo, não saberia dizer se suas defesas foram construídas de forma consciente e temporária para os propósitos deste interrogatório ou se elas tinham uma história mais antiga. Devo ser especialmente cuidadoso ao explorar defesas bem estabelecidas. Não estávamos iniciando uma terapia; era uma avaliação independente e, embora chegar a um entendimento adequado fosse meu objetivo, e fosse do interesse de Michelle, não deveria deixá-la exposta a forças emocionais que ela não conseguiria controlar.

"E sobre sua mãe?"

"Ela era patética... Desculpe, isso não é uma coisa legal de se dizer, mas ela sempre ficou do lado dele. Eu tenho mais raiva dela do que dele. Ela era covarde."

"Ficou do lado dele? Pode falar um pouco mais sobre isso?"

"Ele era um homem cruel. Ele disse que eu nunca seria grande coisa, mas nunca me deixou provar meu valor. Quando ele não estava lá, ela falava: 'não escute o seu pai', mas quando ele dizia coisas horríveis pra mim, ela ficava sentada e quieta. Às vezes, até balançava a cabeça concordando. Me embrulha o estômago só de pensar."

Michelle tirou um lenço da bolsa para enxugar os cantos dos olhos cheios de lágrimas. Mas ela manteve a compostura e continuou.

"Eu não sabia o que deveria fazer. Ninguém me aceitaria. Ficaria sozinha. Estas são as coisas que ele dizia. Minha mãe covarde ficava olhando pro chão. Como eu poderia me provar para alguém se eu nem conseguia sair? Fazia uma cara de corajosa, mas por dentro me sentia um fracasso... Adorava a escola porque podia ser eu mesma lá. Amava meus amigos. Eles tiraram isso de mim. Nunca me ressenti dos meus amigos. Era eu. Eu ficava dando desculpas sobre não poder sair com eles. No fim, eles desistiram. Não contei a eles o real motivo. Fiquei boa em mentir. Talvez eu mesma acreditasse nessa mentira."

"Parece que você agora tem uma boa compreensão do que estava acontecendo. Você se lembra de como compreendia isso na época?"

"Eu era uma criança!" Ela tentou esconder a irritação com a minha pergunta. "Não sabia de nada. Era só como as coisas eram." Enquanto eu estava prestes a reconhecer que não era uma coisa justa a perguntar, pude ver que ela estava se esforçando para lembrar. "... Eles eram os adultos. Eles tinham as respostas. Deve ter sido algo que eu estava fazendo. Agora sei que não havia nada que eu pudesse ter feito para mudar as coisas, mas então..."

Foi um erro presumir que vivenciamos nossa vida apenas como uma série de acontecimentos. Em vez disso, vemos efeitos para os quais deve haver causas. Os humanos se beneficiaram de um aprimoramento particular dos processos de detecção de causa e efeito. Nossa visão cotidiana do mundo não é mecânica, em que uma ação é uma consequência inevitável de outra, da mesma forma que as bolas de uma mesa de bilhar batem umas nas outras; atribuímos às pessoas atitudes e intenções que explicam suas ações. Também somos capazes de manter essas ideias na mente mesmo quando a pessoa não está presente. Como consequência, podemos fazer previsões sociais sobre um número maior de indivíduos do que nossos parentes evolutivos mais próximos, como os chimpanzés, que dependem do contato imediato da catação social para compreender os membros de seu grupo. A parafernália mental que nos permite conceber teorias sobre o que está acontecendo na mente de outra pessoa para explicar seu comportamento nos serviu bem para nos tornarmos a espécie dominante. No entanto, se nos deparamos com efeitos que parecem estar em contradição com nossas crenças sobre o mundo, às vezes inventamos explicações causais espúrias.

Se uma jovem Michelle tivesse rejeitado a ideia de que os pais tinham autoridade para conhecer e compreender seu mundo, ela se veria psicologicamente sozinha. Como Michelle poderia manter a crença de que os pais sabiam tudo enquanto seu pai dizia que ela era um fracasso? A solução era olhar para dentro em busca de causas. Com o tempo, a atribuição constante de responsabilidade a si mesma induziu um sentimento mais permanente de culpabilidade.

Como adulta, ela sabia que não tinha causado o tratamento que os pais davam a ela. Quando se colocou de volta na mente de seu eu mais jovem, percebeu que essas explicações alternativas não teriam parecido certas na época, mas, quando teve idade suficiente para compreender a lógica delas, sua ideia de si mesma já havia sido moldada. Eu me perguntei se ela tinha feito a conexão com seu relacionamento com Pete.

"Você pode me lembrar de quando foi que conheceu Pete?"

"É... quando eu tinha dezessete ou talvez tinha acabado de fazer dezoito anos... ele trabalhava no armazém local dos correios. Meu pai costumava me mandar lá pra pegar a correspondência. Naquela época, tudo era físico." Já tínhamos discutido o emprego do pai dela como inspetor. Quando ele estava com seus quarenta e poucos, tornou-se autônomo, o que significou passar mais tempo em casa. Falando sobre Pete, ela disse: "Ele era um tanto mais velho que eu... conversava comigo sempre que estava trabalhando. Eu sabia que ele tinha uma namorada, mas não havia nada entre nós naquele tempo. Só adorava conversar com outra pessoa. Sentia-me livre. Nunca esquecerei o dia que ele me chamou pra sair. Ele disse que tinha terminado com a namorada e gostava muito de mim... alguns meses mais tarde, alguém me disse que ainda estava com ela. Eu não sei se era verdade. Alguém disse que ele não tinha terminado com ela, ela que o expulsou. Não me importei naquela época. Ignorei o que as pessoas diziam. Ele era minha rota de fuga. Qualquer coisa era melhor que minha casa". Ela não queria que Pete fosse do jeito que era. Mas, depois que começou, reacendeu expectativas familiares.

Mas e quanto ao agressor aqui? Pode-se dizer que Pete explorou a vulnerabilidade de Michelle. Não importa se ele entendia ou não a causa da vulnerabilidade dela, certamente ele sabia que sua dominância no relacionamento se baseava em seu potencial agressivo. Ele não podia ignorar o desequilíbrio de poder, o que significava que tudo o que precisava oferecer eram migalhas ocasionais de afeto para satisfazer o desejo de Michelle de estar com ele, ou ao menos de não estar sozinha. O agressor não tem mais probabilidade do que a vítima de agir em resposta a ideias bem pensadas. O parceiro abusivo também é atingido, nem sempre de forma consciente, por fatores emocionais intensos e multidirecionais. Quando Pete prometia que iria parar, é muito provável que ele também acreditasse genuinamente nisso. Trabalhando com perpetradores de violência doméstica, muitas vezes descubro que sua abordagem dominante nas relações de parceria é motivada pelo medo de não ser amado e estar sozinho. Infelizmente, muitas vezes acontece que as forças emocionais conflitantes que atormentam os membros que formam um casal ressoam juntas para prendê-los na discórdia doméstica.

Seis meses depois de ter enviado meu relatório, chegou um e-mail da advogada que a instruiu. O caso foi encerrado e ela queria me informar o resultado. Michelle realmente manteve sua promessa de ficar longe de Pete e mostrou uma atitude mais positiva e menos suspeita sobre o envolvimento da assistência social, mas seu alcoolismo piorou. Como resultado, os assistentes sociais não se sentiram confiantes em devolver os filhos para ela. Enquanto eu lia o sumário, especulei que Michelle estivesse usando o álcool em sua batalha para resistir à tentação do relacionamento com Pete e para tolerar a sensação de vazio sem os filhos ou um parceiro.

Descobri mais tarde que Michelle tinha conseguido parar de beber de vez e que, após um processo gradual de aumento no contato com os filhos, todos os envolvidos concordaram que as crianças poderiam se reunir com a mãe em tempo integral – embora não tenha conhecimento se eles continuaram sob seus cuidados.

7

JODIE

QUANDO ACEITEI A CONTRATAÇÃO PARA AVALIAR JODIE, SABIA QUE ISSO significaria uma viagem de ida e volta de várias centenas de quilômetros até a prisão, mas estava curioso com o retorno à primeira prisão feminina que visitei. Minha visita lá cerca de vinte anos antes tinha deixado uma impressão duradoura.

Eu era residente em psiquiatria naquela época. Em nossos anos de treinamento como júnior, devemos obter experiência em diferentes áreas da psiquiatria antes de decidir sobre a trajetória que seguiremos. Fazíamos um rodízio do local de residência a cada seis ou doze meses. Já tinha trabalhado em alas para pacientes adultos e idosos, e também em um hospital-dia visitado por pacientes que viviam na comunidade. Depois de passar nos meus exames gerais, fui qualificado para uma posição em uma área mais especializada, como psiquiatria forense. A residência na segura unidade psiquiátrica do condado era concorrida, então tive sorte em trabalhar lá. Passava a maior parte do meu tempo realizando tarefas de médico da ala: avaliando pacientes recém-admitidos, reavaliando pacientes que já estavam lá por alguns meses ou mesmo anos, preparando relatórios para as rondas da ala, coletando sangue para exames e por aí vai. Em meu treinamento até então, esses tipos de tarefas tinham sido secundários.

Uma vez por semana, eu acompanhava o médico que me supervisionava, que tinha uma clínica na prisão feminina. No início de meu treinamento, tinha visitado uma prisão vitoriana tradicional que abrigava homens, e esperava encontrar uma prisão cercada por um muro impenetrável a olhares curiosos que tentassem espiar para dentro ou para fora. Em vez disso, o caminho do estacionamento até a entrada da prisão tinha uma cerca alta de arame. Eu também esperava uma guarita fortificada. Por ser uma brecha na fronteira contínua, o ponto de entrada de uma prisão costuma ser ampliado para acomodar medidas de segurança. A movimentação pela área é controlada por uma série de portas herméticas. Há espaços para revistas e varreduras. Uma sala protegida abriga os guardas que controlam as portas herméticas, dispensando chaves. Por outro lado, só observei o caminho para entrar nesta prisão por causa de um grupo de pessoas reunidas na cerca. Quando me aproximei, pude ver que estavam em uma fila que se estendia em direção à prisão.

Meu supervisor acenou com a cabeça para a direção da entrada à frente e, de forma discreta, comentou sobre a cena. Ficou claro, pela animação das crianças mais novas, em especial quando comparada à seriedade das mais velhas e dos adultos, que elas estavam alheias ao significado de sua situação. Meu mentor comentou sobre como estava triste com o pensamento de que o único contato direto de muitas daquelas crianças com a mãe seria em uma área de visitas supervisionadas de uma prisão. Embora a prisão fosse o que mantinha a mãe longe delas, era também onde estavam algumas de suas melhores lembranças da infância. Para a maioria das pessoas, uma prisão é ameaçadora tanto pelo que não sabemos sobre ela quanto pelo que sabemos. Para essas crianças, a prisão era tão familiar quanto o shopping que visitavam no fim de semana.

Voltando anos depois, pensei naquele grupo de pessoas perto da cerca. Pensei no quanto minha abordagem da psiquiatria havia mudado nesse período. Naquela época, meu treinamento como estudante de Medicina e minha experiência como médico júnior haviam encorajado uma abordagem no estilo de uma linha de produção para a Medicina. O estilo mecânico de avaliação e diagnóstico que nos ensinaram, em conjunto com a pressão do trabalho e os efeitos da privação do sono por conta dos plantões frequentes sem dias de descanso, teve o efeito de remover o elemento humano. Era como se não houvesse tempo para tirar os olhos das tarefas e direcioná-los para a pessoa. Agora percebo que tinha me tornado menos um médico e mais um técnico hospitalar com um treinamento muito caro. Se não fosse pelo comentário do meu supervisor quando nos aproximamos da prisão naquela primeira ocasião, eu teria passado sem prestar atenção, intensamente focado na próxima tarefa de avaliar e tratar pacientes. Desde então, percebi que a mente da pessoa não pode ser examinada de modo isolado em relação a sua existência mais ampla, tanto agora como no passado.

Em preparação para minha visita para ver Jodie, lembrei-me das palavras exatas da Lei de Infanticídio. O assassinato de um bebê pelos pais nem sempre foi crime. No período medieval, era um pecado que devia ser tratado pela igreja. Sob uma perspectiva moderna, a punição de Joan Rose em 1470 por ter matado o filho pareceria bizarra. Usando roupas de tecido áspero e segurando em uma das mãos uma vela de 200 gramas e na outra a faca, ou algo semelhante, que usou para matar o filho, ela foi obrigada a vagar lentamente pelos mercados de várias cidades de Kent. Os tribunais eclesiásticos aceitavam que os indigentes tinham de fazer uma escolha impossível entre a vida de um recém-nascido e a sobrevivência da família já existente, e, com o aumento da urbanização, veio a maior conscientização pública sobre o infanticídio. Essa conscientização, aliada à preocupação sobre o fardo financeiro dos filhos ilegítimos para a paróquia, levou à criação de leis específicas.

Em março de 1802, Mary Voce estava detida em uma cela de prisão esperando sua execução na manhã seguinte. Uma pregadora metodista que se sentou e orou com ela durante a noite foi testemunha da chorosa confissão de Mary sobre o assassinato da própria filha. A pregadora, Elizabeth Tomlinson, viajou ao lado de Mary e de um caixão vazio na carroça que as levou para a forca.

Alguns dias antes, um júri que participava de uma sessão do tribunal dos Julgamentos de Quaresma de Nottingham ouvira testemunhos de como Mary havia envenenado a filha de seis semanas. O juiz reconheceu que Mary tinha mostrado sinais genuínos de sofrimento, mas decretou que, aos olhos da lei, ela não era insana.

Depois de apenas dez minutos, o júri declarou que era culpada de assassinato. Ela foi levada à prisão de Nottingham.

Quando Mary chegou à forca, o carrasco colocou uma corda em volta de seu pescoço e um capuz em sua cabeça. O chão se abriu debaixo dela e ela despencou para a morte. O costume era deixar o corpo lá por uma hora, antes de ser dado a cirurgiões para dissecação.

Quase quatro décadas após a morte de Mary Voce, Elizabeth contou à jovem sobrinha, Marian, sobre a execução. Embora Marian tenha ficado profundamente comovida ao ouvir a recordação da tia de se sentar e orar com a condenada, outros quinze anos se passaram antes que ela mencionasse o fato a alguém. Então, aconteceu de ela descrever o episódio para seu amante, George Lewes. Ele ponderou em voz alta sobre se a descrição de Mary Voce aguardando a própria morte poderia ser a base de uma história maior. Em um ano, Marian começou a escrever seu primeiro romance longo. Ela apresentou a história de Mary Voce como sendo a semente de seu livro e a inspiração para a personagem central, Hetty Sorrel, a beldade local que estava prometida ao herói homônimo da história, Adam. Percebendo que estava grávida de um relacionamento ilícito com um aristocrata local, ficou deprimida e com tendências suicidas. Em seguida, desapareceu e, mais tarde, reapareceu na prisão, tendo sido presa pelo assassinato do bebê. O romance, *Adam Bede*, foi publicado em 1859, sob o pseudônimo de Marian, George Eliot, um nome que se tornou associado a algumas das peças mais duradouras e com melhor entendimento social da literatura vitoriana.

A verdadeira Mary Voce e a fictícia Hetty Sorrel foram condenadas em uma época em que mães solteiras acusadas de infanticídio estavam em desvantagem, em particular diante dos tribunais. Devido a uma lei introduzida em 1624, durante o reino de James I, uma mãe em luto que pariu um natimorto teria que provar que o bebê nasceu morto. Isto é particularmente impressionante por dois motivos: primeiro, o "ato de impedir a destruição e o assassinato de filhos bastardos" transformava por completo a presunção de inocência; em segundo lugar, poderia ser difícil provar que uma criança nasceu morta se não houvesse testemunhas.

Os preconceitos sociais da época são revelados no texto da lei, que lamenta as "muitas mulheres obscenas que tiveram filhos bastardos que, para evitar sua vergonha e escapar da punição, enterram em segredo ou ocultam a morte dos filhos". Embora a "lei da ilegitimidade" moralista de 1624 ainda estivesse em vigor na época dos julgamentos de Mary Voce e Hetty Sorrel, a essa altura muitos jurados estavam tão incomodados com a gravidade da sentença que preferiam absolver a mãe do assassinato a enviá-la para a morte. A dura punição reverteu por completo o efeito desejado de fazer das infratoras um exemplo, pois os júris ignoravam a lei. Em 1803, um ano após a execução de Mary Voce, a lei de 1624 foi retirada da legislação, sendo necessário que a acusação provasse a culpa, e não que a ré provasse a inocência. Isso não impediu que o sistema continuasse sendo usado contra as mães solteiras em geral, em particular aquelas sem recursos financeiros. A ajuda da paróquia estava disponível, mas com a condição de que as mães desafortunadas se submetessem a uma *workhouse* – espécie de abrigo que existia na Inglaterra e foi abolido em 1948, para onde pessoas em condição de pobreza eram enviadas para viver e trabalhar –, cujas condições eram semelhantes às de uma prisão.

Uma solução alternativa era pagar para que a criança fosse criada por outras pessoas. Evelina Marmon foi uma das muitas mulheres vitorianas cuja vida foi perturbada pela chegada de sua filha em 21 de janeiro de 1896. O pai não se responsabilizaria pelo cuidado da criança, e, quando Evelina não conseguiu mais esconder a gravidez, foi forçada a deixar o emprego como atendente em um bar na cidade de Cheltenham. Sozinha e sem renda, sua situação era desesperadora.

As mães solteiras na Grã-Bretanha vitoriana enfrentavam mais do que apenas dificuldades financeiras. O estigma de ter um filho bastardo era ainda maior na comunidade rural insular onde Evelina cresceu, então retornar para a vila dos pais não seria uma opção fácil. Além disso, a intensa vergonha social seria estendida à sua família. Para poder permanecer em Cheltenham, ela precisaria voltar ao trabalho, mas isso seria impossível com uma pequena dependente, o que a deixou sem outras opções além de considerar a adoção.

Mas na Grã-Bretanha vitoriana, a adoção não era um processo formal administrado pelo Estado. Se Evelina conseguisse encontrar uma família para cuidar de sua filha, ela faria um acordo privado com eles. Então, Evelina publicou um anúncio no jornal *Bristol Times and Mirror* procurando uma mulher respeitável para cuidar de sua bebê, Doris. Sua esperança era de que esse fosse um arranjo temporário até que sua situação melhorasse. Por acaso, na mesma página havia um anúncio de um casal que queria adotar uma criança saudável. Sem dúvida, Evelina se sentiu atraída pela descrição do casal, que morava em uma bela casa de campo. Ela escreveu com entusiasmo uma carta para consulta e, com a mesma prontidão, recebeu uma resposta. A carta era de uma certa sra. Harding, que explicou que ela e o marido gostavam muito de crianças e que frequentavam a igreja. Ela esperava criar a criança como se fosse sua, escreveu ela, mas disse que não seria um problema se Evelina quisesse visitá-la. A sra. Harding disse a Evelina que planejava visitar um amigo na região e ficaria feliz em interromper sua viagem em Gloucester para encontrar Evelina e assumir o cuidado de Doris. A amiga da sra. Harding estava no hospício do condado de Gloucestershire, mas Evelina não sabia que a própria sra. Harding fora internada naquele mesmo hospício quatro anos antes. Mais tarde, surgiria a história de que a sra. Harding havia vivenciado um frenesi violento, durante o qual se queixou de ouvir vozes e cortou a própria garganta.

Evelina escreveu de volta implorando à sra. Harding para não responder a nenhuma outra consulta. Apenas treze dias depois de seu anúncio ter aparecido no *Bristol Times and Mirror*, Evelina esperava em sua hospedagem pela chegada da sra. Harding. Como era costume, Evelina deveria pagar por sua filha ser retirada de seu cuidado e, embora ela tivesse tentado negociar um pagamento regular mais manejável, a sra. Harding não cedeu e Evelina não teve escolha senão pagar 10 libras esterlinas. Aproveitando mais algumas horas antes da separação final de sua bebê, Evelina acompanhou a sra. Harding no trem de Cheltenham para Gloucester, onde observou Doris ser levada no trem para Reading. Voltou para casa sozinha.

Uma carta da sra. Harding chegou para dizer que Doris estava bem e em segurança. Evelina respondeu pedindo mais detalhes sobre a filha, mas não recebeu retorno. Só foi ter de novo notícias da filha onze dias depois de ter sido levada, quando a polícia a chamou para ir até Reading. Na chegada, ela foi escoltada até o necrotério, onde viu o cadáver de um bebê em uma mesa de necrópsia.

Exatamente uma semana depois, ela ficou cara a cara com a mulher que conhecia como sra. Harding. No pátio atrás da delegacia de polícia de Reading, cinco mulheres estavam enfileiradas. Amelia Dyer, que Evelina conhecia por sra. Harding, estava entre elas. Evelina caiu no choro.

A investigação policial havia começado quando, em 30 de março de 1896, um barqueiro que navegava por um trecho do Tâmisa em Reading pescou um pacote na água e descobriu que continha o corpo de uma criança bem pequena. De imediato, ele alertou a polícia. Não era a filha de Evelina; a descoberta do barqueiro foi um dia antes de Evelina ter confiado sua filha à mulher de Reading. Um funcionário do correio local conseguiu identificar o endereço e a data de postagem do pacote e relatou que a destinatária havia se mudado para outro endereço em Reading. A polícia planejou uma operação para descobrir se havia atividades ilegais naquele endereço. Uma mulher foi até a casa se passando por uma mãe que precisava de um lar para o filho ilegítimo. A disposição da moradora para começar a discutir sobre um acordo deu ao detetive policial Anderson e ao sargento James motivos suficientes para questioná-la e revistar a propriedade.

Juntando relatos de testemunhas, a polícia descobriu o destino da bebê Doris. Depois de tirá-la da mãe, em vez de voltar para casa em Reading, Amelia viajou para a casa no norte de Londres onde sua filha adulta e seu genro viviam. Ela usou uma fita para estrangular Doris até que sua vida fosse extinguida. A filha de Dyer pegou algumas roupas da própria filha de uma caixa que Evelina havia enviado com sua bebê; o restante do conteúdo da caixa foi penhorado. No dia seguinte, Amelia saiu e voltou com outro bebê, que ela também estrangulou até a morte. Os dois pequenos corpos foram enfiados em uma bolsa de viagem, que Dyer levou de volta para Reading. Naquela noite, ela jogou a bolsa, carregada com pedaços de tijolo, no rio Tâmisa. Estes eram dois entre vários cadáveres de bebês dragados do leito do rio. Pelos itens na casa de Dyer, a polícia deduziu que ela estivesse envolvida no que era então conhecido como *baby farming*.

Nascida em uma pequena vila perto de Bristol no fim da década de 1830, Amelia Elizabeth Dyer se tornou a caçula de sete irmãos após a morte dos dois irmãos mais novos. Filha de um sapateiro, Dyer teve uma infância difícil, na qual foi a principal cuidadora da mãe, que tinha uma doença mental. Quando adulta, formou-se como enfermeira e parteira, e foi nessa época que ouviu falar pela primeira vez sobre *baby farming*. Após a morte de seu marido, Dyer abriu pela primeira vez uma casa de confinamento em Bristol no fim de 1860. Ela cobrava uma taxa para acolher mulheres solteiras que não podiam mais esconder a gravidez, algumas das quais pediam para que seus filhos fossem sufocados ao nascer para dar a impressão de natimorto. Mas Dyer também abrigava bebês por uma taxa semanal. Para ela, uma criança era uma mercadoria com a qual ela podia fazer dinheiro, e ela podia aumentar seus lucros reduzindo o custo dos cuidados. Em decorrência, as crianças entregues a ela eram negligenciadas. Ela as deixava passarem fome lentamente, usando doses diárias de láudano, que era popularmente conhecido como "o sossego". Se toda a humanidade era retirada da análise, o próximo passo inevitável para maximizar o lucro era se livrar das crianças logo de uma vez.

Não se sabe quantas crianças que Amelia Dyer tirou das mães morreram, mas estima-se que foram centenas. Uma explicação para o comportamento criminoso de Amelia Dyer é que seus interesses egoístas não foram equilibrados por uma preocupação pelos outros. A maioria das pessoas nem mesmo contemplaria tal insensibilidade. Se em um momento mais sombrio o fizessem, então a consolidação da ideia em uma intenção deveria ser evitada por sentimentos intensamente desagradáveis que aparecem de forma espontânea. Nossa capacidade não apenas de pensar, mas também de sentir na perspectiva dos outros é fundamental para a psique humana. Essas reações de milissegundos aos efeitos esperados de nossas ações sobre os outros servem para nos levar a sermos sobretudo pró-sociais.

Existem várias razões pelas quais este guia interno falha. Amelia Dyer pode nunca ter tido a capacidade de compreender a perspectiva emocional dos outros – um exemplo vitoriano do que viria a ser rotulado como psicopatia. Como alternativa, poderia ser que essas experiências em sua vida a levaram a um enfraquecimento da resposta emocional usual ao sofrimento dos outros. Pessoas que são agredidas repetidas vezes por outras podem acabar se desligando da preocupação com a mente dos outros. Não está claro se Amelia Dyer foi exposta a um trauma. Não há dúvida de que foi encarcerada em instituições psiquiátricas e teve sintomas de psicose, que eram muitas vezes acompanhados de distúrbios emocionais extremos. Desvendar os processos mentais que explicam o comportamento violento de alguém depende de ouvir a maneira como essa pessoa vivencia o mundo.

Tendo sido condenada por assassinato, Amelia Dyer foi executada em Newgate em 10 de junho de 1896. No ano seguinte, com a promulgação da Lei de Proteção à Vida Infantil de 1897, a autoridade local tinha que ser notificada sobre qualquer adoção de crianças. Entretanto, nos primeiros anos do novo século, houve uma série de outros julgamentos de *baby farming* de grande repercussão, que deram força a questões sobre se os bebês estavam protegidos o bastante pela lei. Na mesma época, especialistas médicos pediam que fossem mais bem considerados os efeitos potenciais do nascimento sobre a estabilidade mental das mães que matavam os próprios filhos. Houve um reconhecimento daqueles raros casos em que as mães, em um estado de instabilidade pós-parto, são dominadas por uma necessidade irresistível de fazer algo que normalmente nunca aceitariam. Como podiam ter conhecimento do que faziam, não teriam caído na definição legal de insanidade formulada logo após o julgamento de Daniel M'Naghten. Portanto, poderiam ser levadas à pena de morte. O movimento que estava ganhando força para gerar uma mudança na lei foi interrompido pela Primeira Guerra Mundial, mas então, em 1922, a primeira lei de infanticídio foi aprovada. Segundo essa lei, as mães que sofriam uma alteração pós-parto significativa no funcionamento de sua mente e que haviam causado a morte de seu recém-nascido podiam pedir ao tribunal que considerasse a defesa do infanticídio. Se aceita, elas eram condenadas por homicídio culposo, e não doloso, embora isso dependesse de o tribunal encontrar um desequilíbrio mental resultante do efeito do parto.

Com essa lei, o termo "infanticídio", até então utilizado para designar um crime, passou também a ser o nome da defesa desse crime. Embora tenha sido um passo positivo, testar a primeira versão da Lei de Infanticídio na prática expôs algumas fraquezas. Em 1927, o Old Bailey ouviu como Mary O'Donoghue, que estava em um estado terrível de pobreza e desnutrição, estrangulou seu filho pequeno com um guardanapo e guardou seu corpo em uma caixa debaixo da cama. Sua idade de 35 dias estava além do que o tribunal considerava recém-nascido e, portanto, o infanticídio não era uma defesa que O'Donoghue poderia ter apresentado no julgamento. Em 1936, Brenda Hale cortou a garganta de seu segundo filho e, logo em seguida, a sua. Ela sobreviveu; seu bebê de três semanas, não. Ela começara a sentir sintomas de uma doença mental várias semanas após o nascimento do primeiro bebê, que sobreviveu. Os mesmos sintomas reapareceram logo após a chegada de seu segundo bebê, mas, desta vez, a criança teve um destino trágico, embora, mais uma vez, não foi considerada recém-nascida. Lorde Dawson, que tinha sido o especialista médico no julgamento de Hale e era o presidente do Royal College of Physicians, apresentou um projeto de lei em que a defesa seria estendida até doze meses depois do nascimento. Na segunda leitura do projeto na Câmara dos Lordes em 1938, lorde Dawson disse que "a intenção deste projeto é assegurar o reconhecimento no Parlamento de que, sob certas circunstâncias, o assassinato de bebês é causado por uma doença, e não sempre por uma intenção criminosa". A Lei de Infanticídio de 1938 continua em vigor até hoje.

Depois de analisar as especificidades desta lei, comecei a examinar com cuidado os documentos que fundamentavam o caso da acusação contra Jodie. Ela era uma música profissional de 35 anos e a carreira de jornalista do marido tinha acabado de receber um incentivo enorme com uma promoção para liderar um escritório no exterior. Ele explicou em seu depoimento como testemunha que tinha retornado para o nascimento do primeiro filho, mas, assim que Jodie voltou para casa, teve de viajar de novo. Estar em um fuso horário diferente tornava o contato difícil para ele. Dias se passavam sem uma ligação telefônica e, ao relembrar, ele pôde ver que tinha perdido os sinais de alerta. Ao ler a transcrição da chamada aos serviços de emergência que Jodie tinha feito para relatar o crime, estava claro que havia uma base para questionar o estado de sua mente naquele momento. Ela iniciou a ligação explicando que o filho de três meses estava agora em segurança. Estava dormindo para sempre. Quando a operadora perguntou o que ela queria dizer e se ela precisava de uma ambulância, Jodie disse que não, tudo estava bem agora, mas ela não sabia quem eram as pessoas certas para remover o corpo. Perguntei-me se dizer que o filho estava em segurança significava que ele tinha estado em perigo – talvez tivesse uma doença grave ou ela o estivesse protegendo de outra pessoa. Uma explicação alternativa para o que ela disse foi que acreditava que ele estivesse em perigo, quando, na realidade, não era o caso. É difícil dizer muita coisa apenas lendo o texto.

Eu tinha recebido a gravação de áudio da chamada. A princípio, Jodie parecia calma, quase aliviada. Em seguida, ela assumiu um tom confuso, como se não pudesse de fato entender os próprios motivos para o que havia feito. No fim, houve longos silêncios quando deixou de responder às perguntas da operadora e, em outras vezes, não consegui entender os murmúrios dela. Por fim, depois de ignorar a operadora mais uma vez, ela disse "Ok" sem nenhum motivo aparente e desligou.

A gravação complementava a impressão de que Jodie não estava em bom estado mental, mas eu precisava agir com cuidado. Uma gravação de áudio ou vídeo de um réu no momento do crime era uma fonte inestimável em tempo real que alimentaria minha análise. Ainda assim, não era um registro da mente da pessoa. Uma armadilha na psiquiatria é chegar com rapidez a conclusões diagnósticas e, em seguida, manifestar-se sobre as evidências confirmatórias, passando por cima das que não sustentam sua opinião. A ligação aconteceu após o crime e, a essa altura, seu estado mental poderia ter sido prejudicado pela compreensão do que ela tinha feito.

Antes de desligar, Jodie já havia fornecido seu nome e endereço. Quando a polícia e a equipe da ambulância chegaram, encontraram a porta destrancada. Sem saber o que encontrariam, a polícia assumiu a liderança. Seguiram em direção ao som do que pensaram ser uma única voz em uma conversa, como em um telefonema. Ao entrar na sala, encontraram Jodie ajoelhada no chão, apoiada na cama. Ela parou de falar, mas não ergueu os olhos. Seu filho ainda estava na cama. Notando que o corpo estava sem cor, os policiais pensaram que devia ser tarde demais para salvar o bebê, mas, como nem a menor chance deveria ser desperdiçada, precisavam criar com rapidez um espaço de segurança para os paramédicos examinarem o menino imóvel em busca de sinais de vida. Em um tom firme, um dos policiais disse a Jodie para olhar para eles. Ela se virou e, embora os olhos se movessem em direção aos policiais, seu foco parecia estar em outro lugar. À sua maneira, cada um dos policiais descreveu em seu depoimento como o rosto de Jodie era destituído de emoção. Eles não sabiam dizer o que ela estava sentindo. Ela não resistiu aos comandos de colocar as mãos no chão, afastar-se da cama, mover-se até onde estavam e levantar-se. Assim que foi escoltada para fora do quarto, dois paramédicos correram para o menino. Logo perceberam que ele já estava morto havia algum tempo. Mais tarde, a necrópsia confirmaria que sua vida tinha acabado entre oito e dez horas antes de Jodie ligar para o serviço de emergência. A causa da morte foi estrangulamento com uma meia-calça.

Voltei para as anotações médicas de Jodie. Havia cartas de uma clínica de audiologia e cirurgiões de ouvido, nariz e garganta – Jodie sofrera de problemas de audição durante a infância e fora submetida a várias operações. Também houve atendimentos no pronto-socorro.

Uma carta documentava seu tratamento para um antebraço quebrado em uma queda de um balanço quando ela tinha seis anos de idade. Seguiram-se cartas que resumiam atendimentos na clínica de fraturas. Aos oito anos, sua mãe a levou ao hospital de novo porque tinha certeza de que ela tinha engolido uma moeda. Nada foi visto no raio-x. Quando ela tinha catorze anos, foi levada devido a fortes dores abdominais. Passou a noite no hospital caso fosse apendicite, mas no dia seguinte a dor passou e ela recebeu alta. Embora não houvesse cartas do serviço de saúde mental nesta primeira seção do registro médico, li cada página frente e verso. Muito de vez em quando, no meio de uma carta por um problema de saúde física, há uma referência a dificuldades em casa ou um comentário passageiro sobre a paciente parecer excessivamente ansiosa, mas não encontrei nada desse tipo nas anotações de Jodie.

A próxima seção dos registros estava cheia de cartas e tabelas de pré-natal. Ninguém tinha motivo para estar preocupado sobre a saúde mental de Jodie antes do nascimento de Jack. O parto foi feito sem complicações médicas. Jack parecia saudável. Na primeira semana em casa, Jodie disse à parteira da comunidade sobre como se sentia mais emotiva. Reconheceu que ficar longe do marido tornava tudo mais difícil, mas sua família estava disposta a ajudar. Sua pontuação em um questionário de triagem para depressão pós-parto foi moderadamente alta. Uma consulta urgente foi marcada com seu médico, e foram-lhe prescritos antidepressivos. Uma semana depois, ela disse ao médico que se sentia um pouco melhor. Depois disso, em contato de rotina com seu médico e o agente de saúde, ela falou sobre suas preocupações com a saúde do filho. Naquele tempo, ninguém considerou isso fora do comum, pois Jack tinha dificuldade em se alimentar e não estava ganhando peso como deveria.

Quando Jack tinha cerca de seis semanas de vida, o pai de Jodie telefonou para o consultório do médico. Ele achava que ela estava, em suas palavras, muito estranha. Ela dissera à irmã, Rachel, que Jack estava mudando de forma. Quando a família tentou descobrir o que ela queria dizer, ela os tranquilizou, dizendo que era apenas um modo de falar. Depois de alguns dias, fez o mesmo tipo de comentário sobre Jack de novo, principalmente para a irmã.

Passei para o dossiê de acusação para encontrar o depoimento de Rachel. Ela lamentou não ter levado isso mais a sério; ela não tinha "ligado os pontos". Sentiu que Jodie teve breves episódios estranhos, que desapareciam quando era desafiada, mas, quando ela estava preparando o depoimento após a morte do sobrinho, viu um retrato muito diferente. Rachel concluía agora que, quando confrontada pela família, Jodie tentara ocultar suas preocupações. Precisava reservar o julgamento final para depois da minha avaliação, mas as evidências documentais apontavam uma doença pós-parto.

O risco de mudanças no funcionamento da mente durante o período pós-parto é reconhecido pelos médicos por milênios. Há mais de dois mil anos, Hipócrates documentou o caso de uma mulher de uma cidade na costa do Mar de Mármara – no noroeste da atual Turquia – que adoeceu com febre, insônia e delírio após dar à luz gêmeos. Sua condição piorou, e ela sofreu convulsões e perda dos sentidos, até que, dezessete dias após o nascimento dos gêmeos, ela morreu. De acordo com a escola hipocrática de ensino, se o fluido uterino não fosse liberado após o nascimento, ele iria para a cabeça, causando delírio, mania e até morte. Embora escrito na terceira pessoa, o relato de Margery Kempe sobre a própria experiência de "perder a cabeça" após o parto é extraordinário, até porque foi retirado da primeira autobiografia inglesa conhecida, escrita no século XV. A profundidade da descrição subjetiva é muito maior do que qualquer coisa que apareceria na atual caracterização psiquiátrica da psicose puerperal:

> [E]sta criatura perdeu a cabeça e ficou extremamente exaltada e lutou com espíritos por meio ano, oito semanas e alguns dias. E, neste momento, ela viu, como ela pensava, demônios abrindo suas bocas, todas inflamadas com chamas de fogo ardentes como se eles devessem tê-la engolido, às vezes a incomodando, às vezes a ameaçando, às vezes a puxando e chamando o tempo todo...

Destilar sua descrição em sintomas, como alucinações visuais ou delírios persecutórios, retira a verdadeira essência de sua experiência. Kempe passou a explicar que ela se comportava de uma maneira tão fora de seu eu habitual porque era "como se espíritos a tentassem a dizer e fazer, então ela dizia e fazia".

Em meados do século xx, os médicos da mente recorreram a seus manuais de diagnóstico para explicar os transtornos psiquiátricos. Mas havia uma crise de confiança surgindo na arte do diagnóstico – psiquiatras de diferentes partes do mundo usavam o mesmo diagnóstico de formas distintas. Pesquisas globais nas décadas de 1960 e 1970 descobriram que os mesmos rótulos diagnósticos estavam sendo usados para descrever tipos completamente diferentes de experiência do paciente. Isso fazia os psiquiatras parecerem tolos em comparação com nossos colegas de saúde física, que podiam ter certeza de que, quando falavam, por exemplo, de apendicite, falavam da mesma coisa, estivessem nos Estados Unidos, na Europa ou na Ásia. Os psiquiatras estavam em desvantagem porque não sabiam o que causava os sintomas – eles não tinham o equivalente a um apêndice inflamado. (Ainda não temos.) Os manuais de diagnóstico dos psiquiatras dependem por completo dos sintomas. Para cada diagnóstico há uma lista de sintomas, e regras que os acompanham, ditando a combinação de sintomas necessários para fazer o diagnóstico. Meu treinamento psiquiátrico me dizia que as palavras das pessoas com doenças mentais só eram importantes na medida em que eu pudesse extrair sintomas de sua experiência e depois usar esses sintomas para fazer um diagnóstico.

Agora sabemos que cerca de 13% das mulheres que acabaram de dar à luz sofrem de algum tipo de transtorno mental. Entretanto, a maioria dessas ocorrências de saúde mental pós-parto passa sem nenhum problema duradouro. A violência é uma exceção extrema.

Desta vez, estava sozinho esperando na entrada da prisão. Onde anos antes havia uma frágil cabine alguns metros atrás da cerca, agora havia um edifício maior. Depois de uns poucos minutos parado sozinho perto da cerca, um guarda saiu da nova guarita e desceu as escadas em direção à cerca. Ele segurava um pequeno pacote de chaves na ponta de uma corrente presa à sua cintura. "Pois não?", ele perguntou em um tom firme. Pronto com meu crachá de identificação na mão, levantei-o para ele ver e disse que estava aqui para uma avaliação psiquiátrica. Ele espiou pelas frestas estreitas da cerca de arame para ver o crachá. Depois de ficar satisfeito de que era eu na foto, ele destrancou a porta de entrada e me orientou para a guarita. De lá, fui escoltado para a área de visitas da prisão, onde esperei Jodie, que tinha sido movida para a ala hospitalar da prisão.

Eu estava concentrado em estudar os documentos quando Jodie chegou, acompanhada por uma enfermeira. Ela parecia perdida. A enfermeira fez menção de sair, mas percebeu que Jodie não tinha certeza do que fazer e encorajou-a com gentileza a se sentar e falar comigo. Jodie obedeceu e deu um sorriso sem graça. Expliquei o propósito de minha visita, mas não pude ter certeza, por sua expressão vazia, se ela havia compreendido o que foi dito. Perguntei se poderia me contar o que eu havia dito e fiquei surpreso por ela ter sido capaz de fazê-lo.

Com a discussão em andamento, ela respondeu às perguntas diretamente, com pouca modulação tonal. Não dava detalhes, mas, se eu fizesse uma pausa para permitir que ela falasse mais, não parecia incomodada com o silêncio resultante. Sua expressão facial era imutável e não revelava nada sobre como ela se sentia. Não senti que estivesse se contendo de forma tensa; parecia mais que ela não tinha emoções. A falta de feedback, até mesmo o mais sutil, era desorientadora e me lembrou de como somos dependentes da troca recíproca de sinais minúsculos para interações fluidas.

Nas duas horas seguintes, ouvi de Jodie como sua preocupação sempre foi proteger o filho. O que mudou foi a fonte do perigo. Para começar, eram as preocupações habituais dos pais, como se ele estava protegido do frio quando estavam fora de casa. Então, ela percebeu algo iminente, mas não conseguia articular exatamente o quê. O máximo que era capaz de expressar em palavras era um medo pela segurança do filho que não podia ser aliviado por nada. Não era um medo em termos de preocupação; era uma neblina espessa envolta em morte. Quando o motivo de seu medo ficou claro, isso só a deixou mais frenética: o corpo do filho estava sendo dominado. Duas vozes estridentes a incitavam a fazer algo antes que fosse tarde demais; elas lhe disseram que ela perderia o filho a menos que agisse com rapidez. No fim, ela não podia ter certeza de que lado sua família estava. Eles pareciam pressioná-la a falar, e ela percebeu que ficavam em silêncio quando ela entrava na sala. Com o incentivo das vozes, chegou à conclusão de que a maneira de salvar o filho era tirar a vida de seu corpo. Jodie não conseguia dar coerência aos elementos agora, mas na época eles se encaixavam de uma maneira que a fez sentir que não tinha opção.

Enquanto eu era escoltado para fora da prisão, quaisquer pensamentos que tivesse sobre o papel da mente desordenada de Jodie em suas ações criminosas foram ofuscados por preocupações mais imediatas: ela precisava com urgência de tratamento hospitalar. Ao entrar no meu carro, liguei para minha secretária para pedir-lhe que me mandasse uma mensagem com o número do hospital de custódia da região onde Jodie residia. Os pacientes na prisão que podem precisar de ajuda além da que os médicos e enfermeiros prisionais podem oferecer permanecem sob a responsabilidade dos serviços do NHS na área de onde vêm. Em seguida, liguei para os advogados e pedi permissão para fazer o encaminhamento. O motivo pelo qual me pediram para falar com Jodie era preparar um relatório para o tribunal, não interferir em seu tratamento, mas muitas vezes meu encontro com um réu é a primeira vez que eles têm uma avaliação psiquiátrica. Algumas vezes, os psiquiatras forenses descobrem um grande transtorno psiquiátrico que não havia sido identificado antes.

Não tinha dúvidas de que o parto levara a um distúrbio grave no equilíbrio da mente de Jodie, e que isso a tinha levado a matar o filho. As conclusões do meu relatório não foram contestadas; o psiquiatra orientado pela promotoria a examinar Jodie concordou. A defesa de infanticídio foi aceita pela promotoria e o tribunal não viu necessidade de realizar um julgamento. Seguindo direto para a sentença, Jodie recebeu uma ordem hospitalar com restrições, o que significava que o psiquiatra forense responsável por seu cuidado teria que buscar o acordo do Ministério da Justiça antes de fazer qualquer mudança significativa nas condições sob as quais estava detida. Havia uma forte probabilidade de que ela se recuperasse e, por fim, quando a equipe psiquiátrica tivesse certeza de que seria seguro para ela, voltasse à comunidade.

8

NARIN

Narin era uma prisioneira recém-sentenciada quando foi encaminhada à nossa equipe para uma segunda opinião. Naquela época, eu administrava um serviço forense especializado, que tinha sido criado para auxiliar na assistência a criminosos perigosos identificados como portadores de um transtorno de personalidade. A psiquiatra da prisão acreditava que Narin precisava de tratamento em um hospital, mas a equipe do hospital discordava.

Quando comecei na psiquiatria, o transtorno de personalidade e a doença mental eram vistos como categorias de distúrbios mentais completamente distintas. De acordo com a sabedoria da época, doenças mentais eram as que se desenvolviam de modo repentino, representando uma mudança em relação a como a pessoa era antes. O padrão comum, por exemplo, na esquizofrenia era uma mudança do eu habitual para um estado obviamente bizarro. Mas o transtorno de personalidade é considerado uma posição extrema em um contínuo de normalidade.

Em todos nós, diferentes situações podem provocar diferentes reações, mas, em geral, existem alguns fios consistentes em todas as situações na maneira como tendemos a pensar, sentir e nos comportar. Esses fios definem quem somos e como somos distintos uns dos outros. É a nossa personalidade. Podemos ser conhecidos por certas fraquezas. Sermos perfeccionistas e adotarmos uma atenção meticulosa aos detalhes, por exemplo, pode melhorar o desempenho educacional e ocupacional, mas, no extremo, essas tendências podem interferir na conclusão de uma tarefa, e alguém que tem essas características de tal forma a causar angústia ou disfunção grave está em risco de receber um diagnóstico de transtorno de personalidade obsessivo-compulsivo. Como ocorre com qualquer característica pessoal, desordenada ou não, ela começa a surgir na infância e se torna mais óbvia na adolescência.

A psiquiatra da prisão explicou em sua carta para mim que Narin havia sido diagnosticada com transtorno de personalidade e que eles estavam achando seu comportamento muito difícil de controlar. Não podiam garantir sua segurança. Ela queria minha opinião sobre se Narin precisava ser transferida para uma unidade especializada. Mais ou menos uma semana antes de eu visitar Narin na prisão, um dos membros juniores de minha equipe apresentou as principais informações dos relatórios de Narin em nossa reunião de equipe semanal.

Depois de ter convulsões inexplicáveis, a filha de Narin, Jasmine, morreu aos quatro anos. Em sua breve vida, Jasmine foi atendida no pronto-socorro seis vezes. Todas as vezes, Narin dizia aos médicos que ela estava com febre e que teve ataques, mas a causa não era encontrada, e todas as vezes Jasmine se recuperava e era mandada para casa. A necrópsia encontrou uma anormalidade nos níveis de eletrólitos no sangue. Havia várias causas possíveis: uma era um problema de saúde físico, embora, de novo, nada tenha sido encontrado; uma explicação mais sinistra foi a adição deliberada de uma substância nociva à sua comida – envenenamento.

As investigações sobre o histórico de Narin descobriram que ela tinha os próprios problemas de saúde, mas estes eram físicos, e não psicológicos. A frequência escolar de Narin tinha sido prejudicada pela ausência devido a uma série de questões de saúde não específicas, mas seus registros médicos não mencionavam qualquer tratamento psiquiátrico anterior. Para a equipe do pronto-socorro que encontrava Narin enquanto cuidava de Jasmine, algo parecia errado. Após a morte de Jasmine, eles relataram à polícia um comportamento incomum, dizendo que Narin parecia agitada durante as internações, mas por alguns ela parecia animada em vez de ansiosa. Nos interrogatórios da polícia, surgiram inconsistências entre os relatos que Narin deu sobre a doença de Jasmine e, quando pressionada sobre as discrepâncias, Narin caiu no choro e admitiu que vinha colocando sal nas bebidas de Jasmine. Mais tarde, Narin retirou esse relato, alegando que fora feito sob pressão, mas ela foi condenada pelo assassinato da filha e recebeu prisão perpétua.

Durante a reunião da equipe, meu colega nos contou sobre o progresso de Narin na prisão. Logo após ser detida sob custódia, ela chamou a atenção dos enfermeiros da prisão. Para começar, os problemas não eram maiores do que o que os funcionários da prisão estavam acostumados a ver. Era comum uma guarda ouvir o alarme de uma cela e, quando percebia que era a cela de uma prisioneira recém-condenada, presumia que a ocupante estivesse em estado de pânico. Para qualquer nova prisioneira, se adaptar a seu novo futuro levava tempo. Ela também teria que se adaptar ao novo espaço diminuto. Para as rés primárias, o confinamento é mais do que apenas físico. Todos os dias, cada um de nós toma uma infinidade de pequenas decisões, mas elas são removidas da vida de uma prisioneira. Narin não poderia escolher os horários das refeições, onde deveria estar a qualquer hora do dia, quando poderia receber visitas ou a que horas as luzes se apagariam. Ela não precisava pensar em contas ou no aluguel. Não precisava planejar seu tempo. Isto é inquietante para qualquer pessoa no início, mas, aos poucos, ela seria reprogramada para tomar decisões diferentes e lidar com desafios diferentes. Ao se ajustar ao novo ambiente, se tornaria ainda menos qualificada para sobreviver fora de uma prisão.

A guarda que foi verificar o alarme da cela teve que deslizar para trás os trincos que prendiam a portinhola da porta para abrir a tampa. A cena era a que ela já vira muitas vezes: Narin estava empoleirada na beira da cama, segurando o antebraço direito com a mão esquerda. Um pouco de sangue escapava por baixo da mão. A guarda não podia entrar de imediato; antes de abrir a porta de uma cela, precisava estar acompanhada. Quando ela retornou ao escritório da ala para pedir apoio, também telefonou para o departamento de saúde, para que uma enfermeira se juntasse a ela.

Mesmo quando o hábito de se cortar de Narin se tornou frequente, isso não chamou a atenção dentro da prisão. É triste pensar que a automutilação de um prisioneiro não seja considerada um evento incomum. A automutilação e o comportamento suicida são especialmente prevalentes nas prisões femininas. Embora as mulheres representem apenas 5% das pessoas nas prisões inglesas e galesas, elas são responsáveis por entre um quarto e um terço dos atos de automutilação. Mas Narin não se machucava nem pensava em se machucar antes de ir para a prisão, então foi uma surpresa que seu comportamento tenha se tornado um problema com tanta rapidez. Além de cortar o braço, ela começou a amarrar tecidos com força em volta do pescoço. A ligadura, como é conhecido de forma eufemística, é tão comum que as equipes das prisões são treinadas no uso de facas de segurança para cortar o material. Quanto mais a equipe intervinha, mais isso parecia encorajar Narin. Eles sentiam que era como um jogo para ela, embora perigosíssimo. Ela arrancava tiras de suas roupas que não seriam vistas imediatamente pela equipe. Eles só sabiam que havia um problema quando o alarme da cela de Narin era ativado.

Havia sinais de que Narin queria ser salva: era ela quem apertava o botão de alarme. Quando eles intervinham, ela não resistia nem revidava. Apenas não parecia fazer sentido que continuasse a fazer a mesma coisa. Além da frequência crescente desse comportamento, suas ações vinham se tornando mais arriscadas. O uso de várias voltas de material e a rigidez com que ela o enrolava dificultavam a remoção imediata. Chegou a um ponto em que os funcionários da prisão sentiram que não tinham escolha a não ser insistir para que ela vestisse roupas que não podiam ser rasgadas. A política da prisão determinava que, para que essas roupas fossem usadas, ela deveria ser transferida para a ala hospitalar.

Em termos de estrutura, a ala hospitalar era semelhante a uma ala padrão da prisão, só que bem menor. Saindo de um corredor estreito, havia dez salas. Nove eram celas e a décima era um escritório apertado. Enquanto as alas normais eram ocupadas por guardas, aqui os enfermeiros estavam no comando. Poucos dias após a mudança para a ala hospitalar, os hábitos de se cortar e se estrangular diminuíram. Logo foi considerado seguro permitir que Narin usasse as roupas habituais. O plano era que ela ficasse por mais uma semana para assegurar sua segurança antes de ser transferida de volta para a ala. Mas, no fim das contas, seu retorno à ala comum foi acelerado porque Narin era um aborrecimento para as outras residentes da ala hospitalar. Ela parecia não saber o que fazia de errado, mas os relatórios sugeriam que ela estava se envolvendo nos problemas de outras prisioneiras e agia como se fosse uma das funcionárias.

Normalmente, isto não levaria a um encaminhamento para tratamento especializado. Narin chamou nossa atenção por causa da gravidade crescente da automutilação. Ela entrou em um ciclo de automutilação na ala, seguido de uma transferência para a ala hospitalar com redução do hábito, mas o retorno das tensões com outras residentes demandou que fosse transferida de novo, para a própria segurança.

Em seu arquivo havia dois relatórios psiquiátricos de seu julgamento. Um foi preparado por solicitação de seus advogados, o outro foi solicitado pela promotoria. Tirando algumas diferenças, os psiquiatras estavam de acordo. Eles concordaram nos diagnósticos de transtorno de personalidade borderline e transtorno de personalidade histriônica. Ambos também mencionaram uma terceira condição: síndrome de Munchausen por procuração.

O nome "Munchausen" vem do Barão de Munchausen, um personagem literário baseado em um aristocrata alemão homônimo, que ficou conhecido por suas histórias fantásticas de explorações militares. *Aventuras do Barão de Munchausen* foi publicado em 1785 e seu autor, Rudolph Raspe, que, em 1775, fugiu para a Inglaterra depois de ser acusado de enganar seu empregador, não poderia ter previsto que seu livro se tornaria um rápido sucesso editorial, inspiração para vários filmes, e que o nome de seu protagonista seria cooptado como diagnóstico para pessoas como Narin.

Em seu artigo no *Lancet* de 1951, Richard Asher, um médico de Londres, foi o primeiro a descrever a síndrome ao escrever sobre pacientes que ele tinha visto e que compartilhavam uma tríade de características. Eram inclinados a contar histórias imaginativas sobre si mesmos, apresentar queixas médicas espetaculares e improváveis, e ir a vários hospitais. Asher escreveu que, "assim como o famoso Barão de Munchausen, os indivíduos afetados sempre viajam para todo lado; suas histórias, como as atribuídas a ele, são dramáticas e inverídicas". Ele continuou: "[...] como consequência, essa síndrome é dedicada respeitosamente ao barão e foi nomeada em sua homenagem". Então, na década de 1970, um médico que trabalhava no norte da Inglaterra viu como esse padrão de invenção e indução de doença poderia ser imposto pelos pais aos filhos. Para esse problema, Roy Meadow, professor de Pediatria em Leeds, apresentou o diagnóstico da síndrome de Munchausen por procuração. Por fim, o nome do barão foi retirado do diagnóstico e uma expressão mais literal e descritiva foi apresentada: transtorno factício imposto a outro.

Quando eu vi Narin pela primeira vez, tive que confirmar sua data de nascimento. Dando uma olhada nas minhas anotações enquanto ela se aproximava da cabine de interrogatório, reforcei a mim mesmo que ela estava na metade de seus vinte anos. Tudo parecia jovem nela. A maneira como se portava de forma desajeitada e constrangida. A maneira como havia prendido o cabelo com força em um rabo de cavalo. Até sua expressão facial parecia a de uma adolescente. Quando me apresentei e disse o propósito de minha visita, ela deu uma risadinha nervosa, como costumava fazer durante a reunião.

Embora ela estivesse ansiosa para me contar sua história, tive dificuldade em acompanhá-la. A narrativa dela não era confusa; eu só não conseguia acompanhar todas as informações que ela despejava. Em geral, prefiro que os pacientes expliquem os problemas com exemplos reais, mas Narin apresentou muitos. Ela continuava a inserir novos personagens sem explicar quem eles eram ou qual sua relação com eles. Não parecia ter noção da dificuldade que o ouvinte teria para acompanhar. Eu me peguei me apoiando na testa e suspirando. Curiosamente, isso não interrompeu sua narrativa, então testei outros gestos e expressões sutis de confusão. Não surtiram efeito. Quando ficou claro que os sinais sutis eram inúteis, eu a interrompi para perguntar quem eram aquelas pessoas e qual a relevância delas para seu relato. Ela não pareceu incomodada com as interrupções e, com gentileza, forneceu detalhes adicionais. Isso continuou até ficar óbvio que excederíamos muito o tempo. Disse isso a ela, e ela se desculpou, mas logo em seguida continuou do mesmo jeito. Acabei interrompendo várias vezes no meio da narrativa, tentando fazer a discussão avançar.

Com base em suas respostas digressivas e muito inclusivas, observei que, quando criança, Narin assumiu o papel de cuidar da mãe, que tinha dificuldade de se locomover sozinha devido à sua obesidade e problemas de saúde. Normalmente, a seção sobre minha avaliação das doenças da infância é breve. Se houvesse uma doença grave, eu investigaria mais a fundo; do contrário, continuaria com perguntas sobre marcos do desenvolvimento, como caminhar e falar. Depois de ouvir a apresentação da história de Narin na semana anterior, fiz uma anotação para dedicar mais tempo a seus primeiros problemas de saúde. Narin me disse que sempre foi propensa a dores de estômago e de cabeça. Muitas vezes, ela não se sentia muito bem para ir à escola. Nada foi formalmente diagnosticado, e ela confessou que às vezes exagerava nas dores e de vez em quando até fingia estar doente. Fiquei intrigado com a possível relação entre seus próprios problemas de saúde física na infância e as ações para provocar doenças físicas na filha em idade adulta.

Os bebês humanos são mais dependentes dos pais que a prole da maior parte das outras espécies. Um potro pode andar por conta própria horas depois do nascimento. Por outro lado, um bebê humano leva em média onze meses para ser capaz de dar alguns pequenos passos, e outros seis meses para poder andar com firmeza. Mas, apesar das claras vulnerabilidades, a dependência da criança de seus pais produz benefícios consideráveis no longo prazo. Nascemos com potencial para desenvolver mentes adultas, mas elas não são uma consequência inevitável de nosso cérebro em crescimento. Pais atentos não respondem apenas às necessidades físicas de seus filhos. Eles reagem de forma tranquilizante para conter o desconforto da criança.

Em momentos de alegria, a criança tem contato com a expressão facial e vocalização dos pais que refletem sua alegria de volta para eles de forma ampliada. Por meio destas interações frequentes na fase prolongada de dependência, o jovem desenvolve a capacidade de vivenciar um repertório de emoções.

Quando se tratava de Narin, ponderei se teria havido uma interrupção no desenvolvimento de sua capacidade de vivenciar emoções. Enquanto ela crescia, suas interações com a mãe muitas vezes se concentravam em questões de saúde. Assumir o papel parental de cuidar da mãe significou ter de crescer cedo e suprimir as próprias emoções antes de ter alcançado uma compreensão adequada delas. A combinação do foco nas experiências corporais em vez de emocionais influenciou a maneira como ela sentia as emoções? As emoções são sentidas tanto no corpo quanto na mente – uma sensação de reviravolta no estômago é uma característica comum da ansiedade; aversão à comida pode acompanhar uma tristeza intensa –, então seria possível que, à medida que ela crescia, a experiência das emoções de Narin tenha se desviado para o físico e se afastado do mental? Nesse cenário, as mudanças em como ela se sentia tiveram um forte componente corporal. As sensações físicas também se tornaram uma moeda importante para comunicar sentimentos aos outros.

Seguimos para suas experiências na escola. "E em relação a amigos?", perguntei.

No Ensino Fundamental estava tudo bem, ela me disse. Então, o bullying começou.

"Pode falar um pouco mais sobre isso?"

"Era horrível."

"Sim, deve ter sido... O que realmente aconteceu?" Estava interessado em ver por onde ela começaria. Não queria conduzi-la.

"As pessoas não queriam ser vistas comigo. Acredito que me achavam estranha."

"Você acha que era?"

"Não sei. Não sei o que dizer... Quando eu contava uma piada, ninguém ria. Mas eles riam quando eu não queria ser engraçada."

"Eles te ofendiam?"

"Eu era grande naquela época, também." Ela queria dizer com sobrepeso. "Eles costumavam me chamar de 'nariguda'." Seu nariz não era grande demais. Enquanto tentava formular uma pergunta tática para fazer em seguida, ela começou a explicar. "Quando estava no Ensino Fundamental, eles faziam isso..." – sem constrangimento, ela gesticulou com a mão se estendendo para longe de seu nariz e fez um som prolongado de "oo" em um tom crescente – "Nariz longo transformou-se em nariz gordo."

Eu achava que sabia o que ela queria dizer, mas decidi confirmar. "Você contava histórias?"

"Sim, eu inventava coisas."

"Que tipo de coisas?"

"De todo tipo. Passei um semestre falando que tinha leucemia. Isso foi no Ensino Médio."

"Você se lembra de quando começou a inventar coisas?"

"Lembro, desde sempre. Os professores chamavam isso de imaginação fértil. Eu ficava sonhando acordada com uma vida diferente."

"Diferente do quê?"

"De qualquer coisa."

Mais tarde, quando tive a chance de refletir sobre as descobertas de minha avaliação, pensei que dizer "qualquer coisa" em vez de "tudo" era revelador. Talvez não como efetivamente um escape; era mais como um estado existencial preferido.

Narin já havia falado sobre sua vida familiar. Não fora abertamente abusiva, com certeza não pelos padrões de vida que costumo ouvir. Seus pais ainda estavam juntos. Ela não se lembrava deles brigando. Não tinham abusado dela nem da irmã. Ela não achou que houvesse qualquer favoritismo. Seu pai era o mais atencioso. Ela se lembrava da mãe como um pouco fria; não estava realmente interessada nela. Mesmo assim, o lar não era um lugar infeliz.

Quando as outras crianças começaram a rir dela por contar histórias, ela não parou. Suas histórias se tornaram mais esquisitas. Doenças eram um tema frequente em muitas delas.

"Você achava difícil se conectar?"

"Sim... como foi que uma pessoa me chamou? Não sabia o que significava. Uma garota disse que eu era 'metida'. Ainda não sei o que isso quer dizer."

Narin teve dificuldade de formar laços com os colegas do Ensino Médio. Ela não suprimiu suas tentativas de atrair a atenção deles, apesar de suas táticas contraproducentes. Claro que não foi uma coincidência que, durante o tempo que passei com ela, ela não seguiu as regras usuais de interação, nem modulou sua inclusão excessiva quando recebeu um feedback inicial na forma de minha linguagem corporal sutil e, em seguida, de interrupções e explicações mais explícitas.

De acordo com seu relato, a mudança do Ensino Fundamental para o Médio foi o momento em que seus problemas de relacionamento começaram. A ampliação repentina do grupo social que vem com essa mudança e a alteração do ritmo das demandas educacionais são difíceis por si sós. Os anos do Ensino Médio são também uma fase de mudança mental significativa. A transição da infância para a adolescência lança novos desafios. Os vínculos na primeira infância se desenvolvem por meio de interesses e atividades compartilhados; fazer e manter amizades à medida que avançamos para a adolescência exige habilidades sociais mais aprimoradas. Além de experimentar e aprender como dominar nossa própria gama cada vez maior de emoções, precisamos moderar nossa reação aos sentimentos dos outros. É uma sensação boa ser convidado ou aceito por um grupo social. A rejeição é extremamente dolorosa; os sentimentos nocivos que vêm com a solidão motivam tentativas contínuas de conexão. Nosso sucesso social torna-se muito dependente de nossa reputação, e, na adolescência, o que mais desejamos é uma reputação favorável com nossos pares. Narin continuou tentando, mas estava frustrada com sua falta de jeito para interagir. Sua reputação estava sendo prejudicada pelas próprias ações. Mas então um fenômeno moderno veio em seu socorro.

Nossos principais impulsos para nos conectarmos com outras pessoas e cuidar de nossa reputação podem, até certo ponto, ser satisfeitos pelas mídias sociais. A vantagem para Narin era que, em um mundo digital, ela tinha mais controle sobre sua autoexpressão. Além disso, não precisava lidar com o imediatismo das interações cara a cara, que eram complicadas demais para ela. Como era de esperar, suas postagens nas redes sociais sempre anunciavam coisas relacionadas à saúde, como um episódio de doença ou uma consulta médica. Em comparação favorável com sua experiência na escola, os comentários cruéis de seu círculo social na web eram minoria. As respostas eram, em sua maioria, simpáticas. Ela agora sentia que pertencia, mas as conexões eram virtuais e altamente gerenciadas. Ela começou a evitar ainda mais as interações pessoais.

Depois de falar sobre sua infância e adolescência, começamos a percorrer diferentes áreas da vida adulta. Fiel ao seu estilo, Narin conheceu seu primeiro namorado por meio de um site de namoro e houve uma longa paquera virtual. Ela se lembrava disso com carinho. A seus olhos, eles formavam um bom casal e se davam bem. Ela não reconhecia a aparente contradição entre essa avaliação geral positiva do relacionamento e os exemplos específicos que descreveu em detalhes a seguir. Ela dizia a ele que o achava preguiçoso e que ele não prestava muita atenção nela. Se ele não entendia a mensagem, ela gritava com ele. Ele não parecia se importar muito, ela pensou. Lendo o depoimento dele como testemunha, pude ver que tinha uma opinião diferente sobre o relacionamento. Ele achava que tudo tinha piorado assim que começaram a passar mais tempo juntos. Reconheceu que, apesar de sua experiência limitada com relacionamentos, achou estranho que ela fosse tão abertamente intolerante desde o início. Depois de três meses, ele disse que deveriam dar um tempo. Nunca mais soube dela desde então. Nos fins de semana ocasionais que passaram juntos, Jasmine foi concebida. Narin me disse que ela sempre quis ser mãe e que a chegada de Jasmine a fez se sentir completa. Contou à família que o pai de Jasmine a largou assim que descobriu que estava grávida, mas, na realidade, ele nunca soube da existência de Jasmine até ser abordado pela polícia que realizava a investigação do assassinato.

Um vizinho que foi interrogado pela polícia tinha ouvido Narin gritar algumas vezes. Narin admitiu para mim que ela se irritava; não aguentava o choro persistente de Jasmine. Quando Jasmine ficava aborrecida, a primeira coisa que vinha à cabeça de Narin é que ela estava com fome e, se ela não mamava, pensava Narin, estava sendo teimosa. A primeira postagem de Narin nas mídias sociais sobre uma consulta com um agente de saúde gerou uma explosão de interesse na rede, e isso aliviou o estresse de cuidar de Jasmine. Narin não precisava de um grande motivo para levar Jasmine ao hospital; essas visitas traziam novas oportunidades para fotos que Narin poderia usar para fazer outras pessoas prestarem atenção nela. Isso dava um impulso à sua sensação de conexão com os outros. Alguns membros desse grupo virtual, que se tornaram testemunhas no processo criminal, tinham notado que Narin, e não Jasmine, é que costumava ser o centro das atenções nessas fotos.

Narin se abriu comigo sobre as ocasiões em que levou Jasmine para o hospital, apesar de ela não estar realmente doente. Disse que gostava de ter os médicos e enfermeiros movimentando-se ao seu redor. Esses profissionais de saúde tinham sido motivados por seu dever profissional de cuidar de uma criança doente, mas Narin vivenciava as visitas ao hospital como ocasiões em que tinha uma sensação de pertencimento. Então, em um momento em que se sentia particularmente sozinha, Narin teve a ideia de adicionar algo às bebidas de Jasmine para deixá-la doente e possibilitar mais visitas ao hospital. Ela me contou que não achava que isso causaria danos permanentes e, mesmo quando, mais tarde, os médicos do hospital lhe explicaram que a condição da filha era grave, ela se tranquilizou, porque eles sempre tinham sido capazes de curar Jasmine. Conforme falava comigo, Narin fazia observações adicionais sobre o efeito positivo em seu humor que vinha do interesse extra dos médicos pelos sintomas incomuns de sua filha e das longas internações hospitalares.

Escutei seu relato com atenção, buscando quaisquer sinais de sentimentos ligados às lembranças de suas ações. De vez em quando, ela fazia alusão às reportagens dos jornais, às manchetes condenatórias que a rotulavam como uma "mãe monstruosa". Ela falou desses artigos para expressar seu aborrecimento com o conteúdo e rejeitar as conclusões como infundadas. A lógica de Narin parecia ser que, como era uma boa mãe na maior parte do tempo, era injusto criticá-la por lapsos ocasionais. A emoção que ela sentia era mais na forma de indignação pelo dano à sua reputação do que arrependimento pelo dano que ela causou. Era bem possível que sua lógica falha e sua reação emocional mínima ao maltratar a filha fossem manifestações dos déficits subjacentes que lhe permitiram cometer os crimes em primeiro lugar.

Nos dias após conhecer Narin, ponderei sobre as opções de tratamento em preparação para a próxima reunião da equipe. Mas antes disso, algo aconteceu. Recebi uma chamada da psiquiatra da prisão, que me disse que Narin estava no hospital. Fora de seu padrão normal de comportamento suicida, nesta ocasião ela não ativou o alarme da cela depois de enrolar firmemente a manga de uma blusa em volta do pescoço. Eles pensaram que poderia ter sido relevante que algumas horas antes ela tomou o equivalente a uma semana de comprimidos, que ela havia escondido em sua cela. Fui informado de que, com a crescente imprudência de seu comportamento, ela representava um perigo cada vez maior para si mesma e que os médicos e enfermeiros da prisão achavam que havia uma grande chance de ela se matar, mesmo que não fosse essa a intenção.

Compartilhei com a equipe minha crença de que a decisão final não era se ela precisava de tratamento – disso eu não tinha dúvida. Não importava se você preferia usar diagnósticos ou processos subjacentes para entender o histórico – de qualquer forma, havia problemas psicológicos óbvios e graves que causavam sofrimento e danos significativos a ela e aos outros. A questão era como convenceríamos outros tomadores de decisão de que o tratamento era necessário.

As pessoas cujo sofrimento pode ser entendido em termos de transtorno de personalidade provocam nos serviços psiquiátricos uma reação diferente de qualquer outro transtorno mental. Ninguém questionou a necessidade de Jodie ser resgatada da prisão ao ser transferida para um sistema de saúde. O diagnóstico de Narin significava que um esforço extra seria necessário. Quando comecei minha carreira psiquiátrica, um diagnóstico de transtorno de personalidade poderia levar à negação desinibida de acesso à ajuda. Em meus anos como médico, iniciativas de políticas incentivaram a aceitação de que o transtorno de personalidade não é motivo para exclusão dos serviços de saúde mental. Ironicamente, porém, essas iniciativas levaram muitos médicos a argumentar que serviços especializados para transtorno de personalidade são necessários, portanto, os serviços convencionais não são adequados. A consequência disso é que o paciente continua a enfrentar rejeição e invisibilidade.

Se os médicos de saúde mental se comportam dessa maneira, não é surpresa que o sistema de justiça criminal também responda de maneira bem diferente a esses dois tipos de problemas. Uma conclusão no tribunal de que a responsabilidade de Jodie foi diminuída foi quase inevitável. Mesmo um psiquiatra cínico e insensível que entenda a mente de uma forma que normalmente favorece o lado da promotoria ficaria comovido com o caso dela. Prevendo uma chance insignificante de sucesso, a equipe jurídica de Narin sequer tentou persuadir o tribunal sobre a semi-imputabilidade. Isso apesar de os psiquiatras concordarem que ela satisfazia os critérios para três diagnósticos psiquiátricos, e que pelo menos um dos quais, por definição, explicava suas ações.

Antes que a transferência para um serviço de tratamento pudesse ser considerada para Narin, tivemos que passar por uma série de obstáculos que atrasaram qualquer tipo de decisão por quase seis meses. Depois de mais avaliações, mais elaboração de relatórios e mais reuniões, ela foi enfim transferida para o hospital. A ressalva era que, assim que o risco para ela fosse reduzido, ela deveria retornar à prisão. Por que as reações a Jodie e Narin foram tão diferentes? Poderia ter a ver com diferenças na natureza subjacente de suas condições? Jodie era claramente a infeliz vítima de anormalidades no funcionamento de sua mente. As crenças irracionais sobre o perigo que ela e o filho enfrentavam tornaram-se uma força tão dominante que ela escolheu um curso de ação que nunca teria considerado antes. Sua habitual disposição reservada, mas atenciosa e cuidadosa, foi substituída por um temperamento desconfiado, retraído e irritável. Mas Narin estava igualmente à mercê de perturbações mentais. O fato de sua experiência emocional ser mais física do que mental não foi algo que ela provocou de forma consciente. Tampouco se propôs deliberadamente a destruir relacionamentos ou frear respostas emocionais a impulsos insensíveis. Jodie e Narin eram semelhantes em agir sob a influência dominante de forças psicológicas desordenadas e indesejáveis. Os médicos que tentam justificar sua atitude mais compassiva em relação à violência ligada a doenças mentais podem muitas vezes ser ouvidos invocando a noção de percepção consciente. Narin tinha total consciência de suas ações. Isso é inquestionável, mas Jodie também tinha.

Portanto, se as diferenças tanto na natureza dos problemas subjacentes quanto no grau de consciência desaparecem com a análise, por que o preconceito contra os pacientes com transtorno de personalidade persiste? Acredito que a resposta possa ser encontrada na reação imediata das pessoas. Durante minha visita para avaliar Jodie, o guarda que me acompanhou dentro da prisão pediu que eu o lembrasse de quem iria ver. Era um bate-papo amigável, mas, quando falei, sua animação mudou de forma abrupta. Seu semblante se contorceu de preocupação. Sua voz ressonante ficou em silêncio. Por outro lado, um guarda com quem falei ao visitar Narin não conseguia esconder seu desdém por ela. "Não há nada realmente errado com ela, você sabe. Está fingindo, e, quando reagimos, ela aumenta a aposta. Ela sabe o que está fazendo." De maneira reveladora, essas não são as palavras que um guarda escolheria de modo espontâneo. Mais tarde, quando discuti sobre Narin com o médico e os enfermeiros na ala de saúde da prisão, ficou claro que eles eram a fonte da maneira de falar do guarda. Eles davam credibilidade clínica ao que, na verdade, era um julgamento desdenhoso.

O transtorno mental de Jodie – como o de Seb – era óbvio para todos, mesmo para aqueles sem treinamento psiquiátrico. Ela estava fora de nossa percepção de normalidade, portanto, de nossas expectativas de comportamento aceitável. Como consequência, a reação instintiva de ficar em choque com a violência tem muito mais probabilidade de ser reprimida. Por outro lado, em um encontro casual e deixando de lado o crime, Narin não se destacaria como alguém marcadamente incomum. A causa de seus problemas estava escondida sob a superfície. Uma explicação que poderia contrariar nossos sentimentos negativos imediatos não está imediatamente disponível. É uma ironia que o poder das emoções sobre o comportamento é exemplificado não apenas pelo crime que Narin cometeu, mas também pelas atitudes antipáticas direcionadas a ela, que eram generalizadas, inclusive entre profissionais da saúde.

9

PAUL

Um curso d'água estreito corria por uma vala profunda perto da trilha da fazenda. Quando um trabalhador voltou do fim de semana para continuar a limpar a vala de drenagem, ele viu o que parecia lixo preso na vegetação rasteira na margem oposta. No momento em que ficou na beirada da vala e se esticou para ver melhor, uma onda de náusea o atingiu ao perceber que aquilo não era lixo, mas o abdômen exposto de um corpo humano.

Isabel tinha 27 anos. Estava desaparecida havia dez dias. Ela era próxima dos pais e da irmã, cujo filho de três anos ela amava. Era nova na região, mas tinha sido aceita em um grupo restrito de colegas de trabalho que se encontrava de sexta ou sábado à noite. Elas preferiam boa comida e vinho a uma noite em um clube barulhento. Isabel se juntava a elas com menos frequência desde que conhecera o namorado, alguns meses antes.

Oito meses depois, me vi no banco das testemunhas do Tribunal da Coroa enfrentando um interrogatório rigoroso sobre minha avaliação do assassino de Isabel.

"Então, você concorda que o réu sofria de uma doença?"

Era inevitável que meu testemunho seria destrinchado. As táticas empregadas se apresentam de formas variadas. Deduzi do tom interrogativo adotado pelo sr. Eddison, o advogado sênior da defesa, que eu provavelmente seria alvo de um ataque direto. Em minha resposta, tive cuidado na escolha das palavras. "Uma doença reconhecida como estabelecida na lei do oficial investigativo e de justiça significa, no meu entendimento, uma doença diagnosticável..."

Mesmo ainda no meio da frase, o sr. Eddison deu um suspiro exagerado enquanto olhava para os papéis no púlpito que ele agarrava. O sinal era claro. Eu não estava dando uma resposta direta. Ele estava – como sua postura e comportamento sugeriam – frustrado ou secretamente satisfeito por minha resposta ter lhe dado a chance de fingir frustração?

Como perito em um julgamento criminal, estou acostumado a ser escalado para um papel indesejado. Neste caso, o papel que me era oferecido era o do psiquiatra escorregadio, cujas respostas prolixas complicavam demais o que deveria ser uma questão direta. Lembrar-me de que o melodrama estava sendo arquitetado me permitiu prosseguir de forma imperturbável. "... e eu acredito que o sr. Campbell satisfaz os critérios de uma doença diagnosticável, portanto..."

Minha pausa para respirar foi uma oportunidade para o sr. Eddison dominar a cena novamente. Ele sabia, pelo meu relatório, como eu iria responder à sua pergunta. Mostrar ao tribunal que ele precisava arrancar isso de mim aumentava a impressão que ele queria criar. "Entendo, mas o que você está dizendo? Ele sofre de uma doença ou não?"

Naquela mesma manhã, eu já tinha estado de pé no banco das testemunhas do Tribunal da Coroa por uma hora e meia. O advogado-chefe da promotoria, sr. Oxley, me conduziu pelas principais conclusões do meu relatório. Ele me pediu que lesse certos parágrafos, ou que esclarecesse algum termo técnico, usando meu testemunho para construir um caso firme contra a semi-imputabilidade do réu.

Usar o diagnóstico para explicar o comportamento é algo normal para os psiquiatras e, em meu relatório, que fora enviado alguns meses antes – e mais uma vez em meu testemunho oral –, eu tinha feito exatamente isso. Mas esse método aceito parece mais contencioso para os advogados quando o "paciente" não mostra quaisquer sinais externos de distúrbio mental. Observar Paul, o réu neste caso, não levaria nem mesmo um psiquiatra experiente a questionar sua sanidade – externamente, ele parecia estar em pleno gozo das faculdades mentais. E, de fato, conversar com ele confirmaria que ele não tinha depressão ou ansiedade, apenas as mudanças transitórias de humor que todos nós experimentamos. Na companhia dos demais, Paul não parecia suspeito, e também não entretinha o ouvinte com histórias de perseguição ou acontecimentos improváveis. Ele ficou surpreso quando perguntei se ele ouvia vozes que outras pessoas não podiam ouvir ou se tinha visto aparições. Paul manteve um emprego sem problemas e seu relacionamento com a parceira parecia normal.

Mas foi uma paixão intensa e oculta que fez de Paul um candidato a um diagnóstico psiquiátrico. Ele se enquadrava em uma categoria de transtornos mentais conhecida como transtornos parafílicos. Derivado do grego antigo para "amor", *filia* é usado em um contexto diagnóstico para significar desejo sexual; o prefixo *para*, em sua forma grega original que significa "além de", denota anormalidade.

O lançamento da primeira edição de *Os 120 dias de Sodoma* em 1904 quase passou despercebido. Apenas algumas centenas de cópias foram impressas, e o editor – um psiquiatra alemão que assumiu um pseudônimo para evitar polêmica – promoveu o livro como uma tipologia impressionante de desvio sexual. Pedofilia, estupro, sodomia, tortura e mutilação letal, entre outros tipos de agressão sexual, foram descritos por meio de personagens fictícios enfurnados em um castelo.

O romance foi elaborado mais de um século antes, em circunstâncias incomuns. Em 1772, as autoridades que investigavam a morte de uma prostituta em uma festa de uma casa em Marselha suspeitavam de um ato ilegal. O anfitrião da festa, Donatien, fugiu do país e, em sua ausência, ele e seu valete foram condenados por sodomia e tentativa de homicídio. Um ciclo farsesco de prisões e fugas terminou em 1777, quando Donatien iniciou um longo período na prisão. Onze anos depois, o governador da Bastilha reclamou que, a menos que esse prisioneiro problemático fosse removido, o funcionamento seguro da instituição estaria comprometido. Distribuindo notas e usando um alto-falante improvisado da janela de sua cela,

Donatien incitou a multidão que se reunia do lado de fora da prisão em um fervor perigoso. O que seus carcereiros não sabiam é que Donatien se ocupou durante o confinamento solitário documentando as próprias experiências e fantasias sexuais depravadas na forma de um romance escrito com materiais contrabandeados para ele. Para evitar a descoberta e o confisco quase certo, Donatien compôs uma miniatura de folhas coladas para formar um rolo contínuo que poderia ser escondido na parede da cela.

Em 3 de julho de 1789, Donatien foi removido da Bastilha e transferido para uma instituição psiquiátrica. Quando foi sumariamente retirado da cela, não teve chance de recuperar seu rolo. Pouco mais de uma semana depois, naquele evento simbólico da fase inicial da Revolução Francesa, a Bastilha foi tomada. Embora Donatien estivesse do lado dos insurgentes do ponto de vista ideológico, o ataque à prisão significou a perda de seu principal empreendimento literário. Em suas próprias palavras, ele "derramava lágrimas de sangue" todos os dias pelo manuscrito perdido. Mas Donatien nunca saberia que o pergaminho – designado Tesouro Nacional Francês em 2017 – havia sido resgatado de seu esconderijo e vendido a uma família aristocrática, onde permaneceu em grande parte escondido até ser publicado pela primeira vez no início do século xx. Antes disso, porém, Donatien adquirira reputação pública por suas perversões sexuais. Sua infâmia era tal que o nome pelo qual era conhecido se tornou a base de um termo para descrever práticas sexuais cruéis. A palavra "sadismo" tem origem no título herdado de Donatien, o Marquês de Sade.

Uma ampla variedade de estímulos pode desencadear a excitação sexual em humanos. Alguns estímulos têm importância diagnóstica. Por exemplo, ficar sexualmente excitado ao ver uma pessoa desavisada se despir ou se envolver em atividade sexual é o critério fundamental para o transtorno voyeurístico. Aqueles que se satisfazem sexualmente esfregando-se nos outros exibem a característica central do distúrbio chamado frotteurismo. A excitação sexual em resposta a um objeto inanimado, como sapatos, atraiu o rótulo diagnóstico de transtorno fetichista.

De acordo com as regras do tribunal, fui testemunha do sr. Oxley, embora isto não signifique que eu tenha sido útil para a acusação; é que a opinião expressa em meu relatório os ajuda. Isso pode parecer uma distinção sem uma diferença, mas ilustra o paradoxo de agir como testemunha especialista dentro de nosso sistema antagonizador. Devo chegar à mesma opinião e responder com as mesmas respostas, não importando qual lado me instruiu a preparar um relatório ou me chamou para prestar depoimento – tenho de ser neutro. No entanto, desde a reunião com a equipe de promotoria naquela manhã, todos os sinais são de que estou do lado deles.

De fato, logo depois de chegar ao prédio do tribunal naquela manhã, fui levado sem demora a uma sala ao lado para uma discussão longe dos ouvidos da defesa. Antes do julgamento, o sr. Oxley insistiu que eu comparecesse ao tribunal antes de depor, para ouvir as evidências do outro psiquiatra, mas – embora eu pudesse ver a utilidade disso – meus compromissos no hospital me davam apenas a reserva de um dia naquela semana para o julgamento, por isso perdi a oportunidade de ouvir as evidências do meu colega, necessitando de uma instrução do sr. Oxley. Essa instrução poderia passar a impressão de estar em dívida com a promotoria, como de fato também o assento reservado a mim no tribunal ser em um banco atrás do sr. Oxley. Diante de minha inclusão amigável no grupo de um lado ou do outro, muitas vezes preciso me recordar com clareza de que minha posição como testemunha especialista deve permanecer independente.

A disputa verbal inicial entre mim e o sr. Eddison foi uma característica da tensão inerente ao papel da testemunha especialista em psiquiatria. Uma testemunha especialista deve ser tão clara sobre o que não está em sua especialidade quanto o que está. Minha função é auxiliar o tribunal a entender uma questão psiquiátrica para que o caso possa ser concluído de forma justa. Não estou lá para agir como jurado; a questão da culpa ou inocência definitivamente não é uma questão para eu comentar. Se o júri fosse capaz de responder às perguntas sem uma perícia psiquiátrica, não teria sido chamado para comentar. Mais importante ainda, devo ter cuidado para não ultrapassar os limites do meu conhecimento.

"Sim, ele sofre de uma doença", afirmei.

"Qual é a doença dele?", o sr. Eddison continuou.

"Transtorno de sadismo sexual."

"Então, para deixar claro, neste ponto não há diferença entre as suas opiniões e as do dr. Stanlow."

Fazer um diagnóstico psiquiátrico é simples. É um exercício mecânico que envolve a aplicação de regras predefinidas. O critério de definição para essa parafilia é a excitação sexual com o sofrimento físico ou psicológico de outra pessoa. Quando o encontrei pela primeira vez, Paul não estava reticente sobre ter ficado sexualmente excitado pelo pensamento do – e ainda mais por testemunhar diretamente o – sofrimento de outras pessoas. O diagnóstico também exigia que ele agisse de acordo com esses impulsos sexuais com uma pessoa sem consentimento. Paul tinha condenações por abuso sexual e estupro. Com base em sua descrição desses crimes, estava claro que ele era motivado tanto pela dominação das vítimas como pela natureza sexualizada de suas ações violentas. A dominação sexual e o sexo estavam atrelados em sua mente. Então, o que faz disto uma doença psiquiátrica?

Até o fim do século xix, os desvios sexuais continuavam a ser sobretudo uma questão de moralidade, não de medicina. Sigmund Freud é amplamente creditado por ter colocado os impulsos sexuais sob os holofotes da psiquiatria. Em seu trabalho com pacientes diagnosticados com histeria, Freud traçou a origem de seus sintomas, conduzindo-os às primeiras fantasias sexuais. Ele acreditava que o colapso das defesas construídas pelos pacientes para se protegerem dos desejos sexuais iniciais levava a sintomas histéricos mais tarde. O interesse de Freud estava no papel que as fantasias sexuais de sedução desempenhavam nos sintomas psiquiátricos prevalentes entre a classe média vienense, mas ele tinha, de forma surpreendente, pouco a dizer sobre crimes resultantes de desvios sexuais.

O texto, que foi um marco na medicalização de desvios sexuais, apareceu quando Freud tinha apenas começado sua carreira médica em Viena. Em 1886, outro psiquiatra que trabalhava na Áustria,

Richard von Krafft-Ebing, publicou a primeira edição de um estudo abrangente sobre patologia sexual. Seu livro *Psychopathia Sexualis* [Psicopatia sexual] apresentou um sistema de categorização ilustrado por centenas de estudos de caso do mundo todo. O termo "assassino em série" começou a ser usado popularmente no fim do século xx, mas o trabalho de Krafft-Ebing deixa claro que o assassinato em série não é de forma alguma um fenômeno moderno. Em um estudo em uma edição posterior do livro, Krafft-Ebing descreveu as características de uma série de oito homicídios na década de 1880 que alcançaram uma notoriedade duradoura não por sua brutalidade – na verdade, havia outros estudos de caso envolvendo níveis iguais de barbárie, e em alguns até uma contagem de corpos maior –, mas porque o assassino nunca foi encontrado. Ao descrever os assassinatos de Jack, o Estripador, Krafft-Ebing observa: "ele não parece ter relações sexuais com suas vítimas, mas muito provavelmente o ato assassino e as mutilações subsequentes dos cadáveres eram equivalentes ao ato sexual". Nunca saberemos se esse era ou não o caso.

Foi também Krafft-Ebing que cooptou o termo "sadismo" para usá-lo como descrição médica da "experiência de sensações sexuais prazerosas (incluindo o orgasmo) produzidas por atos de crueldade, punição corporal aplicada em si mesmo ou quando testemunhada em outros, sejam animais ou seres humanos". No início dos diagnósticos médicos, tais desvios sexuais eram agrupados sob a categoria de transtorno de personalidade. Agora, os distúrbios parafílicos têm a própria categoria.

Satisfeito com o fato de eu ter concordado com seu especialista na questão do diagnóstico, o sr. Eddison prosseguiu como eu esperava ao próximo passo da defesa. "Concorda que havia uma anormalidade no funcionamento mental que resultou da doença do réu?" A defesa de semi-imputabilidade não depende apenas da existência de uma doença reconhecida; há uma série de camadas nesta defesa e uma das principais é que haja uma anormalidade das funções mentais que seja resultado de uma doença.

Reprimi a vontade de dar uma resposta cheia de jargões: "Bem, não, na verdade. Precisamos primeiro resolver a falácia ontológica do diagnóstico na psiquiatria".

O funcionamento mental anormal, como a lei sobre semi-imputabilidade sugere, é resultado de uma doença psiquiátrica? Em outras palavras, ter um diagnóstico específico realmente me diz o que está errado na mente do paciente?

Um diagnóstico na psiquiatria é uma ideia abstrata. Ele descreve um grupo de sintomas com base em uma lista maior deles. A única coisa que podemos realmente dizer que pacientes com um diagnóstico de doença mental têm em comum é a lista de diagnósticos em que seus sintomas aparecem. Não podemos afirmar que todos têm o mesmo padrão de distúrbios cerebrais, e é provável que não tenham. Os diagnósticos não estão agrupados em manuais porque eles têm um tipo de disfunção cerebral em comum. O diagnóstico é a lista e nada mais. Quando escuto alguns de meus colegas da psiquiatria, eles dão a impressão de que há uma coisa específica chamada depressão clínica que todos os pacientes com esse diagnóstico têm em seu cérebro e que os leva a se sentir deprimidos, como se fosse pressão alta ou doença cardíaca. Há esta complexidade na psiquiatria: não há um distúrbio específico do cérebro que seja compartilhado entre todos os que são diagnosticados com depressão clínica. Os critérios diagnósticos que definem a depressão clínica são reais e o sofrimento de alguém que atende a esses critérios é real também, mas a pretensão é de que os critérios sejam as manifestações de uma única doença cerebral conhecida: eles não são.

Continuando minha interação imaginada com o dr. Eddison, eu poderia ter explicado que uma lista por si só não é algo que tenha propriedades causais. Em vez disso, moldei meus pensamentos de maneira a dar uma resposta direta e honesta sem provocar uma crise existencial.

"Sim... o transtorno de sadismo sexual envolve o distúrbio do funcionamento mental."

Da mesma forma em que a maioria dos diagnósticos psiquiátricos não fornece uma explicação para o que está acontecendo na mente de alguém, eles também não explicam o comportamento. Mas os diagnósticos de parafilia são, em alguns aspectos, uma exceção, já que os critérios explicitamente conectam algo na mente com o comportamento. Para dar este diagnóstico a Paul, eu tinha que ter certeza de que ele cumprisse com duas afirmações na lista do *Manual Diagnóstico e Estatístico de Transtornos Mentais*: ele deve ter sido excitado sexualmente diversas vezes pelo sofrimento de outros e ele deve ter tomado uma ação por conta destes impulsos; combinados, estes critérios descrevem algo em sua mente e o comportamento resultante. Daniel Dennett, a pessoa que popularizou a filosofia, escreveu sobre as explicações que respondem a perguntas do tipo "pra quê?". Elas nos mostram o propósito do comportamento. No caso de Paul, era que, para atingir a satisfação sexual, ele precisava do sofrimento de outra pessoa. Quanto maior o sofrimento, maior a satisfação.

Prossegui: "o distúrbio, que está presente neste caso, é a conexão entre a excitação sexual e o sofrimento de outras pessoas".

"Para recapitular, você concorda que há uma doença reconhecida e um distúrbio no funcionamento do cérebro que resulta dessa doença."

Sem querer procurar pelo em ovo, concordei com seu resumo. Havia, então, uma questão crucial final para ser tratada. Ele pegou a folha que segurava e a colocou em um lado do púlpito antes de se virar para o outro lado para pegar a página seguinte de anotações. O oficial de justiça usou o tempo para alcançar o parapeito do banco das testemunhas e encher meu copo d'água, que bebi de imediato.

A lei diz que a responsabilidade de uma pessoa por um assassinato não pode ser diminuída apenas pela existência de uma doença e um distúrbio do funcionamento mental relacionado. Deve haver alguma conexão entre essas coisas e as ações do assassino. Na lei, essa conexão deve se dar por um entre três tipos específicos de disfunção mental. Deve ter havido uma deficiência na compreensão, raciocínio ou autocontrole.

Se minha avaliação do crime produzisse apenas respostas para perguntas do tipo "pra quê", não ajudaria muito o tribunal em suas deliberações sobre se uma ou mais dessas deficiências estavam presentes. Saber apenas que o objetivo de Paul era atingir a excitação sexual, e que isso exigia que sua vítima sofresse, não diz nada sobre sua compreensão, raciocínio ou autocontrole. Preciso encontrar um tipo diferente de explicação; algo que responda ao tipo alternativo de pergunta proposto por Dennett: "por quê?".

Uma descrição do processo mental que leva ao comportamento me dirá "por que". Construir essa narrativa de processo é uma tarefa diferente de fazer um diagnóstico. É mais exaustivo mentalmente, mas, ao mesmo tempo, mais recompensador. Meu objetivo é gerar uma simulação da mente de Paul em funcionamento. Conforme essa simulação começa a tomar forma, eu a testo. Essa mente imaginada faria as coisas que as testemunhas disseram que ela fez? Se não, isso precisa ser revisado.

Os policiais que investigam um crime tomam depoimentos para desenvolver um relato dos acontecimentos que levam a ele e aos imediatamente após ele. Em comum com a polícia, estou interessado no que o réu disse e fez. Mas aí nossos interesses divergem. Os policiais precisam argumentar contra o suspeito. As evidências sustentam a conclusão de que ele cometeu o crime? Se sim – e determinar isso não é uma questão de minha responsabilidade –, meu trabalho é descobrir por que, para responder tanto "pra quê?" e "por quê?" com referências específicas à mente de Paul, não apenas à mente prototípica de alguém diagnosticado com transtorno de sadismo sexual.

Felizmente, os depoimentos de testemunhas não são apenas uma descrição insossa das ações e palavras do réu precedentes ao crime. Linha por linha, analisei cada depoimento para extrair frases que descreviam as ações e atitudes de Paul. Os padrões de comportamento que aparecem nesses depoimentos são particularmente úteis;

eles carregam um peso maior na formação de minha simulação da mente de Paul.

Duas pessoas que trabalhavam no mesmo turno que Paul no armazém para transportes no dia do assassinato eram obviamente testemunhas cruciais. Se houvesse qualquer coisa incomum em seu comportamento, esses colegas deveriam ter notado algo. Ele estava distraído talvez, ou irritado? Notaram se ele ficava observando as horas?

Devido ao tempo que tinha se passado desde o crime – ele foi preso duas semanas depois –, os colegas de Paul não tinham certeza, mas eles não lembravam de ter reparado em qualquer coisa diferente nele. Ele não costumava ficar no armazém antes de seu turno como caminhoneiro começar. Mas, quando ele dava uma passada no prédio, era normalmente amigável o suficiente e, pelo que conseguiam lembrar, naquele dia não foi diferente. A polícia, porém, estava certa de que Paul sabia o que faria muito antes do crime. Imagens de sadismo extremo foram encontradas no disco rígido de seu notebook.

O patologista não podia determinar com certeza o respectivo posicionamento da vítima e do criminoso baseando-se no ferimento no pescoço, mas havia sinais de que eles estavam de frente um para o outro.

O relatório da necrópsia descreveu de forma metódica a evidência de um abuso sexual brutal. Por mais que eu adote uma abordagem analítica para entender a violência, ler as conclusões do patologista ou os relatos em primeira mão das vítimas de violência sexual – o que faço como preparação para minhas avaliações para os tribunais criminais – muitas vezes me causa repulsa. Não consigo separar as partes de pai e marido de minha identidade. Não sou menos suscetível a uma reação emocional, sobretudo àquela comumente sentida como nojo. É uma resposta involuntária e imediata, não aquela que nasce de uma análise da natureza do crime ou de suas consequências para a vítima. Esse sentimento gera um desejo generalizado de punir os abusadores sexuais de forma particularmente severa. As reações também são o resultado de um processo mental que explica o posicionamento da sociedade sobre os limites entre os comportamentos sexuais considerados aceitáveis e os que são condenados.

Um ato sexual mutuamente consensual pode ser intensamente agressivo. Para algumas pessoas, a força e o ato de infligir dor são componentes necessários para uma experiência sexual prazerosa. O sadomasoquismo consensual é algumas vezes citado como evidência de um nível de permissividade imoral. Mas, qualquer que seja a posição das pessoas sobre a moralidade de tal comportamento, ele não provoca a mesma reação visceral como o estupro ou a pedofilia. A repulsa é tão intensa que estupradores e pedófilos costumam ser rejeitados como pessoas más, e seus atos não merecem explicação. Minha experiência ao trabalhar com criminosos sexuais em prisões e hospitais de custódia me diz que a extensão em que o comportamento deles se desvia das normas sociais indica quão poderosas são as forças baseadas na mente.

"Eu não tinha planejado isso", Paul me contou. Pela segunda vez, eu o questionei sobre as horas antes do assassinato. Seu primeiro relato me deixou cético. Ele já tinha me dito que suas fantasias masturbatórias preferidas continham cenas de tortura, a ponto de levar à inconsciência, e eu não podia ignorar a evidência de que pelo menos um dos estupros anteriores fora precedido por um planejamento considerável. Mas, falando sobre a morte de Isabel, ele foi consistente em suas respostas – insistiu que não tinha pensado em machucá-la até que eles começaram a fazer sexo.

Ainda fiquei em dúvida. "Posso verificar que o compreendi? Antes de ir à casa de Isabel você não planejava matá-la?" Ele concordou. Perguntei: "Você poderia me explicar como as coisas mudaram?". Uma pergunta deliberadamente ambígua desencoraja uma resposta ensaiada. Também significa que a iniciativa está com o paciente; sua escolha de palavras me interessa.

"Quer saber... eu pensei sobre isto... não tenho certeza de quando decidi fazer."

Notei que ele não se referiu especificamente ao crime. Usar "isto" ou algum eufemismo no lugar de um descritor mais específico é comum. Tomo cuidado para não ir longe demais na interpretação. Isto pode ser meramente uma variação aleatória no uso da linguagem. Por outro lado, não devo perder pistas sobre como sua mente funciona. Fiz uma anotação mental. Mesmo se um padrão surgisse, não haveria uma única explicação. O crime é um lembrete de suas circunstâncias, e não reconhecer abertamente o que ele fez poderia ser uma forma de diminuir a dor que sentia por si mesmo. Caso contrário, Paul pode, como a maioria de nós, sentir uma onda de repulsa automática e nociva com a lembrança de uma manifestação real de tal violência sexual. Poderia tal reação ocorrer em alguém que cometeu atos de violência sexual?

Queria incentivar Paul a continuar com as próprias reflexões. Se possível, preferia não interromper sua narrativa com a introdução de minhas palavras. Assenti com a cabeça e levantei o olhar de minhas anotações de maneira curiosa.

"Talvez foi... eu não sei... poderia estar no fundo de minha mente antes que eu tivesse chegado lá?" Ele não estava certo e colocou a sugestão como uma pergunta, mas pensei que estivesse tentando alcançar uma aproximação mais precisa do próprio estado interior naquele momento.

Tive muitas discussões com colegas sobre se um crime foi planejado ou impulsivo, como se esses fossem estados mentais mutuamente exclusivos. Não são. O acompanhamento mental de nossas ações é uma mistura de vetores emocionais navegando por diferentes direções com diferentes níveis de força.

"Sei que não faz sentido...", ele continuou. Tenho mais ceticismo em relação à explicação que, desde o começo, é oferecida de forma organizada, lógica e internamente coerente. Incentivei Paul a continuar mesmo que aquilo não fizesse sentido para ele. "Acho que parte de mim sabia que isto ia acontecer... não queria pensar sobre isso com... estava resistindo... quando estávamos fazendo sexo, estava lá. Não podia impedir. Era tudo o que eu queria. Aquele olhar... o medo nos olhos dela... quando vi aquilo, não tinha como voltar atrás... Falei que estava pensando sobre isto?" Assenti com a cabeça. "Sabe, agora que eu paro pra pensar, e acho que isso estava mesmo para acontecer. Era só uma questão de tempo."

Levantei meu olhar implorando mais uma vez. Desta vez, parecia que suas emoções haviam sido drenadas dele. Ele olhava fixamente através de mim. Tinha adiado a discussão sobre o crime pelo máximo que pude, mas agora percebi que ele não seria capaz de continuar por iniciativa própria.

"Você está bem para prosseguir?", perguntei. Ele murmurou "sim" como se não tivesse ar suficiente para falar. Não queria que ele recuasse da perspectiva que tinha alcançado. Paul parecia mais estimulado que antes. Comentar o que ele já tinha falado tiraria a pressão sobre ele ao mesmo tempo que manteria suas ideias no momento, mas sabia que eu não deveria contaminar suas reflexões com minhas suposições. Consultando minhas anotações, repeti o que ele tinha me dito, mas com um tom genuíno de interesse. Paul pareceu retomar um pouco do foco.

Paul me contou que ele se lembra de ficar excitado ao ver ou imaginar outras pessoas sentindo dor ou sob ameaça desde que começou a ter impulsos sexuais. Na adolescência, isto era apenas uma parte necessária de sua fantasia para chegar ao clímax. Nas primeiras relações sexuais, era suficiente imaginar-se batendo ou amarrando as parceiras sexuais, mas os impulsos permaneciam em segredo: as primeiras parceiras sexuais de Paul não sabiam que um momento mais longo agarrando-as com força ou os dedos que passavam brevemente pela garganta delas aumentavam o imaginário sádico e, portanto, a excitação sexual dele. Nesse período, Paul não machucava ninguém e não questionava se suas fantasias eram diferentes das que outras pessoas tinham. Contudo, esses impulsos eram reforçados e apurados por uma associação consistente com o alívio de suas necessidades sexuais. No fim da adolescência, nem o sadismo imaginado, nem a pornografia cada vez mais extrema que ele assistia na internet, davam-lhe a mesma satisfação. Ele pagava para infligir dor em prostitutas, mas isso também não o satisfazia. Percebeu que precisava que a receptora de sua violência sexualizada estivesse realmente com medo ou sentindo dor. Emoções fingidas criavam uma experiência sexual sem graça. Revelou que tinha estuprado duas prostitutas antes da primeira condenação. Não tinha certeza sobre o motivo de elas não o terem denunciado à polícia – embora estudos mostrem que a maioria das pessoas que trabalham na indústria do sexo tenham sido vítimas de violência, a maioria hesita em denunciar esses incidentes à polícia –, mas ele sentira que tinha a permissão para fazer o mesmo novamente. A transação financeira o levou a sentir-se no direito de fazer isso e permitia desumanizar as mulheres. Em seguida, com 23 anos, Paul foi preso por estuprar uma prostituta que assumiu o risco de contatar a polícia. Negociando a pena, ele concordou em se declarar culpado de uma acusação menor de abuso sexual e foi sentenciado a dezoito meses na prisão.

Paul foi inscrito em um programa de tratamento de criminosos sexuais. No início, ele era um participante passivo, mas, com o tempo, começou a ficar interessado. Ele não queria retornar ao velho estilo de vida. Junto a uma rotina semanal comum de trabalho, o futebol no meio da semana e os fins de semana com sua então namorada, antes da condenação Paul tinha uma vida paralela sórdida na área de prostituição de uma cidade que ficava a uma hora de distância de carro. Em sua mente, ele era capaz de separar essas duas vidas, mas elas entraram em conflito quando ele foi condenado, e ele foi largado como se fosse alguém sujo. O programa de tratamento oferecia uma alternativa.

Quando chegou o momento de sua soltura, a determinação de Paul estava forte. Ficou longe de gatilhos – ele agora usava os termos que tinha aprendido no curso – que poderiam levá-lo ao crime de novo e a buscar aquela vida paralela. Mas o problema era que Paul tinha também perdido sua outra vida – aquela com amigos, namorada, uma casa e um trabalho. Diante do isolamento, foi quase inevitável reiniciar o hábito. A acusação seguinte por estupro foi mantida e, desta vez, ele foi sentenciado a nove anos de prisão.

Antes da terceira prisão, Paul tinha estado solto por dois anos, mas as fantasias sádicas continuaram. Ele estava na empresa de transportes fazia apenas alguns meses quando Isabel começou a trabalhar lá, atendendo ligações e trabalhando com a papelada. Na noite do crime, Paul tinha oferecido a ela uma carona para casa e, de acordo com ele, quando chegaram lá, ela o convidou para uma bebida. Ele alegou que ela havia dito que o namorado dela estava fora e que não estavam se dando bem. Não havia nenhuma forma de comprovar isso, mas Paul alegou que o sexo foi consensual. Isabel tinha bebido – um fato confirmado pela necrópsia –, mas Paul estava, ele disse, confiante em sua alegação de que ela sabia o que fazia. Ele não gostava muito de beber, mas a havia acompanhado com algumas taças de vinho. "Não poderia ter planejado isso", ele repetiu, como se um motivo tivesse acabado de lhe ocorrer. Paul continuou, dizendo que não sabia de nada que iria acontecer até um pouco antes de acontecer. Ficou pensando em voz alta se tinha visto o medo primeiro, e então a estrangulara, ou se tinha apertado seu pescoço para ver o medo; ele não tinha certeza. Não importava como havia começado. Assim que começou, Paul só tinha um curso de ação. Ele não queria abandonar a sensação que o tomava ao olhar para os olhos cheios de pânico de Isabel.

Em certo nível, que estou buscando estabelecer em minha avaliação, trata-se de um conjunto de acontecimentos em série dos quais Paul fez parte. Na série de acontecimentos relacionados ao trabalho, por exemplo, tenho um interesse particular nos relacionamentos com os colegas de um paciente e como isso pode ter se desenvolvido ou mudado. A linha do tempo dessa série de acontecimentos se sobrepõe à linha de relacionamento com parceiros – moldada por encontros e separações, por romances ou rejeições. Depois, essas duas se sobrepõem à série de acontecimentos do crime, neste caso, um crime sexual. Há padrões de comportamento exclusivos de uma série e outros que são comuns a várias. Por exemplo, enquanto alguns agressores domésticos podem mostrar uma agressão manifesta a parceiras, um padrão de arrogância é, às vezes, também aparente nas interações profissionais e dentro de seu grupo social. Na primeira vez em que falei com ele, Paul me disse o que aconteceu, o que fez e, durante esse tempo, sou capaz de criar várias linhas do tempo na vida de Paul que precederam o assassinato. Mas, para compreender seu estado mental, para entender quais são os fatores que estão por trás dos acontecimentos, preciso entender as causas desses acontecimentos e como elas interagem. Qual é a explicação para o papel que Paul teve nele? É claro, eu poderia perguntar abertamente a Paul sobre as razões implícitas em cada ação, mas resisto. Como com a maioria das pessoas, mesmo sem saber, a narrativa de Paul será repleta de inferências explicativas, e estas são muitas vezes mais reveladoras.

Mais tarde, sentado no silêncio de meu escritório, eu me dividia entre inclinar-me para me aproximar da tela do meu notebook, examinando as palavras que Paul tinha usado, e endireitar-me de novo na cadeira e fixar o olhar no teto, buscando um significado. Em que circunstâncias elas são ativadas? Como são sentidas? Como se interconectam? O que acontece se entram em conflito? Eu estava mergulhado em uma construção do universo mental de outra pessoa. Manter-se na simulação demanda esforço, mas gradualmente uma imagem dos processos mentais de Paul começa a tomar forma.

De vez em quando, porém, minha concentração é interrompida pela intrusão de meu eu comum – o homem que é um pai, um marido, um amigo. Esse eu diz: "Paul sabia o que estava fazendo. Ele estava se satisfazendo da maneira mais selvagem possível". Para chegar a uma explicação fundamentada dos crimes de Paul, devo incluir o papel das influências emocionais na tomada de decisão. Não estou falando apenas das decisões de Paul; estou aberto da mesma maneira à influência dos sentimentos sobre minhas decisões. O que pode ser uma explicação psiquiátrica cuidadosamente desenvolvida pode servir como uma desculpa em mãos diferentes. Justificar suas ações parece errado, mas não torna a explicação menos válida. A legitimidade de minha contribuição se baseia em aplicar uma compreensão fundamentada da mente. A perspectiva do cidadão comum é, claro, totalmente válida, mas não é a que me pediram para fornecer.

A descrição comportamental do desvio de Paul era que a excitação sexual dependia do sofrimento dos outros. Eu agora me sentia capaz de produzir um relato mais esclarecedor, que tentasse representar sua mente no momento do crime. Este se baseava no aumento da excitação sexual com a sensação que surgia em resposta aos sinais de que a outra pessoa estava com medo dele. Ele tinha começado a sobrepor esse cenário em sua imaginação à relação sexual não sádica, então pagava outras pessoas para encenar isso, embora as sensações que acompanhavam essas relações sexuais não tivessem a mesma intensidade que vinha de testemunhar de fato a outra pessoa com medo de morrer em suas mãos.

A expressão "assassino em série" tem sido criticada porque se define pela oportunidade do criminoso de matar repetidamente, em vez do tipo de mente que pode matar em série. Define-se pelo comportamento, não pelo lado psicológico. A expressão "matador compulsivo", usada na literatura acadêmica, descreve o indivíduo de forma mais precisa. Paul tinha as características psicológicas de um matador compulsivo e, se não fosse preso, tinha o potencial de matar em série.

Separar mentalmente suas atividades sádicas da existência mundana paralela reduzia a necessidade de Paul em reconhecer as consequências de seu comportamento. A denúncia de um crime, o envolvimento da polícia e a ativação do processo de justiça criminal significavam que ele não podia mais manter esses dois mundos separados. Mas alguns criminosos vão além para manter o limite entre mundos diferentes.

Em janeiro de 1983, Elisabeth, uma garota de dezesseis anos que estava desaparecida por três semanas, foi devolvida pela polícia a pais muito agradecidos. Com dezoito anos, ela desapareceu de novo e, quando não retornou, sua mãe foi levada a acreditar que ela tinha fugido para se juntar a uma seita. Na verdade, durante os 24 anos seguintes, Elisabeth viveu a poucos metros da mãe. A última lembrança de Elisabeth era estar ajudando o pai a carregar uma porta para o porão e depois tudo ficou escuro. Ela recobrou a consciência e percebeu que estava acorrentada ao chão na escuridão. Dois anos antes, a polícia tinha, sem querer, devolvido a jovem para as garras predatórias do pai, que a estuprava desde os onze anos de idade. Pelas duas décadas e meia seguintes de seu confinamento no porão da casa da família, Josef Fritzl continuava com frequência a abusar da filha.

Antes de visitar a Áustria para me encontrar com a dra. Adelheid Kastner, não tive acesso ao caso de Fritzl além de notícias na mídia. Revelações jornalísticas de julgamentos proeminentes nunca atraíram muito a minha atenção. Em parte, tinha sido desmotivado por conta da minha experiência direta sobre como os fatos podem ser distorcidos. Partindo da confusão da realidade, os artigos em geral ampliam um elemento para produzir uma história de tirar o fôlego, mas unidimensional.

Lembro-me de um caso em que as supostas credenciais antissemitas de um prisioneiro que eu tinha avaliado se tornaram o assunto das manchetes. Na verdade, antes de seu uso quase letal de uma arma de fogo, esse homem antes reservado tinha vivenciado ideologias bem contraditórias. A bem da verdade, os jornalistas não tinham acesso à totalidade das evidências que mostravam que vários meses antes do crime houve uma mudança significativa na personalidade dele. Um enfraquecimento de suas capacidades lógicas e o aumento do viés conspiratório por meio do qual ele via o mundo foram cruciais para explicar seu envolvimento no crime. Era correto que tinha ficado mais fascinado por discursos extremistas nas mídias sociais e que fora atraído a conteúdos brutalmente violentos. Mas as inclinações políticas ou religiosas do grupo eram um interesse secundário. Não se tratava de alguém que fosse inclinado ao fanatismo por natureza ou cuja vulnerabilidade tivesse sido explorada por recrutadores racistas. Sem dúvida, esses são os caminhos para o racismo violento, mas não tinham sido os tomados por meu paciente.

Os jornalistas não estão apenas em desvantagem por não ter acesso a todos os fatos nesses casos. A história disponível a eles costuma ser alterada de seu formato original pelo processo antagonizador do julgamento criminal. O júri não recebe passivamente um relato imparcial das evidências para que possa decidir sobre o que aconteceu. Pedaços de perspectivas de uma lista selecionada de testemunhas são apresentados para contar uma história: o caso contra o réu. De forma semelhante, a tarefa da defesa não é dizer ao tribunal a série de acontecimentos mais provável; seu papel é enfraquecer a credibilidade da história da acusação. Nenhuma das equipes jurídicas precisa explicar nada sobre comportamento. A forma com que as evidências são apresentadas ao tribunal não nos ajuda a entender o crime. Os jornalistas precisam, então, pegar o que sobra dos fatos e destilar um tipo específico de essência, que seja acessível e forte.

Estava lendo os relatórios do caso de Fritzl em um trem que saía de Viena, como preparação para meu encontro com a dra. Kastner. Ela tinha sido comissionada para avaliar Josef Fritzl. Como psiquiatra forense, tinha a expectativa de ser capaz de explicar suas ações.

Quando sou chamado para contribuir com o processo de justiça criminal, sei que me perguntarão sobre o *index offence*, o principal crime recente. Para fins de minha avaliação, o *index offence* quase nunca é um incidente isolado no que representa. Nossos manuais de risco dizem que devemos atribuir um nível de risco maior aos pacientes que têm histórico persistente de crimes e que cometeram crimes de tipos diferentes, como incêndio criminoso e fraude, assim como violência. Há também um significado ao observar crimes anteriores. Com o paciente, examino seu passado em busca de eventos relacionados. Colocar esses eventos lado a lado me permite ver fios explicativos comuns. Também me ajuda a ver como esses acontecimentos podem estar conectados e como essa narrativa conectada levou ao *index offence*.

A dra. Kastner explicou que o Fritzl de dezoito anos desenvolveu o hábito de se masturbar atrás de mulheres que ele seguia pelo parque. Um transtorno exibicionista envolve expor a genitália a uma pessoa inocente e que não deu seu consentimento para tal. As ações de Fritzl eram diferentes. Ele não estava se expondo para as mulheres – não queria que elas soubessem o que ele estava fazendo. Relembrando as reuniões com ele, a dra. Kastner observou que o que era importante para ele era "a percepção de saber algo que elas não sabiam; se ao menos elas soubessem". Ela entendeu desse relato que a posição que ele buscava era de ter "sem dúvida algum tipo de poder". Estudos sobre criminosos sexuais revelaram que seus crimes costumam ser motivados tanto pelo desejo de atingir a dominação como pela expectativa de alívio sexual.

Um acontecimento ao acaso levou a uma mudança na direção do crime de Fritzl. Quando uma mulher se virou e viu o que ele estava fazendo, ela o perseguiu agitando seu guarda-chuva. Fritzl decidiu que ele precisava de uma maneira alternativa para tanto atingir a satisfação sexual como uma posição de poder por meio de conhecimento sobre uma mulher inocente. Ao retornar do trabalho, ele começou a escutar o que vinha das janelas abertas. Descobriu quais eram de quartos e quando os casais provavelmente estavam fazendo sexo. Permanecendo sob essas janelas, ele se masturbava enquanto ouvia escondido a intimidade dos moradores. De modo inevitável, aproveitava a oportunidade para espiar. A dra. Kastner pensou que isso era feito "com a sensação de que 'eles não sabiam, mas eu sei'".

Foi nesse período que houve uma mudança preocupante em seus hábitos criminosos. À medida que ele conhecia melhor as atividades de algumas das casas, passou a saber quando os maridos estavam fora. Fritzl estava entre a minoria de criminosos sexuais que não fazem contato e que fazem a transição para o crime sexual de contato. No começo de seus trinta anos, ele foi preso por estupro sob ameaça de faca. A dra. Kastner suspeitou de que ele tivesse entrado na propriedade e estuprado a moradora mais de uma vez.

Sua prisão por estupro levou Fritzl a outra avaliação de seu modo de agir. Essa reavaliação não foi motivada por remorso pelo dano causado a suas vítimas ou uma tentativa de administrar o risco que ele sem dúvida apresentava. Era que ele queria tanto estuprar quanto levar uma vida normal. A essa altura, estava casado. Sua esposa o visitava rigorosamente na cadeia e ela contou que ele nunca falava sobre o motivo de estar preso. É possível que, sob a influência dominante de seu marido, ela se sentia incapaz de questioná-lo. Qualquer que fosse o motivo, essa cumplicidade no silêncio não desafiou a contradição de seus dois planos de vida: um plano se conformava às aspirações convencionais de um casamento, filhos, férias e um negócio de sucesso, e o outro era criar uma oportunidade para estuprar o quanto quisesse.

A solução de Fritzl foi manter sua vítima em cativeiro para seu prazer. Assim que prendeu a filha no porão, ele a forçou a escrever uma carta explicando que tinha ido embora para ficar com uma amiga e que eles não deveriam procurá-la. Durante os 24 anos de cativeiro, Elisabeth teve sete filhos dele. Três foram mantidos no porão, três foram levados para a casa acima – o aparecimento explicado por meio de mensagens por escrito ou gravadas, supostamente pelas mães ausentes, pedindo que tomassem conta de seus filhos. Um sétimo filho morreu logo após o parto e Fritzl se livrou do corpo.

A forma como os crimes de Fritzl foram descobertos nos diz algo sobre a natureza exata de seus impulsos anormais. Uma das filhas que estava no porão, Kerstin, agora com dezenove anos, ficou muito doente. Fritzl concordou com a necessidade de ela receber cuidados médicos. Ele e Elisabeth carregaram Kerstin para cima. Tendo passado quase duas décadas e meia no subsolo, Elisabeth teve apenas um instante do lado de fora antes de ser forçada a retornar para os outros filhos. Kerstin foi levada de ambulância ao hospital. A equipe do hospital desconfiou da explicação de Fritzl e de um bilhete que ele alegava ter sido escrito pela mãe de Kerstin. Eles contataram a polícia. Uma semana depois de Kerstin ter sido levada ao hospital, Fritzl consentiu com as súplicas de Elisabeth para ir ao hospital ver a filha. A polícia prendeu Fritzl e Elisabeth. Só quando a polícia garantiu que ela nunca veria o pai de novo foi que Elisabeth se sentiu capaz de divulgar como tinha vivido nos últimos 24 anos. Fritzl foi acusado de estupro, incesto, sequestro, cárcere privado, escravidão e assassinato de um bebê. Mais tarde, declarou-se culpado e foi sentenciado à prisão perpétua.

A dra. Kastner perguntou por que Fritzl não chegou a uma solução diferente para a doença de Kerstin. "Teria sido muito, muito mais fácil para ele fechar a porta. Ele poderia ter fechado aquela porta no porão e nunca mais ter voltado, e ninguém jamais saberia sobre nada daquilo. E, quando a filha ficou doente lá embaixo, ele poderia ter saído e fechado a porta, e pronto." A dra. Kastner acreditava que isto fosse um indício de algum tipo de senso moral, mesmo que gravemente distorcido. "Há limites, e matar alguém era o limite para o sr. Fritzl, pelo que conheço dele." Creio que essa interpretação seja plausível. Pode-se pelo menos supor que a morte de suas vítimas não era parte de suas fantasias sexualizadas.

Um forte desejo de dominar as vítimas de seus impulsos sexuais agressivos pela coerção parecia ser um elemento necessário na explicação para os crimes de Fritzl. É suficiente explicar como ele continuou a cometer crimes da maneira como fez contra sua filha?

A descrição de Fritzl feita pela dra. Kastner incluía reflexões que não costumam aparecer em um relatório psiquiátrico comum. Ela começou com observações sobre como ele a fazia se sentir. Não eram sentimentos provocados pela consciência do que ele tinha feito. Ela falou sobre os aspectos mais imediatos de sua interação com Fritzl. Havia algo do interesse dela na relação entre os dois. Ela estimou ter passado 38 horas com ele – eu estava com inveja do tempo alocado para a avaliação. Na Inglaterra, tenho sorte se tiver a oportunidade de encontrar o réu em um caso criminal por mais de duas vezes. Mas, embora a natureza do conteúdo discutido no tempo que a dra. Kastner teve com Fritzl fosse extraordinária, a personalidade dele era o contrário. Nas palavras da dra. Kastner, ele "era bastante comum para mim". Não tinha nenhum problema em se lembrar dos detalhes. "A estrutura de sua vida era bem presente para ele." O que surpreendeu a dra. Kastner foi seu estilo. "Para dizer de forma bem direta, ele era extremamente tedioso. Era uma pessoa bastante tediosa." A dra. Kastner se recordou de que o modo dele de se expressar parecia o de alguém lendo uma lista telefônica. O efeito era tão profundo que ela o considerou soporífero. Com base nas ações dele, alguns o rotularam como psicopata. A descrição da dra. Kastner confirmou minha própria experiência de que a psicopatia não pode ser diagnosticada apenas por conhecer o comportamento do criminoso. Estar em uma sala com Fritzl logo mostraria que ele não tinha sequer um charme superficial, um critério diagnóstico para psicopatia.

Uma boa contação de histórias não depende apenas de uma boa história. Ela não apenas envolve a transferência dos fatos de forma oral. Para estimular a imaginação do ouvinte, o narrador entona, pausa, emociona, ajusta o ritmo e revela. O estilo de Fritzl pode ter sido uma característica de uma deficiência específica na expressão emocional; uma capacidade limitada de infundir sua linguagem falada com um tom emocional. Um déficit isolado desse tipo pode não ser particularmente relevante para entender seu crime. Ouvir o relato de Fritzl indicou algo mais interessante.

"Ele não tinha sentimentos em relação à criança que foi um dia", observou a dra. Kastner. A única figura adulta consistente durante a infância de Fritzl foi sua mãe, que era negligente e imprevisivelmente agressiva com ele. Ao contrário do relato geral de que seu pai abandonou o filho, a dra. Kastner soube que a mãe de Fritzl não permitia o contato entre os dois. Ela era o produto de um de muitos casos entre o pai dela e as empregadas da casa. A mulher com quem o avô de Fritzl era casada não podia ter filhos. Na mãe de Fritzl surgiu a necessidade de provar que ela não era infértil. Fritzl foi a prova que ela buscava, mas depois se tornou um tormento. Desde cedo, ele era deixado por conta própria. Quando estava presente, a mãe o agredia de forma brutal.

O efeito do trauma de infância difere, dependendo de seu significado para a vítima. A dra. Kastner tinha identificado que teria sido difícil para Fritzl obter qualquer significado do que acontecia com ele. "Ela o punia o tempo todo e ele não sabia o motivo, então era impossível saber o que fazer para conseguir qualquer coisa. Ela era a única pessoa de referência para ele, não havia mais ninguém, nenhum parente, ninguém." Incapaz de entender essas experiências, ele escapou delas. Não houve uma fuga física, mas ele buscou um refúgio mental. A dra. Kastner explicou que, na mente dele, ele se transpunha para outra realidade. "Ele lia o dia todo, totalmente imerso em outro mundo. Então, você escapa do mundo que, é óbvio, não era tão bom. E ele vivia em seus livros."

A dra. Kastner explicou que, "quando ele saía do porão e fechava a porta, ele fechava a porta da cabeça dele também". Ela descobriu que ele tinha "a capacidade absolutamente perfeita de fechar a porta da cabeça dele [...] Ele administrava seus pensamentos com perfeição". Ao longo de 24 anos, ele nunca deu um tropeço que pudesse dar às pessoas motivo para suspeitar de sua outra vida. "Não porque fosse tão esperto, pois ele não o era. Era mediano, não um gênio. Ele é uma pessoa mediana que faz as coisas de maneira bem planejada e estruturada. Ele nunca pensava sobre o porão enquanto estava na casa de cima, nunca."

Enquanto a dra. Kastner falava, pensei que a habilidade de Fritzl em criar mundos completamente separados tinha surgido da necessidade de quando era criança. Disse isso à dra. Kastner. Ela concordou. Em suas palavras, a infância dele tinha servido como "um tipo de treinamento para separar os dois mundos". Não achei que isso seria suficiente para dizer que as experiências dele na infância tinham sido a causa derradeira de seus desejos sexuais perversos. Mas, para mim, essas experiências o conduziram a uma maneira de pensar que lhe permitiu transformar seus desejos em uma prática incrivelmente destrutiva. Ele era capaz de desconectar por completo as duas vidas. Também era capaz de desconectar a compreensão da emoção. A dra. Kastner descobriu que "ele tinha uma compreensão cognitiva total do que tinha feito, enquanto a emoção sobre o que tinha feito não existia".

"Ouvimos a opinião do dr. Stanlow de que o réu não tinha autocontrole. Posso recordar a posição dele?" O sr. Eddison olhou em direção ao juiz, checando se não haveria objeção. O olhar sem expressão do juiz fixado em suas anotações foi entendido como permissão para continuar. "Se, no momento do assassinato, o réu estava agindo por causa de um sintoma de transtorno mental – que é o impulso sexual –, então, conclui-se que seu autocontrole estava debilitado. Se isto era um transtorno mental grave, então a deficiência foi significativa."

Estava preparado para aceitar que Paul não queria ter a tendência de se excitar sexualmente pelo sofrimento dos outros. Também concordava que, uma vez que ele estivesse no meio de uma relação sexual, os impulsos sádicos se tornariam cada vez mais uma força dominante.

"É importante distinguir os impulsos do comportamento", expliquei ao tribunal. "Há fatores fora do controle do réu que levaram ao desenvolvimento de impulsos sádicos. Por outro lado, ele fez escolhas ao agir de forma a aumentar sua excitação. Estas escolhas envolveram causar mais dor a outras pessoas. O *index offence* alegado é a culminação de uma combinação dos impulsos que o afligem e as escolhas que ele fez. Agora, se isto significa uma deficiência significativa, é uma questão a ser decidida pelo tribunal."

O sr. Eddison discordou de modo abrupto. Disse a mim e ao tribunal que eu deveria fazer mais para ajudar o júri. "Você acha que o autocontrole dele estava debilitado devido ao transtorno mental?" Seu tom de frustração agora parecia bastante genuíno.

Eu queria explicar que a investigação científica produz um modelo da mente que não combina com o modelo da lei. A lei diz que o autocontrole é um processo que podemos isolar de maneira retroativa. Para responder às perguntas jurídicas, precisaríamos também desagregar os diferentes componentes do autocontrole debilitado e quantificar a contribuição específica de um transtorno mental. Mas não podemos fazer estas coisas e as descobertas atuais da neurociência sugerem que não é assim que o cérebro funciona. Tento lidar com a incompatibilidade entre os modelos jurídico e psiquiátrico da mente ao aproximar as evidências psiquiátricas do modelo jurídico o máximo possível, sem comprometer a base científica da psiquiatria.

"Sim, como expliquei, acho que se pode dizer que o autocontrole dele estava debilitado."

"Essa deficiência foi significativa?" De modo compreensível, o sr. Eddison queria me encurralar nessa questão.

"Depende do que você quer dizer com significativa, mas, de acordo com a minha compreensão do termo, não, não acho que houve uma deficiência de autocontrole que tenha atingido um limite significativo."

No dia seguinte, o júri chegou a um acordo. A defesa de semi--imputabilidade foi rejeitada e Paul foi condenado por homicídio.

10

GARY

O GUARDA DA PRISÃO ME LEVOU A UMA SALA QUE NÃO TINHA ESPAÇO suficiente para a mesa e as cinco cadeiras largas que estavam encostadas nas paredes. Uma mulher que já estava sentada levantou o olhar enquanto retirei uma pasta da minha maleta e me sentei à sua frente. O logo no cordão do crachá mostrava seu cargo.

"Olá, eu sou o dr. Nathan", disse enquanto me inclinava estendendo a mão. No caso de eu não ter lembrado o nome correto da oficial de condicional, murmurei baixinho: "É Claire?". Nós dois tínhamos apresentado relatórios sobre o mesmo prisioneiro.

Claire e eu tínhamos apenas começado a compartilhar nossos pensamentos sobre o caso quando a conversa foi interrompida por outra pessoa. Um advogado se apresentou como sr. Goddard. Nós três estávamos reunidos nesta salinha da prisão esperando uma audiência sobre o futuro de Gary.

O sistema formal de liberdade condicional só foi introduzido na Inglaterra e no País de Gales em 1967, com a criação da Comissão de Liberdade Condicional. Derivado do francês para "palavra de honra", *parole* [liberdade condicional] é a permissão para um prisioneiro ser libertado antes que sua sentença completa tenha sido cumprida. A sentença de Gary era indefinida, portanto, não tinha uma data de término. Mas, tendo cumprido cinco anos, ele agora se qualificava para a condicional. Após considerar todas as evidências, fornecidas por mim e por outros profissionais, a Comissão de Liberdade Condicional decidiria sobre a libertação de Gary.

Gary foi encaminhado para minha clínica da prisão três anos antes de sua audiência por um dos enfermeiros. Na avaliação do dia de sua chegada à prisão, estava claro que ele precisava ser incluído em um programa de desintoxicação. Tinha saído das ruas com um vício em heroína e metadona. Suas queixas sobre ouvir vozes costumavam ser desprezadas como mentiras ou como algo que não era importante. Ninguém demonstrava uma opinião sobre qual explicação era mais provável, mas tinham certeza de que seu relato sobre as vozes não era um sinal de uma "doença mental grave". Uma das enfermeiras revelou como seu julgamento foi influenciado menos pelo resulta-do de uma avaliação estruturada e mais pela reação emocional ao encontrá-lo. "Ele só não me passa a sensação de 'doença mental'." O consenso era de que Gary manipulava o sistema. Ele era, afinal de contas, alguém que ganhava a vida com mentiras e manipulações. E não o ajudava o fato de que ele começou a reclamar das vozes no mesmo momento em que estava se opondo com raiva ao plano de ser tirado da metadona.

Uma das enfermeiras, Sara, pensava diferente. Sara era vista como coração mole pelos colegas, muito fácil de ser levada pela malandragem dos prisioneiros em formação. Eu a via como alguém que tinha conseguido manter a compaixão em um sistema onde isso não existia. Enquanto outros funcionários tinham desprezado as descrições intercambiáveis das vozes relatadas por Gary como muito inconsistentes para serem levadas a sério, Sara notou que ele continuava a mencionar essas experiências bizarras mesmo quan-do não tinha nada a ganhar com isso. Ele tinha, agora, já passado pelo programa de desintoxicação. Na verdade, tinha parado de falar muito sobre as vozes, embora depois tivesse perguntado de forma retórica por que deveria divulgar algo tão pessoal se estaria fadado ao desprezo, de qualquer maneira. Gary também admitiu depois que ele esperava que, ao falar sobre as vozes, pudesse postergar a desintoxicação. Isso não mudava o fato de que ele estava ouvindo vozes na época – só porque alguém tem motivações desonestas para o que diz, não significa que sempre esteja mentindo.

Sara bateu à porta da sala da clínica durante um intervalo. "Não tenho certeza, Taj, se há algo, mas parece incomodá-lo de verdade. Ele diz que ouve vozes. Aí diz que parece mais um pensamento, algo que ele não consegue controlar. Isso diz a ele para atacar e ele vê imagens horríveis em sua mente do que aconteceria se atacasse alguém com violência. Agradeceria demais se pudesse dar uma olhada nele."

Eu não era seletivo sobre quem via na clínica. Minha opinião era de que os enfermeiros que administravam uma quantidade enorme de casos eram aptos para determinar como meu tempo limitado deveria ser usado. "Sim, sem problema. Inclua-o na próxima vaga para novos pacientes."

Quando, algumas semanas depois, eu vi o nome de Gary na minha lista, tinha me esquecido da conversa com Sara. Sequer tive tempo para consultar as anotações sobre ele antes da consulta. Achei que poderia atrasar o início em cinco minutos para ler as anotações mais recentes, mas me disseram que Gary estava dando voltas na cela de espera e então gritou pela portinhola que, se eu não o visse naquele momento, ele voltaria para sua ala. Eu mesmo fui buscá-lo. Ir buscá-lo e acompanhá-lo à sala de interrogatório me daria a oportunidade de verificar sua atitude antes de a porta se fechar.

Enquanto me dirigia à sala de espera onde os prisioneiros são mantidos para aguardar as consultas, uma enfermeira que já havia lidado algumas vezes com Gary me perguntou se eu queria alguém comigo na sala durante o interrogatório. A presença de mais uma pessoa provavelmente seria inibidora e poderia comprometer a avaliação, mas também tinha que pensar na minha própria segurança. A sala que me deram não era ideal. Era um depósito adaptado, e a mesa fora colocada na parede mais distante da porta. Diferente das salas que são feitas sob medida para interrogatórios, nesta não havia um espelho falso através do qual as outras pessoas poderiam observar, se necessário. Algumas vezes, como nesta ocasião, eu puxaria a mesa para mais perto da saída. Ao fazer isso, ficaria mais distante do botão do pânico fixado na parede, mas, caso fosse necessário, preferia a opção de sair correndo pela porta a esperar que os outros respondessem ao alarme. Em vez de a enfermeira se juntar a nós na avaliação, falei que deixaria a porta entreaberta e pedi que ela ficasse de olho na situação.

Destranquei e abri a porta que dava para a sala de espera, chamando o nome completo de Gary. Enquanto a maioria dos prisioneiros ficava em grupos de dois ou três sussurrando um para o outro, Gary estava sozinho. Meu senso dizia que era algo mútuo. Ele desconfiava dos outros, e os outros pareciam se manter atentos e distantes dele. Ele veio em direção à porta sem olhar nos meus olhos, nem mesmo relanceando a vista. Assim que ficamos no silêncio do corredor, eu me certifiquei de que tinha o homem certo. Gary não respondeu à minha pergunta, mas interpretei seu movimento contínuo pelo corredor como uma confirmação de sua identidade e seu consentimento para me ver.

Notei que ele hesitou por um momento na entrada da sala de interrogatório. Ele era um pouco mais baixo do que eu, mas mais corpulento. Seu olhar se movia pelo espaço. Aparentemente satisfeito de que era seguro entrar, ele se juntou a mim ficando de pé ao lado da mesa. Fiz um gesto para que ele se sentasse, mas ele continuou de pé. Ele estava perto demais ao ponto de me deixar desconfortável. "Isso é sobre o quê?", ele disparou.

Mostrar minha apreensão não seria um bom começo para nosso primeiro encontro. A cultura em que Gary estava vivendo não respeitava fraqueza. Ver sinais de vulnerabilidade no outro poderia gerar processos fora de sua consciência, o que significaria que esta interação seria definida como combativa. Em um nível mais consciente, ele poderia se sentir irritado por eu estar sugerindo (pela minha apreensão) que um pedido de explicação era um sinal de agressão potencial. Se eu fosse explicar que tinha mais a ver com seu tom do que com o teor de sua fala, isto provavelmente aguçaria sua raiva. Ao mesmo tempo que escondo meu tremor, não posso ficar visivelmente impositivo.

Quando comecei a responder, estendi uma perna para trás e, de forma casual, joguei meu peso nela para colocar uma distância um pouco maior entre nós. Como não consegui ver as anotações e tendo esquecido da conversa com Sara, estava tão no escuro sobre o motivo de nosso encontro quanto ele.

"Uma das enfermeiras achou que seria útil se tivéssemos uma conversa", falei.

Estava usando uma afirmação genérica que utilizava com quase todos os prisioneiros que via na clínica. Pela expressão dele, podia dizer que não tinha falado o suficiente para que ele decidisse ficar ou sair.

Prossegui: "Não tive chance de checar as anotações para saber o motivo exato, mas você poderia se sentar enquanto dou uma rápida olhada?".

Em outra situação, o som repentino da cadeira sendo arrastada pelo chão amplificado na sala que fazia ecos teria me feito encolher. Nesta situação, estava me monitorando de maneira ativa e pude resistir ao impulso imediato por tempo suficiente para perceber que não havia necessidade de me preparar para me defender. Ele tinha chutado sua cadeira para trás para poder se sentar. Fui pego desprevenido por seu consentimento tácito para falar comigo e, enquanto hesitava, ele grunhiu: "Faz isso, então".

Se eu tivesse me posicionado bem em frente ao computador, Gary, que estava sentado na lateral da mesa, ficaria no limite de minha visão periférica. Em vez disso, posicionei a tela em um ângulo e virei minha cadeira para que pudesse olhar de frente para ele através do canto da mesa entre nós. Passando pelos registros eletrônicos, fiquei atento à sua forma e movimentos por trás do lado esquerdo da tela. Examinei as anotações, buscando uma mais longa que se destacasse por ser provavelmente a que falava sobre sua saúde mental, e não física. Minha lembrança da conversa com Sara voltou assim que comecei a ler as anotações dela.

Apesar de Gary ter terminado a discussão de forma prematura depois de cerca de dez minutos e falado muito pouco, considerei nosso encontro inicial um sucesso. Ele não perdeu a cabeça, como sabia que ele era inclinado a fazer, e prometeu me ver novamente.

Quando chegou a manhã da consulta seguinte, Sara me abordou de forma tímida. "Você verá Gary agora de manhã. Fui vê-lo antes de ir pra casa ontem, só pra checar se ele viria. Ele disse que o veria, mas só se você fosse até a ala para encontrá-lo lá."

Meu primeiro impulso foi dizer que não teria tempo para ir à ala naquele dia. O atraso que resultaria de sair da prisão afetaria o restante das consultas do dia. Poderia argumentar que tudo que eu sabia sobre ele indicava que ele tinha a capacidade de decidir sobre esses assuntos por conta própria e que, se não estivesse motivado o suficiente para caminhar por cerca de duzentos metros da ala dele até o departamento de saúde, então era provável que não estivesse pronto para aceitar ajuda. Mas, para Sara ter verificado a situação no dia anterior e pedido que eu fizesse algo que ela sabia que atrapalharia a clínica, havia algo anormal. Confiei em seu julgamento de que aquela era uma pessoa para quem um esforço adicional era necessário. Perguntei se poderíamos reagendar as outras consultas daquela manhã, assim eu poderia ir até a ala no fim dos atendimentos.

Tive que tomar uma certa distância das consultas individuais nos oito meses seguintes para ver evidência de progresso, mas havia. Um pouco antes de Gary ser transferido para uma prisão diferente, ele participava das consultas de forma consistente, aceitando o tratamento. Poderia não ser o prisioneiro que se comportava melhor, mas com certeza se envolvera em menos confusões na ala tanto com os guardas como com outros prisioneiros.

Depois de quase dois anos, o nome de Gary apareceu na lista da minha clínica de novo. Ele tinha voltado à prisão onde eu trabalhava, em preparação para a audiência da condicional. No primeiro encontro após seu retorno, era quase como se nunca tivéssemos nos conhecido. Tive que trabalhar duro para arrancar algumas poucas porções de informação dele. Meu instinto me dizia que ele estava verificando se ainda podia confiar em mim. Ele também sabia que haviam me pedido que escrevesse um relatório para a audiência da condicional. Eu poderia recusar, citando os efeitos possivelmente prejudiciais para nosso relacionamento terapêutico, mas mantive a mente aberta sobre a possibilidade de fazer um relatório e pedi a ele que fizesse o mesmo. Não levou tanto tempo desta vez para chegar a melhores termos com ele.

Com a solicitação formal de um relatório, veio um dossiê da condicional. Eu já sabia os principais pontos sobre o crime e a sentença, mas agora tinha acesso a uma série abrangente de relatórios. Havia a transcrição das observações feitas pelo juiz durante a sentença, uma lista de seus crimes anteriores e relatórios feitos pela oficial da condicional e pelo guarda designado a ele. O crime foi o roubo de uma loja de conveniência. Gary tinha ameaçado o proprietário com uma grande faca de cozinha. O tipo de sentença proferido pelo juiz tinha sido adicionado recentemente à legislação. Embora não fosse uma prisão perpétua, ela não tinha um final definido. Gary se enquadrava no escopo dessa sentença indefinida porque, quando seus crimes anteriores foram levados em conta, sentiu-se a necessidade de proteger os cidadãos dele, talvez por tempo indefinido. Ele tinha solicitado a condicional antes, mas seu pedido foi rejeitado. Meu relatório seria enviado à sua segunda audiência da condicional.

Conforme comecei a preparação de meu relatório, fiquei pensando nos detalhes que precisavam ser considerados. Como deveria traduzir a consciência dos fatores de risco e a interação entre eles para o julgamento do comportamento de Gary no futuro? Temos processos padronizados para fazer isso, mas nosso julgamento final também é influenciado por lembranças.

Os psiquiatras forenses devem ser especialistas na avaliação de risco de violência. Não há dúvida de que passamos muito tempo pensando sobre riscos. A maioria dos pacientes que avaliamos e tratamos demonstra seu potencial para violência grave no momento em que os vemos. Se essa experiência nos atende bem para nos tornarmos especialistas em avaliar o risco, vai depender de como a usamos.

Em um piscar de olhos, as pessoas podem formar julgamentos sobre a probabilidade de um evento ocorrer. Atalhos mentais implícitos significam que não temos que ficar trabalhando demais com dados de maneira consciente. Um atalho nos permite estimar a probabilidade usando lembranças prontamente disponíveis. Nossa percepção do que é provável de ocorrer é influenciada pela facilidade com que exemplos relevantes vêm a nossa mente. O julgamento sobre a probabilidade é baseado na disponibilidade dos exemplos lembrados, daí a expressão "heurística da disponibilidade".

O viés da psiquiatria forense surge se não reconhecemos que as lembranças dos casos em que houve um ato de violência extrema estão mais disponíveis a nós devido ao trabalho que realizamos. Termos visto mais desses casos do que nossos colegas psiquiatras não forenses não nos torna necessariamente melhores na avaliação de risco. Sim, temos bastante experiência em avaliar o risco, mas, se comparados a um psiquiatra que tem uma rotatividade muito maior de pacientes, muitos dos quais não chegam a cometer atos de violência grave, somos sujeitos a superestimar o risco. Contestar esse viés não significa que ignoramos as lembranças disponíveis para nós. Há lições valiosas nesses casos, mas elas podem não ser um aprendizado instantâneo sobre probabilidade. Examinando as especificidades do histórico de Gary, fui lembrado de um relatório de um caso que tinha estudado antes. Devido às semelhanças com Gary, isso ficou na minha mente.

Michael tinha 32 anos quando foi solto depois de cumprir cinco anos e meio de uma sentença de oito anos na prisão pelo roubo de uma bilheteria de teatro e por outro, armado com uma pistola de ar comprimido, de uma instituição financeira. Embora com 26 anos ele fosse um jovem adulto quando foi condenado por esses crimes, ele não era novo nos tribunais. De fato, tinha apenas onze anos quando foi condenado pela primeira vez por um crime de desonestidade (tomar a propriedade de alguém sem permissão ou sob falso pretexto) – o mesmo crime que o traria de volta ao tribunal penal mais oito vezes durante a adolescência. Houve, então, uma mudança no padrão criminal. No começo de seus vinte anos, ele começou a praticar roubos e a usar violência, o que culminou em uma sentença de oito anos de prisão.

Durante essa sentença, ele sentiu alguns sintomas relacionados a problemas de saúde mental, para os quais recebeu prescrição de medicamentos psiquiátricos. A medicação continuou após a soltura, e ele se consultava na clínica psiquiátrica local. Algumas vezes, Michael falava sobre seus impulsos agressivos. Ciente de seu passado criminoso e violento, o psiquiatra da clínica buscou a opinião de um psiquiatra forense.

Como alguém que usava drogas, Michael recebia a ajuda adicional de especialistas em abuso de drogas. Ele disse a um dos médicos que estava ouvindo vozes que o incentivavam a ser agressivo, mas essas vozes eram aliviadas pela medicação prescrita ou pela heroína, que ele continuou a usar algumas vezes.

Ele não era o paciente mais fácil de ajudar. Havia momentos em que não aparecia para as consultas. Parava de tomar os medicamentos de repente, mesmo que parecessem aliviar seu sofrimento. Não parou de cometer crimes. Havia condenações por roubo e posse de uma arma de ar comprimido. Em um dado momento, ele se tornou mais instável e foi internado em um hospital de custódia. Foi uma agradável surpresa não ter correspondido à sua reputação perigosa no hospital. Uma enfermeira chegou a dizer que ele era um paciente-modelo. Depois de cerca de seis semanas na unidade, ele recebeu alta para voltar aos cuidados dos serviços de psiquiatria forense.

O padrão de conformidade inconsistente, abuso de drogas e ameaças e impulsos violentos ocasionais continuaram. Mesmo assim, havia alguns pontos positivos. Algumas vezes, Michael parecia bem e dizia que se sentia apoiado. Ele concordou em tomar medicação injetável e também em ser internado no hospital para desintoxicação de narcóticos.

Lembro-me do caso de Michael com frequência porque, em aspectos significativos, ele se parecia com muitos pacientes que passaram pela minha clínica na prisão. O abuso de substâncias era certamente a regra entre eles e, muitas vezes, eles também tinham uma longa história de criminalidade que se originava na infância, com alguns crimes violentos. Eles não me veriam se não tivessem algum tipo de sintoma psiquiátrico, mas estes podiam ser amorfos e mutáveis. Impulsos agressivos eram comuns. Às vezes, eram acompanhados de vozes. A mistura de problemas com álcool e drogas, criminalidade, agressão e experiências mentais fora do normal de Michael não era diferente da de muitas centenas de prisioneiros que avaliei.

Em julho de 1997, Michael tornou-se uma exceção entre criminosos com transtornos mentais. Um documentário televisivo foi exibido sobre um crime não solucionado doze meses antes, e uma das pessoas que o assistia era o psiquiatra de Michael. Ele e outros membros da equipe perceberam que Michael se encaixava na descrição do suspeito. O crime foi um ataque brutal a uma mãe e suas duas filhas quando elas passeavam com o cachorro por uma travessa tranquila de uma área rural. A mãe e a filha de seis anos morreram, enquanto a irmã de nove anos foi abandonada com graves ferimentos na cabeça, mas sobreviveu.

Após receber as informações da equipe de psiquiatria, a polícia prendeu Michael. Ele foi julgado e condenado por dois assassinatos e uma tentativa de assassinato, e recebeu três sentenças de prisão perpétua. Seu nome completo, Michael Stone, entrou para os anais da psiquiatria não só por conta da natureza do crime, mas também por causa de mudanças gerais de política que aconteceram após sua condenação.

Na sequência imediata da condenação, houve um compreensível exame de consciência e preocupação sobre como o crime aconteceu. Uma narrativa de inevitabilidade foi apresentada ao público. Por exemplo, o jornal *Mirror* deu um relato interessante de uma tragédia anunciada:

> Michael Stone era uma bomba-relógio ambulante.
> Um viciado louco e cruel com um registro de crime, violência
> e instabilidade... Então, muitas pessoas sabiam o quanto ele
> era perigoso. Até ele mesmo sabia. Ele implorou diversas
> vezes para ser levado para assistência e foi recusado. Por

quê? Porque ele era perigoso demais. Você já ouviu algo mais absurdo e calculado que levasse a uma tragédia? A polícia sabia de todo o histórico de violência de Stone. Os médicos e psiquiatras sabiam que ele era instável ao ponto da insanidade. Cinco dias antes do ataque brutal às Russells, uma enfermeira psiquiátrica alertou que ele estava com "uma vontade de matar". Todos os sinais de alerta estavam ali. Mas ninguém fez nada para controlá-lo ou impedi-lo. Permitiu-se que Michael Stone permanecesse livre. Livre para atacar as Russells, matar Lin e Megan e deixar Josie lutando pela vida. Sua condenação e prisão não encerram este caso. Há muitas questões pendentes sobre a falha em controlar Stone. Precisamos saber POR QUE a autoridade de saúde de West Kent se comportou de maneira tão inútil.

Isto não era apenas hipérbole de um tabloide. O jornal *The Times*, geralmente mais racional, também exigiu saber "por que Stone estava livre para assassinar?" e destacou que "perguntas estavam sendo feitas sobre como o assassino, que tinha um longo histórico de problemas mentais e violência, teve lugar em um hospital psiquiátrico seguro recusado apenas dias antes do derramamento de sangue", apesar de contar "à equipe sobre suas fantasias de matar crianças".

A maioria de nós já se pegou identificando a imagem de um rosto nas ranhuras de um pedaço de madeira ou em uma formação de nuvens. Isso se chama pareidolia, o processo de ver uma imagem formada em linhas e formas aleatórias. Vivenciamos isso como um processo passivo. Para nós, parece que apenas notamos a imagem ao acaso. Na realidade, nossas mentes estão ativamente buscando formas e padrões com significado. Não é um acidente o fato de costumarmos ver certas imagens. Dependemos muito de rostos para entender a nós mesmos e aos outros.

Os pais não são ensinados a usar expressões faciais e barulhos dramáticos e repetitivos ao interagir com bebês; eles apenas o fazem. Na maior parte das vezes, não estão pensando sobre por que agem dessa maneira. Eles não precisam – é um reflexo. Em parte, os pais são motivados a espelhar o estado emocional dos filhos. Eles exageram e mantêm a expressão para chamar a atenção da criança e sinalizar que a interação é importante. Por meio desse processo interativo, eles ajudam o bebê na fase pré-linguística a entender os próprios sentimentos. Não é apenas um exercício de espelhamento. Quando a criança está aborrecida, os pais podem ajudar a conter as emoções do filho ao usar sons e contorções faciais tranquilizadores.

O poder supremo da mente humana de se contemplar e contemplar a mente dos outros depende muito destas interações durante os primeiros anos de vida. Observar os rostos ao nosso redor e monitorar mudanças na expressão continua a ser uma parte essencial da vida ao chegar na idade adulta. É difícil ignorar quando vemos alguém nos encarando, cujos olhos se dilatam conforme direcionam o olhar para além de nós. Isso nos sugere que possa haver alguém ou algo atrás de nós. Uma centelha passageira de aborrecimento nos olhos do ouvinte pode nos levar a mudar o assunto antes de tomarmos consciência do que aconteceu. Ajustar-se com rapidez aos sentimentos dos outros e revelar os próprios sinais são parte das interações diárias. É o que nos torna os seres sociais sofisticados que somos. De todos os estímulos que nos bombardeiam, os rostos têm particular importância. Eles são tão importantes que é melhor para nós que prestemos muita atenção. Às vezes, ver rostos onde eles não existem é preferível a sofrer as penalidades de desenvolvimento e sociais resultantes de não os perceber. O ponto crucial é que evoluímos para interpretar nosso ambiente de uma forma que possa levar a falsos-positivos, como a imagem semelhante a um rosto que parece se destacar na ranhura da madeira ou nas nuvens. Prestar atenção aos rostos é apenas um exemplo de como podemos às vezes impor uma ordem à aleatoriedade conforme buscamos padrões relevantes. A tendência de buscar padrões onde não há, conhecida como apofenia, não se aplica apenas a extrair sentido do ambiente físico.

Além dos estímulos que atingem nossos sentidos constantemente, nossa mente recebe uma miscelânea interminável de informações sobre eventos que ocorreram. Para sermos capazes de prever e controlar o que vai acontecer, precisamos decifrar o que aconteceu, daí a inclinação natural de construir uma história. A forma mais comum de narrativa coloca os acontecimentos em ordem do mais antigo ao mais recente. Para transformar a cronologia em uma história, é necessário outro ingrediente: a conexão causal. Os eventos que são mais propensos a aparecer na história são aqueles que explicam outros na sequência: os que estão no começo da história são conectados de forma causal aos que estão no meio, e estes são conectados de forma causal aos que estão no fim. Somos atraídos sobretudo por histórias construídas com o uso de eventos personificados, ou seja, aqueles que envolvem pessoas. As conexões causais para estes eventos relacionados à pessoa são as intenções e os motivos.

As primeiras narrativas explicativas para a violência extrema naquela travessa de uma área rural em Kent começam com um homem cujas ações criminosas anteriores o destacam como alguém que era motivado a ser muito perigoso. A parte do meio da história é a falta de motivação dos psiquiatras para agir em relação aos sinais claros de um perigo crescente. Nesse contexto, o fim da história parece inevitável. Achamos uma narrativa de inevitabilidade e de fatos inevitáveis reconfortante, pois ela nos ajuda a entender com facilidade uma situação complexa. A persuasão da história não depende apenas de sua capacidade de fornecer uma explicação simples; ela também nos direciona à solução simples. Se prendermos essas pessoas que são obviamente perigosas, então a violência pode ser evitada.

Só porque uma história é construída com rapidez, sem a oportunidade de se examinar as evidências de forma adequada, não significa que ela esteja errada. Há muitos casos em que as suspeitas iniciais de más práticas psiquiátricas acabaram sendo confirmadas por uma análise ponderada dos fatos. Mas esse é sempre o caso?

Uma investigação profunda liderada por um painel altamente qualificado contou com uma análise minuciosa de cada porção de informação disponível sobre Michael Stone e seu contato com os serviços psiquiátricos. O relatório da investigação, publicado em 2006, reconheceu os desafios em tentar ajudar alguém como ele.

> A tarefa enfrentada por aqueles que cuidavam do sr. Stone era assustadora. Ninguém poderia prever com muita certeza de um contato para o outro o que ele diria ou como se comportaria. É compreensível que haja visões diferentes sobre a natureza da doença de Michael Stone e como ela deveria ser melhor gerenciada. O risco que ele parecia apresentar também flutuava, e o risco real de longo prazo que ele apresentava, a quem e em que circunstância e o que poderia ser feito para reduzi-lo teria sido impossível de avaliar com confiança... É importante observar que, durante o período sob investigação, o sr. Stone recebeu assistência considerável de todos os serviços envolvidos. O que quer que seja que se fale sobre o cuidado oferecido a ele, seu caso nunca foi ignorado.

Uma análise completa realizada na investigação de Stone demonstra que é possível resistir à atração sedutora de narrativas extremamente simplistas, mas minha experiência é de que essa foi uma exceção. Investigadores que não têm o mesmo tempo, conhecimento e recursos acham que é muito difícil não sucumbir à forma tortuosa de pensar acionada pelo método de investigação.

Eu tinha terminado a seção diagnóstica de meu relatório sobre Gary. Concluí que ele, definitivamente, entrava nos critérios para um diagnóstico de transtorno de personalidade antissocial. Isso não é nada mais que dizer que ele faz as coisas que muitos criminosos fazem, mas faz muito e as fez por muito tempo: crimes repetidos que começaram no início da adolescência, muitas vezes fazer coisas no calor do momento, e o desemprego são suficientes para dar este diagnóstico a alguém. Não é uma surpresa que, com critérios de diagnóstico assim, quase

50% dos prisioneiros tenham o mesmo diagnóstico de transtorno de personalidade antissocial que Gary.

Misturado ao comportamento criminoso de Gary, estava o problema que ele tinha com vício em drogas. Isso significava que ele poderia receber outro diagnóstico. O transtorno por uso de substâncias, como é hoje chamado, é também um problema para quase metade dos prisioneiros.

Apesar das vozes e pensamentos anormais do tipo descrito por Gary serem menos comuns, com uma prevalência de 15% nos prisioneiros homens, eles não são raros. Eles são comuns entre os pacientes da minha clínica, aqueles que foram selecionados com base em problemas psiquiátricos. Então, por um lado, Gary não se destaca entre as centenas de pacientes que passaram por minha clínica e que, por fim, voltaram à comunidade sem cometer assassinatos. Por outro, ele tem algumas semelhanças marcantes com Michael Stone. Como consequência, as histórias com finais tenebrosos aparecem em minha mente. Não resisto a elas. Permitir que essas histórias de horror se desdobrem se tornou uma parte informal de meu método de avaliação. Por exemplo, imagino que, depois de ser solto, Gary pare de frequentar a clínica psiquiátrica, aumente o uso de crack e se torne mais atormentado por seus impulsos agressivos. Isso pode ocorrer com bastante facilidade, penso. Se acontecer, sua situação poderia evoluir igualmente rápido. Uma enfermeira da comunidade cheia de motivação e empatia poderia persuadi-lo a reiniciar sua medicação e voltar a interagir com os assistentes sociais que lidam com o abuso de drogas. Ele poderia sair dessa fase instável. Em meu cenário imaginado, no momento em que se descobre que ele tem feito furtos em lojas, a equipe de supervisão fica satisfeita com o fato de o crime não ser mais grave e que, ao contrário das expectativas, ele voltou a interagir com eles.

E se, em uma ocasião, imagino eu, sua nova interação com a equipe aconteça tarde demais? Se, antes de ele voltar à medicação e de se livrar das drogas, os impulsos se tornem impossíveis de resistir? A enfermeira nota que ele está indisposto e verifica com o psiquiatra se ele deve ser internado novamente no hospital. Eles decidem que esse episódio não parece diferente dos anteriores e concordam em continuar trabalhando com ele. Desta vez, porém, acaba sendo bem diferente, e ele desiste de tentar resistir aos impulsos para matar.

Visualizo a equipe de investigação concentrando sua atenção em duas oportunidades cruciais perdidas. Com uma análise forense da última recaída, os investigadores identificam diferenças em relação à anterior. Havia, eles concluem, sinais claros de um risco aumentado. Colocando-me na posição da enfermeira e do psiquiatra chamados pelos investigadores, sinto a ansiedade e a raiva em ter que defender uma posição que fazia sentido antes do incidente, mas que não faz mais. Enquanto continuo a sonhar acordado, o outro alvo da atenção deles é a decisão de libertar Gary da prisão. Os impulsos homicidas eram sinais claros de alerta, concluem. **Ele não era sempre** disciplinado com sua medicação e usava drogas mesmo quando estava na prisão. Como sinais tão óbvios poderiam passar despercebidos? Seria óbvio para eles, e também para mim, agora que eu sabia o que estava para acontecer, que não deveria ter apoiado a soltura de alguém tão perigoso quanto Gary. Tentar defender minha decisão dizendo que ele não era tão perigoso naquele momento como é agora parece uma desculpa esfarrapada em tom defensivo.

Na opinião dos políticos, a forma de evitar um crime do tipo cometido naquela travessa de uma área rural em Kent era simples. Michael Stone deveria ter sido detido em um hospital para proteger os cidadãos. O motivo pelo qual ele não estava, eles disseram, foi que os psiquiatras não assumiram suas responsabilidades com seriedade. Jack Straw, o ministro do Interior do Partido Trabalhista na época, anunciou que era "hora, francamente, da categoria de psiquiatras examinar com seriedade suas práticas e tentar modernizá-las, como deveriam ter feito e não conseguiram até agora". Havia duas linhas para a narrativa emergente.

Uma foi sumarizada pela descrição feita pelo *Mirror* de Michael Stone como uma "bomba-relógio ambulante". Ele era tão perigoso que o crime era inevitável. Era só uma questão de tempo. Com base nisso, era apenas um pequeno passo para aceitar que alguns indivíduos são tão perigosos que a detenção apenas para evitar um crime violento já se justifica. Antes mesmo que o relatório da investigação fosse publicado, já havia certa movimentação para garantir que criminosos perigosos fossem mantidos longe das ruas. Essa abordagem de detenção preventiva é baseada em uma crença fervorosa na ideia de perigo.

Junto à crença no perigo estava a reclamação de que os psiquiatras tinham uma atitude discriminatória com os pacientes com transtorno de personalidade em comparação aos que tinham outros tipos de doenças mentais. De acordo com as primeiras versões da história de Michael Stone, ele não recebeu o nível necessário de assistência porque foi identificado como tendo transtorno de personalidade em vez de ser considerado mentalmente doente. Havia certamente um grau de verdade na análise da atitude dos psiquiatras em relação a pacientes com transtorno de personalidade, resumido pelo título de um artigo científico de 1988 que apareceu no *British Journal of Psychiatry – Personality disorder: the patients psychiatrists dislike?* [Transtorno de personalidade: os pacientes de quem os psiquiatras não gostam?]. As coisas mudaram agora, mas somente porque os profissionais de saúde mental reconhecem que os pacientes com transtorno de personalidade precisam de ajuda, mesmo que ainda haja relutância em oferecer ajuda à pessoa dentro dos serviços convencionais. Essa falta de atitudes mais brandas evidencia-se em um estudo de 2017 publicado com o título *Personality disorder: still the patients psychiatrists dislike* [Transtorno de personalidade: os pacientes de quem os psiquiatras ainda não gostam].

A ironia das políticas introduzidas após a condenação de Michael Stone era que elas não eram sustentadas por evidências que surgiram na investigação. Os psiquiatras envolvidos no cuidado de Stone não ignoraram as características de sua doença mental nem recusaram o acesso a serviços por conta de seu transtorno de personalidade.

Independentemente dos fatos, uma importante estrutura de políticas foi desenvolvida em torno da imagem semelhante à de Michael Stone. Um pseudodiagnóstico foi criado para dar credibilidade à ideia de uma categoria definível de homens – e só era de homens no início. Eles tinham um transtorno de personalidade grave e perigoso. A um grande custo, novas unidades de alta especialidade foram construídas em prisões selecionadas. Essas unidades para transtorno de personalidade grave e perigoso, ou DSPD, como ficaram conhecidas, criaram processos complexos para avaliar se os criminosos atendiam aos critérios para entrada, levando a longas listas de espera. Os legisladores tinham que lidar com o problema daqueles prisioneiros considerados com transtorno de personalidade grave e perigoso, e que chegavam ao fim de sua sentença prisional. Uma nova lei foi criada para facilitar a transferência desses prisioneiros a novas unidades hospitalares especiais. A impressão de que a detenção, e não o tratamento, estava sendo priorizada era passada pela transferência de criminosos um pouco antes da data em que deveriam ser libertados das sentenças que os tribunais já tinham decidido serem compatíveis com seus crimes. Em 2010, mais de 200 milhões de libras esterlinas foram gastas nos novos serviços. O investimento tinha sido concentrado em um número muito pequeno de vagas de alta segurança com pouca atenção dada ao apoio para que os ocupantes das unidades retornassem à comunidade. A iniciativa de DSPD acabou tendo uma vida muito curta. Devido às dúvidas que iam se acumulando sobre sua abordagem, eficácia e custo, a ideia de DSPD foi deixada de lado onze anos após sua criação.

Investiu-se muita fé e uma grande quantia de dinheiro na crença de que era possível dizer o que Michael Stone faria antes mesmo que o fizesse. Tal fé em ser capaz de prever o comportamento violento futuro muito antes de ele ocorrer se baseia na suposição de que o perigo é razoavelmente estável e não se afeta pelas circunstâncias. Essa suposição não é válida. A iniciativa de DSPD pode não existir mais, mas a crença de que a violência pode ser prevista é mais difícil de ser eliminada.

Imaginei como seria recebido pelo painel de investigação montado para buscar as causas das possíveis ações homicidas futuras de Gary se eu dissesse a eles que não tinha certeza sobre como avaliar a probabilidade de Gary se tornar violento. Talvez uma ligação rápida do presidente do painel ao meu diretor médico recomendando que eu seja colocado de licença.

Tenho confiança em avaliar algumas probabilidades. Se jogar uma moeda em cara ou coroa, sei que há 50% de chance – ou uma em duas – de a moeda cair com a cara para cima; há um número fixo de resultados, cada um com uma chance igual. E, mesmo que cada resultado não fosse igual – se a moeda carregasse um peso –, eu poderia dar um palpite sobre a probabilidade executando alguns testes. Quanto mais testes, mais precisa minha previsão fica; porém, prever o que Gary faria não é equivalente a jogar cara ou coroa ou jogar dados. Há inúmeros futuros possíveis que variam, indo de um em que Gary não comete nenhum ato violento, passando por um em que ele é violento, mas não regularmente nem com gravidade, a um futuro em que Gary comete um ato muito grave de violência. E, entre estes resultados, não posso ter certeza de que cada um tenha uma chance igual de ocorrer.

Embora eu não possa ver uma pessoa isoladamente e definir uma probabilidade de ela realizar um ato específico, poderia trazer outro valor para expressar a probabilidade de um criminoso cometer um novo crime no futuro. Vários estudos acompanharam o progresso de pacientes que receberam alta de hospitais de custódia ou de prisioneiros libertados de prisões para rastrear suas taxas de novos crimes. Usando os resultados desses estudos, medidas de previsão foram compiladas. Para chegar a uma porcentagem de chance de Gary cometer um crime após a soltura, eu consideraria cada item da medida e daria uma pontuação, dependendo se ela, e em que medida, se aplicaria a esse caso. A medida então produziria um valor em porcentagem para um resultado específico, como um crime violento nos próximos cinco anos. Se fosse, digamos, 30%, eu poderia supor que de 100 prisioneiros com a mesma pontuação nessa medida, 30 cometeriam um crime violento naquele período. Ou 70 a cada 100 não o cometeriam. O que não consigo é saber se Gary estaria na minoria que vai cometer um crime ou na maioria que não vai.

A probabilidade não é só um conceito problemático em relação à previsão de futuros acontecimentos. O mau uso da probabilidade levou testemunhas especialistas a fazer sérios erros de julgamento sobre a causa de eventos passados. Em 4 de setembro de 2001, a bebê Amber morreu no hospital infantil Juliana, na Holanda. Essa perda trágica de uma vida foi atribuída a causas naturais. No dia seguinte, uma enfermeira relatou à superior que ela suspeitava de uma colega que não esteve lá apenas quando Amber morreu, mas também em momentos de um número muito incomum de ressuscitações que foram realizadas no hospital. Cinco mortes de crianças que antes tinham sido declaradas como naturais agora pareciam suspeitas. Lucia de Berk, enfermeira pediátrica de 41 anos, esteve presente nessas cinco mortes e várias outras ressuscitações, o que parecia mais do que apenas coincidência. A gerência do hospital reuniu rapidamente todas as informações possíveis. Lucia foi presa e acusada de assassinato e tentativa de assassinato de pacientes sob seus cuidados.

A promotoria chamou um especialista em estatística, o professor Henk Elffers, para examinar os dados e calcular a probabilidade de o padrão do turno de Lucia corresponder ao padrão dos eventos médicos suspeitos. A ideia era de que uma probabilidade muito baixa de uma correspondência aleatória indicaria algo desfavorável, sugerindo que a probabilidade de encontrar uma correspondência entre o padrão do turno de Lucia e os eventos médicos suspeitos era equivalente à probabilidade de ela ser inocente. A probabilidade calculada foi de 1 em 342 milhões. Com uma probabilidade tão minúscula de que essa fosse uma descoberta aleatória, a probabilidade do contrário – de que ela era culpada – devia ser alta. Levando em consideração a evidência estatística, o tribunal considerou Lucia de Berk culpada e ela foi sentenciada à prisão perpétua por sete assassinatos e três tentativas de assassinato.

A lógica da promotoria parece razoável, mas a falha nela pode ser ilustrada por outro exemplo de probabilidade: imagine tentar persuadir alguém com um bilhete vencedor de loteria de que, como a probabilidade de alguém com suas características exatas ganhar na loteria era tão baixa, decidiu-se que houve jogo sujo, portanto, o prêmio em dinheiro não seria concedido, afinal. Se levamos a probabilidade baixíssima de um acontecimento raro no futuro acontecer (como você ser a pessoa que ganhará na loteria) ao pé da letra, devemos concluir que, quando esse evento ocorrer, ele era tão improvável que não pode ter sido apenas devido à sorte – e sabemos que esse não é o caso: as pessoas realmente ganham na loteria. Um uso mais ponderado da estatística no caso de Lucia de Berk produziu uma probabilidade muito mais alta de pelo menos 1 em 49 para uma correspondência aleatória. O caso foi reaberto e um novo julgamento foi realizado. Em 14 de abril de 2010, sete anos depois de ter começado sua pena perpétua, Lucia de Berk foi inocentada das acusações.

Então, o que aconteceu de errado aqui? É importante entender que os humanos não têm uma capacidade inerente de lidar com a probabilidade de forma apropriada. Nas mais de dezenas de milhares de anos em que nossa mente se desenvolveu até chegar à forma atual, as decisões urgentes que os humanos tomaram não envolveram a análise de conjuntos de dados complexos e a previsão de eventos distantes. As escolhas eram simples e tinham consequências imediatas de vida ou morte. Para os humanos pré-históricos, não agir com rapidez podia resultar em ser morto por um predador ou concorrente. Em tal situação, depender de eventos memoráveis para estimar a probabilidade – ou usar a heurística da disponibilidade – tem suas vantagens. Diante do perigo, uma lembrança de um quase encontro anterior com a morte nos encorajava a tomar uma ação evasiva. Mesmo que o risco fosse superestimado, estar em segurança (ou ainda vivo) era melhor do que se arrepender (ou estar morto). A heurística da disponibilidade é apenas um entre vários vieses mentais que distorcem a tomada de decisão. Nossa programação natural nos incentiva a evitar custos, não a alcançar a verdade.

Os especialistas médicos também têm dificuldade em lidar com a probabilidade, com sérias consequências. Em dezembro de 1996, Christopher Clark morreu com menos de três meses de idade. O patologista atribuiu os hematomas no corpo de Christopher às tentativas da mãe em ressuscitá-lo e concluiu que esse foi um caso de síndrome da morte súbita infantil. Um ano depois, os Clark tiveram um segundo filho, Harry, que também morreu, com oito semanas de vida. Desta vez, o patologista encontrou evidências que o levaram a pensar serem indícios de o bebê ter sido sacudido de modo deliberado. Em sua opinião, ter sido sacudido foi a causa da morte, então ele revisou sua opinião sobre a morte de Christopher e concluiu que ambas as causas não tinham sido naturais. Sally Clark foi presa sob suspeita de assassinato.

Além de se basear no testemunho de um patologista, a promotoria chamou um especialista médico em saúde infantil, o professor Sir Roy Meadow, um pediatra e acadêmico famoso e respeitado. O professor Meadow testemunhou sobre a probabilidade de essas duas mortes ocorrerem devido a causas naturais, afirmando que o risco de uma criança morrer como resultado da síndrome da morte súbita infantil em uma família como os Clark era de 1 em 8.543. Para chegar à probabilidade de duas crianças morrerem como resultado da síndrome da morte súbita infantil, ele multiplicou esse valor por ele mesmo e, com um ar dramático, explicou no tribunal que as chances de ambas as crianças nesse tipo de família morrerem de causas naturais eram similares a quatro cavalos diferentes com chances de 80 para 1 vencerem no Grand National, o torneio de corrida de cavalos realizado na Inglaterra, por quatro anos consecutivos – 1 em 73 milhões. Multiplicar as probabilidades é uma manobra estatística razoável para descobrir a probabilidade de dois eventos não relacionados ocorrerem. Por exemplo, dada a probabilidade de uma moeda cair com a cara para cima ser de uma em duas, a probabilidade de isso ocorrer duas vezes seguidas é de uma em quatro. Mas um caso de acusação se basear nesse valor é um fato equivocado, por dois motivos. Primeiro, o valor, mesmo que estivesse correto, é a probabilidade de uma família com essas características ter dois casos de síndrome da morte súbita infantil; não é a probabilidade de Sally ser inocente. Segundo, e mais fundamental no julgamento de Sally Clark, foi um erro multiplicar a probabilidade de um caso de síndrome da morte súbita infantil por si só. Ter um caso de síndrome da morte súbita infantil aumenta a probabilidade de um segundo, portanto, esses são eventos relacionados. Contudo, Sally Clark foi considerada culpada.

A primeira apelação contra a condenação foi rejeitada, mas, na segunda, os juízes do tribunal de apelação entenderam que a evidência estatística nunca deveria ter sido apresentada ao júri da forma que foi. Essa evidência foi considerada decisiva nas deliberações do júri. Sem as estatísticas enganosas, as condenações de Sally Clark foram anuladas e ela foi libertada da prisão.

Repete-se toda hora, corretamente, às testemunhas especialistas que não podemos sair de nossa área de especialidade. Nossa contribuição aos processos judiciais é justificada porque há um assunto sobre o qual um leigo não consegue decidir. Acreditamos que não somos leigos por causa de um conhecimento específico, mas tendemos a esquecer que, apesar de termos conhecimento especializado em uma área, ainda somos vulneráveis a modos leigos de pensar sobre as outras. Isso pode ter consequências profundas para o destino de um réu e para a reputação dos especialistas nos tribunais.

O primeiro passo para todos nós é entendermos os vieses do pensamento. Além da heurística e da apofenia, há muitos outros processos interpostos. Da mesma forma que os psiquiatras forenses devem entender os próprios vieses e limitações pensando no futuro, os investigadores devem compreender e resistir às suposições que resultam da falsa posição em que estão quando olham para o passado.

Muitas pessoas viram uma imagem de ilusão de ótica, que está disponível na internet, feita do que parecem ser manchas pretas aleatórias em um fundo branco de duas dimensões. Quando você olha pela primeira vez, não há um padrão, mas então, com persistência ou ajuda, as manchas aleatórias parecem se transformar em um cachorro dálmata em primeiro plano em meio a uma paisagem tridimensional. Toda vez que voltamos a olhar para a imagem, o cachorro estará lá; não conseguimos fazer nossa mente voltar a ver a aleatoriedade.

Da mesma maneira, depois de sabermos sobre o crime de Michael Stone, não temos como não saber. Também achamos quase impossível resistir ao ordenamento e à conexão de eventos em retrospectiva de uma forma que leve ao desfecho que agora conhecemos.

Fui capaz de conceber um plano de cuidados e supervisão para Gary que poderia mitigar os efeitos dos principais fatores de risco. Se esse plano fosse viabilizado, pensei ser possível que Gary fosse assistido de forma segura na comunidade. Embora a chance de um fracasso fosse muito remota, pensei, o pior dos casos ainda se fazia presente. Havia uma maneira mais simples de afastá-lo. A construção de um argumento sobre por que não era seguro libertar Gary seria fácil: eu enfatizaria seus impulsos homicidas, a probabilidade de não obediência e o poder de atração das drogas na comunidade. Evitar colocar as pessoas em risco, entre elas, eu mesmo, significaria argumentar contra a soltura de Gary. Eu protegeria minha reputação e a da organização que me empregava. Mas essa abordagem me deixava desconfortável e eu senti que deveria explorar a possibilidade de soltura.

Um componente essencial do plano seria o apoio e a supervisão de uma equipe de saúde mental da comunidade. Com muita antecedência da audiência da condicional, escrevi uma carta de encaminhamento ao psiquiatra da comunidade que abrangia a região onde o albergue da condicional estava localizado. Minha carta não escondia a complexidade nem os possíveis riscos. Como não recebi resposta, liguei para a secretária do médico, que me disse que ele estava ocupado na clínica, mas me daria um retorno. Ele não deu. Insisti e enfim conversamos. Ele me disse que, após uma discussão com sua equipe, eles não sentiam que Gary era adequado para o atendimento deles. Não havia um serviço alternativo, expliquei. Depois de ter pressionado um pouco, o médico respondeu de uma forma que acredito ter revelado sua real preocupação: "Não é apropriado, para nós, assumirmos esse risco". Embora a causa das ações de uma pessoa esteja na própria mente, quando ela comete um crime grave, a impressão dada é que a causa pode ser encontrada na mente dos profissionais – em suma, o psiquiatra da comunidade receava ser culpado caso Gary cometesse um ato violento. Ele estava determinado a não aceitar Gary em seus serviços. Sendo honesto comigo mesmo, não tinha como criticá-lo. Em sua posição, era provável que também o fizesse.

Fiz referência a essa interação em meu relatório para a Comissão de Liberdade Condicional e formulei uma avaliação de risco. Na versão final, expliquei que Gary tinha se acostumado com a aparição aleatória de pensamentos agressivos em sua mente. Ele não gostava deles e, embora o tornassem mais irritável, ele tinha certeza de que esses pensamentos por si sós não o tinham levado a se tornar fisicamente agressivo.

Mas, às vezes, a experiência de Gary era diferente. Os pensamentos começaram a parecer como se não fossem dele. Então, ele começou a se perder em fantasias bizarras. Cenas agressivas apareciam em sua mente. Se não conseguisse se desviar deles, tornavam-se atraentes. Uma análise do comportamento anterior de Gary indicava que a combinação de pensamentos alienados e imagens agressivas o tornou mais propenso à agressão. Ele não ouvia vozes com frequência e, quando ouvia, elas não eram sempre um problema. Mas, quando elas o repreendiam e demandavam que ele tomasse uma ação violenta, ele se viu reagindo de forma exagerada e, por vezes, valendo-se do uso de força.

Eu não podia chegar a um valor de probabilidade para Gary fazer algo muito mais grave do que tinha feito antes. O que eu poderia dizer era que, se os elementos que tornavam a mente dele violenta tivessem sido notados e tratados antes, ele poderia ser, de modo geral, menos agressivo do que tinha sido e, em decorrência, seria menos provável que sua agressividade aumentasse.

Gary concordou que a medicação antipsicótica ajudava às vezes. Ele não se livrou por completo dos pensamentos, imagens e vozes indesejáveis; só não se incomodava mais tanto com eles. O problema era que ele não gostava de como os medicamentos o alteravam de outras formas. A sensação de indiferença que dava um bem-vindo alívio às experiências internas desagradáveis era um problema porque se estendia a tudo. Ele odiava que os medicamentos tornassem seu apetite gigantesco e aumentassem sua barriga. Do meu ponto de vista, a medicação parecia trazer algumas coisas boas. Quando Gary a tomava, havia menos punições na prisão por mau comportamento e ele era capaz de se manter por períodos mais longos na ala sem ir para a unidade de segregação da prisão. Mas eu não era a pessoa que tinha que tomar esses medicamentos, e havia compreendido que ele tinha mais chance de tomar os comprimidos conforme a prescrição se eu não os valorizasse demais.

Gary, é claro, sabia que as drogas ilícitas não ajudavam sua saúde mental. Ao mesmo tempo, elas lhe traziam paz, mesmo que por um curto período. As drogas tinham uma vantagem em relação aos medicamentos: elas vinham com um efeito prazeroso imediato. A sensação que vinha da heroína envolvia seu corpo em uma euforia agradável. O crack era bem diferente – o barato era acompanhado por confiança e um aumento no estado de alerta. Quando as coisas aconteciam do jeito dele, ele não buscava drogas ativamente. Apesar dos benefícios, conseguia guardar as lembranças dos problemas que as drogas tinham lhe causado. Podia se lembrar de que se sentia menos no controle de pensamentos, imagens e vozes; que a paranoia o cercava mais; que ele entrara em dívidas. Ele sabia que, quando usava drogas, os familiares e amigos que eram uma influência positiva mantinham distância e que as pessoas com quem ele andava não eram amigas. Os relacionamentos se tornaram transacionais. Como seus conhecidos, a prioridade era como garantir a próxima dose. Mas manter essas lembranças era mais difícil quando estava sob pressão.

Perguntei a Gary o que ele podia pensar em fazer quando o estresse aumentasse e fiquei surpreso por ele ter reconhecido que a conexão com os profissionais era importante para ele. Mas, do jeito que as coisas estavam, não havia uma equipe de saúde mental e, se ele fosse libertado, a oficial de condicional designada não teria escolha além de supervisionar Gary com a ajuda da equipe no albergue da condicional.

Dois meses e meio depois, me reuni com a Comissão de Liberdade Condicional, o advogado de Gary, a oficial de condicional, o guarda designado da prisão e uma enfermeira psiquiátrica da equipe da comunidade para discutir a possibilidade da soltura de Gary. Ele estava sentado com a cabeça inclinada para frente, evitando contato visual com todos, enquanto seu advogado apresentou o caso para sua soltura. A enfermeira psiquiátrica da comunidade explicou que, embora Gary precisasse da assistência de uma equipe mais especializada, como ela não existia, sua equipe tinha concordado em acolhê-lo. Ela se esforçou para enfatizar que trabalhar com Gary não seria simples, e suspeitei de que a mudança de ideia da equipe da comunidade não fora motivada por otimismo sobre o benefício que Gary poderia obter da assistência deles, mas porque não acreditavam que poderiam aguentar a pressão da Comissão de Liberdade Condicional. Qualquer esperança que eu pudesse ter sentido ao ouvir essa notícia se esvaneceu pela provável interpretação que Gary teria feito. Tenho certeza de que não foi intencional, mas foi transmitida em alto e bom tom a mensagem de que aquele não seria um relacionamento terapêutico baseado em confiança e esperança. Com sua soltura aprovada, eu só poderia esperar que a sorte funcionasse a favor de Gary.

Não havia nenhum motivo para que alguém me desse um feedback sobre o progresso de Gary após sua soltura. Foi só porque encontrei sua oficial de condicional por acaso que acabei descobrindo. Gary tinha estado no albergue da condicional por oito semanas quando foi acordado por dois policiais que batiam à sua porta. Os policiais tinham reforço esperando no estacionamento em caso de dificuldades, mas não foi necessário. Gary não resistiu, mas declarou sua inocência e, de fato, era inocente: não tinha cometido um crime, não houve nenhuma violência. Gary estava sendo chamado de volta à prisão porque sua oficial de condicional achou que ele não vinha trabalhando bem com a equipe psiquiátrica da comunidade.

Este poderia ter sido sempre o resultado, mas, ao ouvir o que aconteceu, pensei como Gary deve ter notado a ambivalência com a qual a enfermeira psiquiátrica falou sobre ele na audiência da Comissão de Liberdade Condicional. Ali estava um homem cuja confiança tinha que ser conquistada com cuidado, e o que era provavelmente uma tentativa da enfermeira de demonstrar à Comissão que ela e sua equipe estavam indo muito além das expectativas normais deve ter sido interpretado por Gary como relutância em trabalhar com ele e como pessimismo sobre o sucesso desse trabalho. Não parecia o início de um relacionamento terapêutico de confiança. Achei que o medo incontido da equipe psiquiátrica de ter problemas com uma investigação que não poderia ignorar sua própria narrativa construída pós-incidente havia comprometido a probabilidade de uma assistência de risco bem-sucedida. Em minha experiência, esse não é um fenômeno incomum quando um paciente com necessidades forenses complexas entra em contato com os serviços de saúde mental.

CONCLUSÃO

EM 22 DE JULHO DE 2011, ANDERS BREIVIK DETONOU UMA BOMBA LETAL em Oslo, matando oito pessoas, antes de viajar imediatamente a uma ilha onde um acampamento de verão juvenil estava sendo realizado e matar a tiros mais 69 pessoas. Após sua prisão, os doutores Torgeir Husby e Synne Sørheim, dois psiquiatras sêniores noruegueses, foram designados pelo tribunal para avaliá-lo. Eles passaram 36 horas com ele em um total de treze encontros em que usaram ferramentas de diagnóstico mundialmente reconhecidas. Para complementar suas conclusões das reuniões com Breivik, também interrogaram sua mãe e analisaram os registros de todos os interrogatórios policiais. Com base nessa avaliação excepcionalmente abrangente, Breivik recebeu um diagnóstico de esquizofrenia paranoide. Para sustentar o diagnóstico, os psiquiatras relataram que Breivik tinha ilusões de que havia sido o líder ideológico dos Cavaleiros Templários e que poderia se tornar o novo rei da Noruega, ao que receberia o nome de Sigurd, o Segundo Cruzado. O relatório foi aprovado depois pela Comissão Norueguesa de Medicina Forense. Tal diagnóstico, se aceito pelo tribunal, significaria que Breivik não poderia ser responsabilizado pelos crimes. O tribunal de Oslo decidiu solicitar outra avaliação, e a segunda equipe de psiquiatras, os doutores Agnar Aspaas e Terje Tørrissen, chegou a uma conclusão diferente. Embora concluíssem que Breivik tinha ideias peculiares, eles rejeitaram o diagnóstico de esquizofrenia e, em vez disso, pensavam que o problema principal era o transtorno de personalidade narcisista.

Há uma suposição comum, inclusive entre os psiquiatras, de que criminosos cuja violência pode ser explicada como uma consequência direta de sintomas esquizofrênicos têm menos responsabilidade moral por suas ações do que criminosos com transtorno de personalidade que cometem atos de violência. Aceita-se que a esquizofrenia é uma doença que acomete pacientes que não a merecem. Como esquizofrênico, Breivik seria visto como alguém que sucumbiu a delírios grandiosos e paranoicos bizarros, ou seja, aos sintomas de uma doença. Como narcisista, porém, haveria a suposição de que ele tomou decisões de caráter que se adequavam a seus próprios objetivos perversos, com total conhecimento do impacto de suas ações.

Sem dúvida, o criminoso violento que age sob os efeitos de vozes ameaçadoras e delírios paranoicos (que são sintomas de esquizofrenia) não deseja passar por essas experiências. Da mesma maneira, porém, o criminoso cuja personalidade em geral parece tipificada por um completo desdém pelas outras pessoas não diminui de forma consciente suas respostas ao sofrimento delas. De modo semelhante, a violência sexual não ocorre porque o criminoso decide um dia suprimir seus impulsos sexuais normais e substituí-los por impulsos perversos. Embora na superfície o criminoso violento diagnosticado com transtorno de personalidade, ou com um desvio sexual extremo, possa não parecer bizarro, ele não é menos afetado por processos mentais anormais. Mas e quanto a outra diferença que costuma ser destacada – a consciência da pessoa em relação às próprias ações?

Um criminoso diagnosticado com transtorno de personalidade costuma ter total ciência de suas ações. O criminoso sexual violento pode até mentalmente ensaiar seu crime antes de agir. Mas, em minha experiência, é raro para alguém que é violento durante um estado psicótico não ter ciência do que estava fazendo. Em geral, eles não percebem que a premissa sobre a qual agem é falsa, mas ainda assim sabem o que fizeram. Os dois "tipos" de criminosos tomam decisões e agem como resultado de uma combinação de processos que seriam considerados claramente fora do comum e que eles próprios não provocaram.

Essa suposta dicotomia entre a doença mental e o transtorno de personalidade reflete um coloquialismo que às vezes surge em minhas discussões com advogados cujos clientes foram acusados de um crime violento. A carta formal instruindo-me a realizar uma avaliação inclui uma lista de questões legalistas, ocasionalmente reduzidas em uma conversa com o advogado ao problema principal sobre se o detido é "louco ou mau". O primeiro oferece alguma esperança ao acusado. Ele oferece a possibilidade de uma defesa legal contra a acusação. Também pode possibilitar a internação em um hospital em vez de a detenção em uma prisão. Mesmo que não permita uma defesa e não haja a possibilidade de uma internação, a existência de uma doença mental diagnosticada no momento do crime pode ser usada como mitigação para solicitar que a sentença seja menos severa. A outra alternativa, de que o réu é "mau", significa que ele merece não apenas a implacável força da lei, mas também a condenação pela sociedade.

Em uma entrevista sobre lei e ordem em 1993, John Major, então primeiro-ministro do Reino Unido, disse que tinha uma "forte sensação de que a sociedade precisa condenar um pouco mais e entender um pouco menos". Por mais surpreendente que pareça, eu concordo que precisamos condenar, ou, de forma mais precisa, devo dizer que acredito que temos uma necessidade de condenar. Sucumbir a essa necessidade fornece uma saída para nossa reação emocional imediata ao crime. Também indica algo às outras pessoas sobre nosso caráter moral. A narrativa condenatória do monstro mau, que é muitas vezes trazida em comentários populares sobre os sujeitos de minhas avaliações, não satisfaz apenas a necessidade de condenar. Ela vai além, fornecendo um tipo de explicação – satisfazendo aquela outra tendência de gerar uma explicação causal para eventos ameaçadores. Como muitas narrativas explicativas descomplicadas e disponíveis de imediato, ela é autossuficiente e não exige nenhum raciocínio adicional. O problema está na alma do criminoso, portanto, não é passível de explicação racional. Assim, nós nos tranquilizamos com a insinuação da narrativa de que isso nos separa claramente do criminoso.

Independentemente de sucumbirmos ou não à necessidade de condenar, devemos reconhecer que as explicações condenatórias não incentivam uma compreensão das causas complexas de violência no mundo real que devemos ter para encontrar soluções. E usar essas narrativas envolve inibir exatamente aquilo que condenamos os criminosos violentos por não ter: empatia. Mas a empatia não é algo que falta aos criminosos e que as outras pessoas têm. Para todos nós, incluindo a maioria dos criminosos, nossa preocupação empática pelos outros varia dependendo das circunstâncias. Quando somos soterrados por sentimentos de repulsa depois de saber os detalhes sangrentos de um crime violento, por exemplo, nossa capacidade de ponderar abertamente sobre o possível estado mental do criminoso é reduzida.

Quando passei do mundo da medicina física para minha especialidade de escolha na psiquiatria quase três décadas atrás, fui persuadido por alegações de que logo teríamos investigações diagnósticas que seriam equivalentes aos exames de sangue ou de imagem usados pelo médico físico. A neurociência por certo nos trouxe uma compreensão muito mais aprimorada de alguns processos mentais que influenciam a experiência e o comportamento, mas não há exames físicos de rotina para os diagnósticos mais comumente feitos na prática de psiquiatria forense.

Seja um processo de avaliação em papel ou uma investigação física, a intenção das pessoas que lutam para descobrir exames diagnósticos é apresentar objetividade à psiquiatria, traduzir a experiência do paciente em entidades ou objetos predefinidos. Esses objetos poderiam ser na forma de sintomas (como alucinações e delírios) ou diagnósticos (como esquizofrenia ou transtorno de personalidade narcisista). Mais desejável ainda nessa busca é transformar a experiência do paciente em padrões mensuráveis de disfunção cerebral. Mas como podemos começar a fazer isso quando, como exemplificado pelo julgamento de Breivik, as avaliações extremamente detalhadas ainda não geram um consenso em torno de algo aparentemente tão simples quanto escolher entre dois diagnósticos muito diferentes? Acredito que o problema não esteja na incapacidade de encontrar a maneira certa de sermos objetivos. O desejo por objetividade é que pode ser o problema. Enquanto o cérebro é um objeto físico, assim como qualquer outra parte do corpo, ele está associado a algo que o diferencia do restante do corpo: a mente.

Em minha prática, busco sintomas e faço diagnósticos. O sistema jurídico em que trabalho é tão dependente dos diagnósticos para a tomada de decisão quanto o sistema de saúde mental. Mas, quanto mais tentei usar o sistema diagnóstico como forma de compreensão, mais fiquei ciente de suas limitações. Ele prioriza certas experiências mentais sobre outras. Essas experiências foram escolhidas porque, em algum momento da história, foram consideradas os principais sintomas do transtorno. Ainda sem um marcador independente do transtorno, continuamos incertos sobre o que é correto. A voz que a pessoa ouve dizendo a ela para revidar contra os agressores não está isolada de todas as outras experiências da forma que a expressão "alucinação auditiva de comando" poderia sugerir. Não há uma razão pela qual as experiências que alcançaram o *status* de sintoma sejam mais centrais à explicação do comportamento do que as que não conseguiram entrar na lista. Então, eu agora resisto à prática comum de retirar todos aqueles comentários e reflexões que não se encaixam no método diagnóstico. Tendo feito isso, percebi que é aí que a compreensão verdadeira pode ser encontrada.

É nesse ponto que encontro evidências de que o criminoso possa ter um senso distorcido do sentimento de conexão com as próprias ações e com as coisas que acontecem ao seu redor... ou que possa haver dificuldades em chegar a conclusões precisas sobre as intenções de outras pessoas... ou que esteja mais confortável em um grupo que valoriza a dominância sobre o prestígio... ou que seu senso de quem é seja particularmente frágil de uma maneira que o deixe extremamente sensível à humilhação... ou que não tenha as mesmas reações emocionais de reflexo aos sinais de mudança de emoções nos outros... e eu poderia continuar. A evidência não está apenas no significado das palavras que meus pacientes usam. Eu também devo prestar muita atenção à maneira como se comunicam, interagem, e como eu me sinto quando estou com eles.

Sem um sistema de diagnósticos para estruturar as informações que obtemos em nossas avaliações, onde poderemos buscar ajuda para entender o comportamento de criminosos violentos? Acredito que devemos começar a direcionar nossa atenção para nós mesmos. A mente da maioria das pessoas que foram violentas me parece ter mais semelhanças do que diferenças da nossa. Elas podem ter um conjunto de ideias e percepções que possam parecer irracionais do lado de fora – às vezes, a distinção entre crenças geralmente aceitáveis e aberrações perceptivas diárias é bem clara –, mas trabalho com a mesma frequência na área cinzenta entre as experiências completamente bizarras e as que são excêntricas, mas não anormais. Algumas pessoas que foram violentas estão sujeitas a reagir de forma automática a certos estímulos de uma maneira que aparenta ser extrema. Mas todos nós estamos sujeitos a interpretar de forma incorreta as ações dos outros, só que não do mesmo modo que muitos criminosos violentos. A diferença entre uma pessoa que foi violenta e as outras é, em geral, uma questão de grau.

Entretanto, ao reconhecer que temos mais em comum com criminosos violentos do que gostaríamos de imaginar, precisamos tomar cuidado em não apenas aplicar nossas suposições do dia a dia nas observações sobre o comportamento deles. Se uma pessoa parece ser manipuladora, devemos primeiro perguntar por que as estratégias que ela usa para obter o que deseja são tão mais grosseiras e transparentes do que as que usamos. Em vez de sermos orientados por nossa reação irritada à experiência de sermos manipulados e desprezarmos a pessoa que nos manipula, devemos estar motivados a ouvir ainda mais, para tentar entender, nas próprias palavras dela, como é ser como ela é e fazer as coisas que ela faz. Aceitar que a violência é sustentada por alguns processos mentais alterados levanta a questão sobre o que causou a alteração em primeiro lugar.

A mente humana é extremamente adaptável, em particular durante os primeiros anos de vida. Nesse período, podemos nos beneficiar das interações com as pessoas que cuidam de nós, e nestas interações adquirimos a capacidade de entender nossa mente e a dos outros. Nossa capacidade de adaptação tem outro lado. Durante a mesma fase, as crianças são especialmente vulneráveis a negligência e maus-tratos. Sem um cuidado responsivo de forma emocional e atenciosa, as emoções podem se tornar confusas e assustadoras. A mente humana tenta se adaptar ao trauma. A desconexão de nossos sentimentos pode nos ajudar quando eles são intensamente negativos. Em outras situações, pode ser melhor para nós que desliguemos nossa preocupação por alguém que tem intenções malignas conosco. Como alternativa, diante de uma ameaça potencial, a hipervigilância pode ser uma boa estratégia, mas surgem complicações se as adaptações defensivas são usadas de forma exagerada. Sob condições ameaçadoras ou desagradáveis persistentes, adaptações podem se tornar a norma. Então, a pessoa fica suscetível a se sentir desconectada das emoções ou ser hipervigilante em relação a ameaças. Mesmo no caso da psicopatia, que se considera ser sustentada por uma falha inerente em sentir a resposta emocional comum de aversão ao sofrimento dos outros, experiências anteriores podem influenciar na maneira com que essa deficiência se manifestará no futuro.

Independentemente da origem da propensão de alguém à violência, seus sentimentos sobre, e suas interações com, os outros podem ser moldados ainda mais por acontecimentos futuros. Como *nós* reagimos a uma pessoa em nível individual, institucional ou social tem um impacto nela; depende de nós se esse impacto reforçará ou reduzirá os processos mentais que contribuem para a violência. Para decidir como reduzir a violência, se é isso que queremos fazer, precisamos estar interessados de forma genuína na mente das pessoas. Enquanto apoiamos a continuidade das pesquisas sobre o funcionamento do cérebro, não devemos nos esquecer da mente.

AGRADECIMENTOS

Nunca terei conhecimento de todas as influências que moldaram o psiquiatra forense que me tornei, mas certas pessoas se destacam em minha lembrança. Meu brilhante professor de Biologia, Rex Dibley, nutriu meu interesse em sua matéria e me preparou para a escola de Medicina. Como jovem residente de psiquiatria, trabalhei com o professor Keith Rix, que acendeu minha fascinação com a psiquiatria forense e agradeço por nossas colaborações que continuam até hoje. Devo mencionar o dr. James Higgins, uma figura imponente no início do estabelecimento da psiquiatria forense britânica. Além de tentar me ensinar *bridge* e remo, e alimentar nossa paixão compartilhada por jazz, Jim apresentou a mim, com seu dom para contação de histórias, muitos relatos do passado de nossa especialidade. Sou muito grato ao dr. Cameron Boyd, um psiquiatra forense que foi meu mentor no início, além de inabalável em seu apoio à minha carreira dupla, clínica e acadêmica. Entre as muitas coisas que aprendi com meu orientador acadêmico, o professor Jonathan Hill, a principal para minha prática foi a importância de se adotar um pensamento e perspectiva de desenvolvimento sobre os processos psicológicos que orientam o comportamento.

Aprender é mais do que um processo educacional formal e, para mim, isso também aconteceu de forma implícita em conversas com colegas. Durante os muitos anos como psiquiatra forense em Merseyside, tenho muita gratidão ao dr. Steve Noblett, à dra. Jennie McCarthy, ao dr. Owain Haeney, Bernadette McEllin, a

Andy Brown e Nick Benefield, todos que incentivaram minhas várias empreitadas clínicas e acadêmicas. Tenho a maior admiração pelos enfermeiros e guardas de prisão que mantêm sua compaixão enquanto trabalham na linha de frente da prática forense. Aprendi tanto com eles e com os muitos advogados com quem trabalhei. É apenas pelo compartilhamento de pensamentos com os outros que as ideias ficam mais bem definidas, e devo reconhecer os muitos médicos juniores que trabalharam comigo por me permitirem testar e aprimorar minhas ideias.

Este livro começou a se tornar uma realidade com a oportunidade oferecida pela John Murray e pelo Essay Prize do *Spectator*. Pela leitura e reflexão sobre meu ensaio a respeito das origens da violência, agradeço a Pip e Mark McNamee, Paul Clisby e Innes Reid. Em relação à preparação deste livro, sou grato à dra. Heidi Kastner, por organizar minha visita à sua clínica na Áustria e oferecer suas percepções sobre o caso de Josef Fritzl; a David James Smith, por compartilhar sua abordagem de compreensão e escrita sobre violência; e ao dr. John Clark, por seus conselhos especializados em patologia forense. Minha gratidão também se estende a Nicola Whitby, Emily Danson, Debbie Williams e Joy Keenan, do Serviço de Liberdade Condicional, por sua prontidão em discutir abordagens na assistência a criminosos e me apresentar aos homens que estavam sob seus cuidados, a quem por sua vez agradeço por se encontrarem comigo. Isso me leva aos milhares de homens e mulheres em prisões, hospitais e em outros lugares que compartilharam suas difíceis experiências comigo. Sou eternamente grato a eles porque me ensinaram mais do que qualquer aula ou livro didático poderia me ensinar. Para proteger o sigilo de meus pacientes, mudei os detalhes conforme necessário. Fui orientado de forma excepcional pela brilhante editora Kate Craigie em uma jornada de transformação de um escritor de textos acadêmicos e medicina legal em um autor que agora pode dizer que escreveu um livro para um público mais amplo. Por lançar seu olhar crítico e incisivo sobre cada capítulo, devo também agradecer a Richard Arnold. Por fim, não tenho como agradecer o suficiente a Lindsay, por ser uma fonte sempre presente de inspiração e apoio, e ao meu pai, por instigar de maneira sutil uma cultura de curiosidade solidária durante toda a minha vida.

BIBLIOGRAFIA SELECIONADA

PARA OS ESTUDOS DE CASO HISTÓRICOS, UMA AMPLA variedade de materiais foi acessada, mas as fontes a seguir foram especialmente úteis.

BADER, M.; TANNOCK, R.; HADJIKHANI, N. The Zappel-Philipp a historical example of ADHD Clinics. *ADHD Atten Def Hyp Disord* 10, 2018, pp.119-127.

BOWDEN, P. Graham Young (1947–90); the St Albans Poisoner: His Life and times. *Criminal Behaviour and Mental Health* 6.S1, 1996, pp.17-24.

CAPGRAS, J.; REBOUL-LACHAUX, J. L'Illusion des "sosies" dans un délire systématisé chronique. *History of Psychiatry* 5(17), 1994, pp.119-133.

CARRÈRE, E. *O adversário*. Rio de Janeiro, São Paulo: Record, 2007. [Ed. Original: *The Adversary: A True Story of Murder and Deception*. Metropolitan Books, 2000.]

CHASE, A. *A Mind for Murder: The Education of the Unabomber and the Origins of Modern Terrorism*. Nova York: W. W. & Norton and Company, 2003.

CLARIDGE, G; PRYOR, R.; WATKINS. *Sound from the Bell Jar: Ten Psychotic Authors*. San Jose, CA: Malor Books, 1998.

DECISÕES DA CORTE DE APELAÇÃO DA INGLATERRA E DO PAÍS DE GALES (Divisão Criminal). *R v Clark, EWCA Crim 1020*, 2003.

HELMHOLZ, R. H. Infanticide in the province of canterbury during the fifteenth century. *History of Childhood Quarterly* 2(3), 1975, p. 379.

HERMISTON, R. *Greatest Traitor: The Secret Lives of Agent George Blake*. Londres: Aurum Press, 2013.

HOLDEN, A. *The St Albans Poisoner: The Life and Crimes of Graham Young*. Londres: Corgi, 1995.

KACZYNSKI, D. *Every Last Tie: The Story of the Unabomber and His Family*. Durham, N.C.: Duke University Press, 2016.

LEWIN, G. *A Report of Cases Determined on the Crown Side on the Northern Circuit commencing with The Summer Circuit of 1822 and ending with the Summer Circuit of 1833*. Londres: S. Sweet, 1834.

MELLE, I. The Breivik case and what psychiatrists can learn from it. *World Psychiatry* 12(1), 2013, pp. 16-21.

MELOY, J. R.; HABERMEYER, E.; GULDIMANN, A. The warning behaviors of Anders Breivik. *Journal of Threat Assessment and Management* 2.-4, 2015.

NADEL, J. *Sara Thornton: The Story of a Woman Who Killed*. Londres: Victor Gollancz, 1993.

ORANGE, R. *The Mind of a Madman: Norway's Struggle to Understand Anders Breivik*. Kindle Single, 2012.

PEARMAN, J. Bastards, Baby Farmers, and Social Control in Victorian Britain (tese de doutorado). Kent Academic Repository, 2017. Disponível em: <https://kar.kent.ac.uk/62866/>.

RATTLE, A.; VALE, A. *The Woman who Murdered Babies for Money: The Story of Amelia Dyer*. Londres: André Deutsch, 2011.

SOUTH East Coast Strategic Health Authority, Kent County Council and Kent Probation Area, Report of the independent inquiry into the care and treatment of Michael Stone, 2006.

THE COUNCIL of the Inns of Court and the Royal Statistical Society, Statistics and probability for advocates: Understanding the use of statistical evidence in courts and tribunals, 2017.

THE STATIONERY Office. *Rillington Place*, 1999.